I0566817

DISCLAIMER

This Book Comes With Free Bonus Puzzles
Available Here:

BestActivityBooks.com/WSBONUS20

GET YOUR BONUS
FREE
CODE: WSBONUS20

5 TIPS TO START!

1) HOW TO SOLVE

The Puzzles are in a Classic Format:

- Words are hidden without breaks (no spaces, dashes, ...)
- Orientation: Forward & Backward, Up & Down or in Diagonal (can be in both directions)
- Words can overlap or cross each other

2) ACTIVE LEARNING

To encourage learning actively, a space is provided next to each word to write down the translation. The **DICTIONARY** allows you to verify and expand your knowledge. You can look up and write down each translation, find the words in the Puzzle then add them to your vocabulary!

3) TAG YOUR WORDS

Have you tried using a tag system? For example, you could mark the words which have been difficult to find with a cross, the ones you loved with a star, new words with a triangle, rare words with a diamond and so on...

4) ORGANIZE YOUR LEARNING

We also offer a convenient **NOTEBOOK** at the end of this edition. Whether on vacation, travelling or at home, you can easily organize your new knowledge without needing a second notebook!

5) FINISHED?

Go to the bonus section: **MONSTER CHALLENGE** to find a free game offered at the end of this edition!

Want more fun and learning activities? It's **Fast and Simple!**
An entire Game Book Collection just **one click away!**

Find your next challenge at:

BestActivityBooks.com/MyNextWordSearch

Ready, Set... Go!

Did you know there are around 7,000 different languages in the world? Words are precious.

We love languages and have been working hard to make the highest quality books for you. Our ingredients?

A selection of indispensable learning themes, three big slices of fun, then we add a spoonful of difficult words and a pinch of rare ones. We serve them up with care and a maximum of delight so you can solve the best word games and have fun learning!

Your feedback is essential. You can be an active participant in the success of this book by leaving us a review. Tell us what you liked most in this edition!

Here is a short link which will take you to your order page.

BestBooksActivity.com/Review50

Thanks for your help and enjoy the Game!

Linguas Classics Team

1 - Antiques

A	Ա	Վ	Գ	K	Ե	Ժ	H	Վ	Տ	Խ	Ռ	Ր	Ա	Ս	Ճ
Ր	Ե	Ն	Կ	Ա	Յ	Մ	Ա	Ն	Ս	Ա	Տ	Մ	Ճ	Խ	Տ
Պ	Ռ	Տ	Ս	Ե	Վ	Ր	Ա	Ծ	Յ	Ս	O	Ե	Ո	Ծ	Ծ
Ի	Ը	Ը	P	Ո	Ժ	H	Խ	H	Հ	Ս	Հ	Տ	Ւ	Ր	Ջ
Ր	Ց	A	Հ	A	Վ	Ա	Զ	Վ	Ն	Ի	Գ	Ա	Ր	Տ	Մ
Ն	Ւ	L	Ճ	Զ	Կ	Ո	Պ	Ժ	Ե	Ֆ	Թ	Ղ	Դ	Ծ	Յ
Կ	Ա	Հ	Ո	Ւ	Յ	Ք	Ր	A	Ր	Դ	Ճ	Ա	Կ	P	Պ
Դ	Ե	Կ	Ո	Ր	Ա	Տ	Ի	Վ	Դ	Խ	E	Դ	Է	Ռ	E
Վ	Տ	Ե	Ա	Հ	Ո	Ե	Ժ	Ձ	Ր	Ք	Մ	Ր	Ժ	H	Յ
Տ	Պ	Ծ	Ք	Ր	Ր	Ւ	Ք	Ա	Ո	Կ	Փ	Ա	Ի	Ղ	Ո
Ք	Տ	Ղ	Ֆ	Ք	Ե	Ժ	Ր	Ա	Ւ	Է	Ղ	Մ	Հ	Ի	Ն
Ք	Ա	Ն	Դ	Ա	Կ	Վ	Բ	Ի	Մ	O	Ն	Ն	Չ	A	Ս
Զ	Ա	Ր	Դ	Ե	Ր	Ց	Ա	Տ	Ն	Ա	Գ	Ե	L	Է	K
Ո	Ր	Ա	Կ	Ռ	Պ	Փ	Ծ	Վ	Ե	Ճ	Պ	Ր	Փ	L	Ի
Ժ	H	Դ	Ց	Հ	Ա	Ր	Ս	Ա	Ր	Ե	Կ	Տ	Ա	Պ	Ծ
Վ	Ե	Ր	Ա	Կ	Ա	Ն	Գ	Ն	Ո	Ւ	Մ	Է	E	L	Ժ

ԱՐՎԵՍՏ
ԱՃՈՒՐԴ
ՎԱՎԵՐԱԿԱՆ
ԴԱՐ
ՄԵՏԱՂԱԴՐԱՄՆԵՐ
ՏԱՍՆԱՄՅԱԿՆԵՐ
ԴԵԿՈՐԱՏԻՎ
ԷԼԵԳԱՆՏ
ԿԱՀՈՒՅՔ
ՊԱՏԿԵՐԱՍՐԱՀ
ՆԵՐԴՐՈՒՄՆԵՐ
ԶԱՐԴԵՐ
ՀԻՆ
ԳԻՆ
ՈՐԱԿ
ՎԵՐԱԿԱՆԳՆՈՒՄ
ՔԱՆԴԱԿ
ՈՃ
ԱՆՍՈՎՈՐ
ԱՐԺԵՔ

2 - Food #1

Ս	Թ	Ձ	Բ	Ռ	Թ	Ծ	Վ	Չ	Ս	Ւ	Զ	Ե	Լ	Ա	Կ
Ֆ	Շ	Ն	Ղ	Ձ	Ս	Խ	Տ	Ո	Ր	Ղ	Փ	Ւ	Դ	H	Ժ
Ձ	Թ	Ա	Կ	Ծ	Չ	Թ	Թ	Զ	Ք	A	A	Ք	Ծ	Է	A
Ն	Ւ	Տ	Ք	P	Տ	Ո	Կ	Ց	E	Ը	A	K	Տ	Խ	Գ
Է	Ո	Մ	Պ	Ա	Լ	Ւ	Խ	Կ	Ե	Ձ	Շ	Թ	Ո	H	Ե
Մ	Յ	Չ	Ղ	K	Ր	Ն	Լ	Ե	Հ	H	Մ	Ի	K	Ճ	Տ
Ը	Հ	Ո	Ա	Յ	Ն	Ա	Ր	Ո	H	Ր	Ճ	Ժ	Փ	Հ	Ն
Ւ	Ձ	Ք	Ղ	Ճ	Լ	Ֆ	Ծ	Ո	Ւ	Բ	Ե	Ծ	P	Զ	Ա
Ս	Պ	Ա	Ն	Ա	Խ	Դ	Ը	Ձ	Ս	Թ	Ա	Պ	Տ	Ժ	Ն
Գ	Պ	Ր	Ա	H	Ի	Ա	Թ	Ծ	Ն	Ո	Ւ	Ղ	Ա	Փ	Ո
Բ	Է	Ք	Հ	Ը	Ձ	Ր	Բ	Ի	Ֆ	Ձ	Խ	Բ	Ց	Է	Ւ
Ե	Գ	Ը	Ե	Ղ	H	Չ	Ը	Ր	Ւ	Ո	Պ	Ա	Ո	Ա	Շ
Ր	Ա	Ծ	Ռ	Վ	Տ	Ի	Չ	Ա	Ձ	Ս	Ձ	Ը	Ծ	Ո	Ն
Դ	Ր	Լ	Կ	Հ	Չ	Ն	E	Ն	Ե	Կ	Ի	Տ	Ր	Ո	Ն
Տ	Ի	A	Ը	Լ	Գ	Ա	Զ	Ա	Ր	Շ	Ա	Ղ	Գ	Ա	Մ
Ը	Ծ	Զ	Գ	Խ	Ց	Շ	Մ	Ը	Խ	Ը	K	Կ	Ւ	O	Բ

ԾԻՐԱՆ
ԳԱՐԻ
ՌԵՀԱՆ
ԳԱԶԱՐ
ԴԱՐՉԻՆ
ՍԽՏՈՐ
ՀՅՈՒԹ
ԿԻՏՐՈՆ
ԿԱԹ
ՍՈԽ
ԳԵՏՆԱՆՈՒՇ
ՏԱՆՁ
ԱՂՑԱՆ
ԱՂ
ԱՊՈՒՐ
ՍՊԱՆԱԽ
ԵԼԱԿ
ՇԱՔԱՐ
ԹՈՒՆԱ
ՇԱՂԳԱՄ

3 - Measurements

Ս	Ձ	Բ	Կ	Է	Ք	Շ	Ր	Ծ	A	E	Բ	Ր	H	Տ	Դ
Ա	Ս	Ա	Ի	Թ	Յ	Լ	Տ	Յ	Ա	Բ	Օ	Ց	Վ	Ա	Յ
Ն	Ճ	Ր	Լ	Ռ	Լ	K	Ե	Մ	Ջ	Վ	Գ	Թ	Ա	Ս	Ո
Տ	Դ	Ձ	Ո	Ը	Օ	Տ	Մ	E	Ե	E	Ա	Զ	K	Ն	Ւ
Ի	Ր	Ր	Գ	Ջ	Շ	A	Օ	Ք	Ջ	Խ	Ւ	Լ	Ա	Ո	Յ
Մ	Կ	Ո	Ր	Տ	Ի	Լ	Ս	Չ	Խ	Մ	Ե	Խ	Ը	Ր	Մ
Ե	Ր	Ւ	Ա	Ա	Լ	Ե	Ղ	Տ	H	Ց	Զ	Ձ	Գ	Դ	Ի
Տ	Ո	Թ	Մ	Ձ	Ս	Օ	Ց	P	Ո	Շ	Յ	Ձ	Ց	Ա	Ք
Ր	Պ	Յ	Է	Փ	Գ	Տ	Բ	Օ	K	Ն	Ծ	Ժ	Կ	Կ	Ա
Ռ	Ե	Ո	Գ	Ր	Ա	Մ	Ի	Է	Փ	Օ	Ն	P	Ի	Ա	Շ
Ո	Ը	Ւ	Շ	Ղ	Չ	Ժ	Վ	Ճ	P	Տ	Ո	Ա	Լ	Ն	Ը
Ջ	A	Ն	Ղ	Յ	P	Ջ	Ե	P	Ա	Ւ	H	Ի	Ո	H	Ռ
Ձ	Ե	Ը	Է	Բ	Շ	Պ	Ն	H	P	Ն	Չ	Ց	Մ	Թ	Ս
Տ	Մ	Տ	Խ	Ո	Ր	Ո	Ւ	Թ	Յ	Ո	Ւ	Ն	Ե	Ձ	Ց
Ե	Ր	Կ	Ա	Ր	Ո	Ւ	Թ	Յ	Ո	Ւ	Ն	Ւ	Տ	Հ	Յ
Լ	Ա	Յ	Ն	Ո	Ւ	Թ	Յ	Ո	Ւ	Ն	Բ	Ո	Ր	Ս	Ժ

ԲԱՅՏ
ՍԱՆՏԻՄԵՏՐ
ՏԱՍՆՈՐԴԱԿԱՆ
ԱՍՏԻՃԱՆ
ԽՈՐՈՒԹՅՈՒՆ
ԳՐԱՄ
ԲԱՐՁՐՈՒԹՅՈՒՆԸ
ԴՅՈՒՅՄ
ԿԻԼՈԳՐԱՄ
ԿԻԼՈՄԵՏՐ
ԵՐԿԱՐՈՒԹՅՈՒՆ
ԼԻՏՐ
ՄԵՏՐ
ՐՈՊԵ
ՈՒՆՑԻԱ
ՏՈՆՆԱ
ԾԱՎԱԼԸ
ՔԱՇԸ
ԼԱՅՆՈՒԹՅՈՒՆ

4 - Farm #2

Ո	Չ	Ճ	Ե	Մ	Ո	Ր	Ջ	O	A	Ց	Ռ	Մ	Մ	Ա	Գ
Ի	Ձ	Ց	Ձ	Գ	Վ	Ռ	Ց	Է	Ր	Ո	Տ	Կ	Ա	Ր	Տ
H	Ֆ	Ֆ	Բ	Վ	Ի	Վ	Ո	Հ	H	Ր	Ց	Թ	Ր	Պ	Ա
Դ	Ւ	Ղ	Հ	Կ	Ր	Պ	Դ	Գ	Ք	Ե	O	Ֆ	Գ	Տ	Բ
Լ	Ա	Մ	Ա	Ք	Ա	Ո	Տ	Ե	Ո	Ն	Ր	Ե	Ա	Ղ	Ո
Գ	Պ	Փ	Թ	K	Գ	Ն	Թ	Ա	Կ	Ւ	Հ	Ր	Գ	Ա	Ւ
Կ	Դ	Ւ	Հ	Մ	Ր	Գ	Ե	Ր	Ց	E	Մ	Մ	Ե	Տ	Ս
Ո	Ե	Ց	Դ	Փ	Գ	Կ	Ղ	Ւ	Հ	Ո	Տ	Ե	Տ	Ո	Ա
Պ	Ւ	Ն	Խ	Ց	Ի	Լ	Տ	Ֆ	Ո	Ռ	Ր	Ր	Ի	Ւ	Կ
Բ	Ա	Դ	Դ	Ն	Ւ	Ո	Ն	Ս	Ղ	P	Ա	Ե	Ն	Ա	Ա
Ո	Է	Ւ	Ե	Ա	Է	Ղ	O	Լ	Մ	Ձ	Խ	Ժ	Ն	Ց	Ն
Ժ	Չ	Ւ	Ա	Ն	Ն	Խ	Ե	Ֆ	Ա	Ռ	Չ	Ճ	Լ	Գ	Ե
H	Ֆ	Ճ	K	H	Ա	Ի	Ժ	Ի	Ղ	Ռ	Ո	Ք	Փ	Ի	Ե
Գ	Ի	Ց	A	Ր	Ձ	Հ	Ն	Թ	Ա	Ջ	Ռ	Վ	Չ	O	E
Ա	Վ	Ը	Փ	Ս	Ց	Ո	Ւ	Ե	Ց	Տ	Փ	Ժ	Հ	Ը	Փ
Ռ	Լ	Ք	Ռ	Ձ	Ն	Հ	Ֆ	H	Ր	Փ	A	Լ	Ւ	H	Ի

ԿԵՆԴԱՆԻՆԵՐ
ԳԱՐԻ
ԳԱՄ
ԵԳԻՊՏԱՑՈՐԵՆ
ԲԱԴ
ՖԵՐՄԵՐ
ՍՆՈՒՆԴ
ՄՐԳԵՐ
ՈՌՈԳՈՒՄ
ԳԱՌ
ԼԱՄԱ
ՄԱՐԳԱԳԵՏԻՆ
ԿԱԹ
ՊՏՂԱՏՈՒ ԱՅԳԻ
ՈՉԽԱՐ
ՀՈՎԻՎ
ՏՐԱԿՏՈՐ
ԲՈՒՍԱԿԱՆ
ՑՈՐԵՆ
ՀՈՂՄԱՂԱՑ

5 - Books

E	Բ	Բ	Տ	Դ	Ճ	Գ	Ս	Է	Պ	Շ	Ք	Չ	Բ	Հ	Կ
Φ	Ը	Ա	Ը	K	Չ	Մ	Ջ	Տ	E	Ծ	Ջ	Ծ	Ն	Ա	Կ
Մ	Ղ	Ռ	Պ	Ն	Ա	Կ	Ա	Մ	Տ	Ա	Պ	Թ	Ո	Մ	Ս
Տ	Խ	Ե	Մ	Ա	Թ	Ա	Ղ	Յ	Թ	Տ	Ֆ	Կ	Ւ	Ա	Ս
Կ	Պ	Ր	Ֆ	Φ	Տ	Ե	Պ	Ո	Ե	Զ	Ի	Ա	Յ	Տ	Դ
Ձ	Խ	Ջ	Ք	Պ	Շ	Մ	Ր	Գ	K	Գ	Չ	K	Թ	Ե	Հ
Հ	Ե	Ղ	Ի	Ն	Ա	Կ	Ո	Ց	Ր	A	Φ	Է	Մ	Ք	Ո
Վ	Մ	Ը	Յ	Ս	Ո	Զ	Մ	Ւ	Ո	Վ	Ս	Ջ	Ջ	Ս	Ւ
Գ	Ր	Ա	Կ	Ա	Ն	Բ	Ի	Խ	Թ	Ղ	Ա	O	Գ	Տ	Մ
Հ	Ա	Վ	Ա	Ք	Ա	Ծ	Ո	Ւ	Տ	Յ	Ն	Ծ	L	Ի	Ո
Ի	H	Ը	O	Ժ	Բ	Ծ	L	P	Ե	Դ	Ո	Մ	Ք	Մ	Ր
Ո	Ղ	Բ	Ե	Ր	Գ	Ա	Կ	Ա	Ն	Ս	Վ	Ւ	Չ	Ա	Ա
Պ	Ա	Տ	Մ	Ո	Ղ	Կ	Վ	Կ	Ւ	Ե	Ե	Խ	Ն	Ր	Յ
E	Φ	Ծ	Ո	Ռ	Ւ	Ր	Վ	Ր	Բ	Ր	Պ	Ն	Կ	Ա	Ի
P	Ս	K	Չ	Ձ	Ի	Ա	Չ	H	Ջ	Ի	Պ	Խ	O	Ն	Ն
Ց	Պ	Ն	Ա	Խ	Ս	Ա	Տ	Ա	Պ	Ա	Մ	Ա	Հ	Հ	Φ

ԱՐԿԱԾ
ՀԵՂԻՆԱԿ
ԲՆՈՒՅԹ
ՀԱՎԱՔԱԾՈՒ
ՀԱՄԱՏԵՔՍՏ
ՊԱՏՄԱԿԱՆ
ՀՈՒՄՈՐԱՅԻՆ
ՀՆԱՐԱՄԻՏ
ԳՐԱԿԱՆ
ՊԱՏՄՈՂ

ՎԵՊ
ԷՋ
ՊՈԵԶԻԱ
ԸՆԹԵՐՑՈՂ
ՀԱՄԱՊԱՏԱՍԽԱՆ
ՍԵՐԻԱ
ՊԱՏՄՈՒԹՅՈՒՆ
ՈՂԲԵՐԳԱԿԱՆ
ԲԱՌԵՐ
ԳՐՎԱԾ

6 - Meditation

Շ	Կ	Ա	Ր	Ե	Կ	Ց	Ա	Ն	Ք	Դ	Կ	Մ	Ո	Ց	Հ
Հ	Ն	Ւ	Ո	Յ	Թ	Ւ	Ո	Ղ	Ա	Ղ	Ա	Խ	Ւ	Ն	Վ
Ե	Ւ	Չ	Բ	Ն	Ո	Ւ	Թ	Յ	Ո	Ւ	Ն	Ձ	Շ	Դ	Ճ
Ր	Ո	Ռ	Ա	Դ	Ի	Տ	Ա	Ր	Կ	Ո	Ւ	Մ	Ա	Ա	Չ
Ջ	Յ	Ն	Բ	Ռ	Փ	Ն	E	Ա	Պ	Թ	Բ	Է	Դ	Ճ	Պ
Ա	Թ	Լ	Ե	Ր	Ո	Վ	Ո	Ս	Զ	Թ	Օ	Է	Ր	Ը	Ա
Ն	Ւ	Խ	Շ	H	Մ	Ւ	Ո	Ժ	Ր	Ա	Շ	Լ	Ո	Ն	Ր
Կ	Ո	Մ	P	Ձ	Փ	P	Թ	Մ	Ի	Տ	Ք	Ռ	Ւ	Դ	Զ
Ո	Ր	Ն	Տ	Հ	Ֆ	Ւ	Թ	Յ	Ք	Կ	Ն	Ո	Թ	Ո	Ո
Ւ	Ա	H	Ս	Ա	Չ	Զ	Պ	E	Ո	Է	Տ	Ւ	Յ	Ւ	Ւ
Թ	Բ	Ծ	Ի	Կ	Վ	Փ	Ւ	Ս	Ղ	Ւ	Ղ	Թ	Ո	Ն	Թ
Յ	Կ	Դ	Գ	Ս	Ձ	Ո	Ը	K	Ն	Մ	Ն	Յ	Ւ	Ո	Յ
Ո	Ղ	Ք	Ն	Ժ	Ծ	Ը	Ր	Ե	Ք	Տ	Մ	Ո	Ն	Ւ	Ո
Ւ	E	Ր	Ա	Կ	Ն	Ա	Ռ	Ե	Հ	Մ	Ե	Ւ	Գ	Մ	Ւ
Ն	Ջ	Դ	Հ	Ն	Ո	Ֆ	Յ	Գ	Զ	Օ	Գ	Ն	Ր	Ծ	Ն
Ե	Ր	Ա	Ժ	Շ	Տ	Ո	Ւ	Թ	Յ	Ո	Ւ	Ն	Ց	Ւ	Ի

ԸՆԴՈՒՆՈՒՄ
ՈՒՇԱԴՐՈՒԹՅՈՒՆ
ՑՆԴԱԾ
ՇՆՉԱՌՈՒԹՅՈՒՆ
ՀԱՆԳԻՍՏ
ՊԱՐԶՈՒԹՅՈՒՆ
ԿԱՐԵԿՑԱՆՔ
ԵՐՋԱՆԿՈՒԹՅՈՒՆ
ԲԱՐՈՒԹՅՈՒՆ
ՄՏԱՎՈՐ

ՄԻՏՔ
ՇԱՐԺՈՒՄ
ԵՐԱԺՇՏՈՒԹՅՈՒՆ
ԲՆՈՒԹՅՈՒՆ
ԴԻՏԱՐԿՈՒՄ
ԽԱՂԱՂՈՒԹՅՈՒՆ
ՀԵՌԱՆԿԱՐ
ԼՌՈՒԹՅՈՒՆ
ՄՏՔԵՐԸ
ՍՈՎՈՐԵԼ

7 - Days and Months

Ք	Բ	Ց	Յ	Շ	Թ	Զ	Մ	Բ	Ն	Օ	Յ	Կ	Ե	Դ	Ծ
Ճ	Ս	Ի	Ռ	Ս	Ֆ	Օ	Հ	Ա	Օ	Ն	Ղ	Ր	Ր	Գ	Շ
Ս	Պ	Ք	Հ	Ռ	Չ	Դ	Օ	Տ	Յ	Լ	Ս	Ո	Ե	Թ	P
Հ	Ո	Կ	Տ	Ե	Մ	Բ	Ե	Ր	Ք	Ի	Ռ	Ւ	Ք	Վ	Փ
Ե	Ի	Գ	Ր	K	Յ	Է	Ց	Ե	Հ	Ր	Ս	Ր	Շ	Ի	Ֆ
Գ	Ր	Վ	Ա	P	Վ	Ժ	Ը	Բ	Բ	Պ	Ի	Բ	Ա	Թ	Յ
Հ	Օ	Կ	Մ	Ե	Ը	Կ	Ռ	Մ	Շ	Ա	Մ	Ա	Բ	Բ	Օ
Ի	Գ	Ս	Ո	Ա	Օ	Չ	P	Ե	Ը	Ա	Ա	Թ	Թ	Ա	Ր
Ն	Ո	Ե	Զ	Ւ	P	P	Ը	Յ	Պ	Ւ	Բ	Ե	Ի	Շ	Ա
Գ	Ս	Պ	Ւ	E	Շ	Է	Ղ	Ո	Ե	Ժ	Ձ	Ա	Ֆ	Ք	Ց
Շ	Տ	Տ	Ր	A	Ր	Ա	Վ	Ն	Ւ	Ո	Հ	Ի	Թ	Ե	Ո
Ա	Ո	Ե	Ձ	Ճ	Կ	Գ	Բ	Փ	Ե	Տ	Ր	Վ	Ա	Ր	Ւ
Բ	Ս	Մ	Փ	Բ	E	Ջ	Ւ	Թ	Տ	Լ	Ք	Ղ	Տ	Ո	Յ
Թ	A	Բ	Ց	Ո	Բ	Տ	Յ	Ս	Ի	Լ	Ւ	Ո	Հ	Չ	Ց
Ի	Չ	Ե	Կ	Ի	Ր	Ա	Կ	Ի	Ր	Ա	Տ	Ե	Ժ	Ե	Օ
Զ	Յ	Ր	Ո	Ի	Ծ	Լ	Ց	Մ	Ղ	Ե	Ի	Ա	Ֆ	Ծ	Վ

ԱՊՐԻԼ
ՕԳՈՍՏՈՍ
ՕՐԱՑՈՒՅՑ
ՓԵՏՐՎԱՐ
ՈՒՐԲԱԹ
ՀՈՒՆՎԱՐ
ՀՈՒԼԻՍ
ՄԱՐՏ
ՄԱՅԻՍ
ԵՐԿՈՒՇԱԲԹԻ
ԱՄԻՍ
ՆՈՅԵՄԲԵՐ
ՀՈԿՏԵՄԲԵՐ
ՇԱԲԱԹ
ՍԵՊՏԵՄԲԵՐ
ԿԻՐԱԿԻ
ՀԻՆԳՇԱԲԹԻ
ԵՐԵՔՇԱԲԹԻ
ՉՈՐԵՔՇԱԲԹԻ
ՏԱՐԻ

8 - Energy

Ք	Ի	Ց	Մ	Ի	Օ	E	Ո	Պ	Ջ	Ճ	Շ	Ե	P	Ք	Մ
Շ	Մ	Ի	Ջ	Ո	Ւ	Կ	Ա	Յ	Ի	Ն	Ռ	Հ	Շ	Ր	Ա
Յ	Ա	Չ	Զ	E	Յ	Է	Բ	Ե	Ն	Զ	Ի	Ն	Լ	Է	Ր
Ռ	Ք	Ր	Ո	Խ	H	Լ	Ս	Ջ	Բ	Տ	Փ	Ֆ	Գ	Ծ	Տ
Վ	E	Ի	Ժ	Տ	Վ	Ե	Օ	Ք	Ղ	Օ	P	Տ	Ձ	Ա	Կ
Ջ	Ե	Ժ	Ք	Ի	Ա	Կ	Տ	Ո	Ւ	Ր	Բ	Ի	Ն	Ծ	Ո
Ե	Ք	Ր	Ժ	Կ	Չ	Տ	A	Ա	Ե	Ց	Խ	Է	Լ	Խ	Ց
Ր	Վ	Ն	Ա	P	Դ	Ր	Ղ	Ի	Ր	Պ	Ջ	Դ	Զ	Ա	Ւ
Մ	Ջ	Ա	K	Կ	Ռ	Ո	Կ	Պ	Ա	Վ	Ռ	Է	Ի	Ծ	K
Ա	Ր	Հ	Ռ	Ռ	Ա	Ն	Զ	Ո	Ւ	Յ	Գ	Ո	Շ	Ի	Ռ
Յ	Ա	Ժ	Մ	Ե	Չ	Ն	Ք	Ր	Կ	Ե	Թ	Փ	Ւ	Ն	H
Ի	Ծ	Ծ	Լ	Կ	Լ	Պ	Գ	Տ	Յ	Ձ	Դ	Ի	Զ	Ե	Լ
Ն	Ի	Ռ	Ի	Յ	Բ	Ի	Վ	Ն	Ֆ	Ո	Տ	Ո	Ն	Յ	Կ
Լ	Ն	Ն	Ի	P	A	Ո	Ք	Է	Վ	P	Ո	Մ	Զ	Ծ	Ֆ
Է	Լ	Ե	Կ	Տ	Ր	Ա	Կ	Ա	Ն	Ո	Ժ	Հ	A	Ա	Վ
Ք	Բ	Ք	Ե	Ժ	Մ	Ո	Տ	Ո	Ր	Ե	Ղ	Գ	Ժ	Ը	Մ

ՄԱՐՏԿՈՑ
ԱԾԽԱԾԻՆ
ԴԻԶԵԼ
ԷԼԵԿՏՐԱԿԱՆ
ԷԼԵԿՏՐՈՆ
ՇԱՐԺԻՉ
ԷՆՏՐՈՊԻԱ
ՎԱՌԵԼԻՔ
ԲԵՆԶԻՆ
ՇՈԳ
ՋՐԱԾԻՆ
ՄՈՏՈՐ
ՄԻՋՈՒԿԱՅԻՆ
ՖՈՏՈՆ
ՎԵՐԱԿԱՆԳՆՎՈՂ
ԶՈՒՅԳ
ԱՐԵՒ
ՋԵՐՄԱՅԻՆ
ՏՈՒՐԲԻՆ
ՔԱՄԻ

9 - Archeology

Կ	Օ	Բ	Յ	Ե	Կ	Տ	Ն	Ե	Ր	Ի	Խ	Ռ	Մ	Ա	Բ
P	Ւ	Ո	Օ	Ժ	Փ	E	Ղ	Ի	Ղ	Շ	Տ	Դ	Ա	Ռ	Գ
Դ	Ա	Ր	Ա	Շ	Ր	Ջ	Ա	Ն	Հ	Փ	Յ	Ե	Ս	Ե	Ն
Ղ	Ղ	A	Ո	Հ	Գ	Ե	Ր	Ե	Զ	Մ	Ա	Ն	Ո	Ղ	Ա
Ի	Ս	Ն	Պ	A	Կ	Տ	Գ	Փ	Զ	Ի	Հ	L	Ւ	Ճ	Հ
Շ	Ր	Ո	Ս	Ե	Ֆ	Ո	Ր	Պ	Ջ	Թ	Ն	Ձ	Ն	Վ	Ա
Հ	Ե	Ֆ	Թ	Ծ	Ժ	Հ	Վ	Ժ	Խ	Ի	Ա	A	Ք	Ա	Տ
Գ	Ն	Ա	Ռ	Ա	Ժ	Ր	Ե	Ն	Ր	Ո	Կ	Ս	Ո	Ճ	Ո
Ը	Կ	Ո	Տ	Ց	Ն	P	Տ	Տ	Ճ	Կ	Ա	Ջ	Ո	A	Ւ
Ն	Ա	Մ	Ւ	Դ	Ը	Տ	Ե	Գ	Ա	Ձ	Ր	Ո	Փ	Թ	Մ
Զ	Ր	Պ	Ժ	Թ	E	Շ	P	Շ	Վ	Զ	Ձ	Ւ	Ն	P	K
Ց	Ե	Ց	Յ	Փ	Յ	Գ	Ձ	Ծ	Ց	Ո	Ո	Վ	Թ	Ձ	Չ
Դ	Վ	L	Զ	Յ	Փ	Ո	Ի	Ր	Ա	Ծ	Ա	Տ	Պ	Ծ	Ճ
Ք	Ա	Ղ	Տ	Ց	Ի	Բ	Ւ	L	Ռ	Ե	Ա	Գ	Ո	Ժ	Ձ
Հ	Ա	Ն	Ա	Ճ	Ո	Ս	L	Ն	Ո	Ն	Օ	Ր	Ն	Ղ	Օ
H	Ղ	A	Ր	Ե	Ն	Տ	Ն	Ե	Մ	Գ	Ա	Ր	Ֆ	Չ	P

ՀԻՆ
ՀՆՈՒԹՅՈՒՆ
ՈՍԿՈՐՆԵՐ
ԺԱՌԱՆԳ
ԴԱՐԱՇՐՋԱՆ
ԳՆԱՀԱՏՈՒՄ
ՓՈՐՁԱԳԵՏ
ՄՈՌԱՑՎԱԾ
ՀԱՆԱԾՈ
ՖՐԱԳՄԵՆՏՆԵՐ
ԱՌԵՂԾՎԱԾ
ՕԲՅԵԿՏՆԵՐԻ
ՊՐՈՖԵՍՈՐ
ՄԱՍՈՒՆՔ
ՀԵՏԱԶՈՏՈՂ
ԱՎԵՐԱԿՆԵՐ
ԹԻՄ
ՏԱՃԱՐ
ԳԵՐԵԶՄԱՆ
ԱՆՀԱՅՏ

10 - Food #2

Պ	Չ	Չ	Տ	Վ	Ք	Վ	Ի	Շ	Ց	Խ	Կ	Ձ	Ի	Վ	Ը
Խ	Ո	Զ	Ա	Պ	Ո	Ւ	Խ	Տ	Ո	Ր	Ճ	Ը	Չ	Ֆ	Խ
Փ	Ե	E	Օ	Ղ	Ձ	Ո	Տ	Հ	K	Կ	Գ	Վ	Բ	Ք	Խ
Ֆ	A	Ֆ	E	Ժ	Ի	Ձ	Ճ	Ա	Դ	Բ	Ո	Տ	Հ	Թ	Ւ
Ո	Գ	Թ	Բ	Ֆ	Ֆ	Լ	Ձ	Ճ	Դ	Է	Յ	Լ	Փ	E	Զ
Խ	Ձ	Գ	Զ	Ռ	Ջ	Ջ	Ե	K	Ը	Զ	Տ	Փ	Ա	Ց	Դ
Խ	Ն	Ձ	Ո	Ր	Կ	Ձ	Ն	Կ	Կ	Ս	Ս	Ի	Փ	Դ	Օ
Դ	Ի	Բ	Ր	Ո	Կ	Կ	Ո	Լ	Ի	Մ	H	Ո	K	A	Վ
Ա	Ր	Տ	Ի	Ճ	Ո	Ւ	Կ	Լ	Ա	Բ	Մ	Ե	Ւ	Յ	Ք
Ձ	Բ	Ք	Ձ	Ւ	Ց	Հ	Ք	Ց	Հ	Ո	Մ	K	Ն	Ն	Ք
Խ	Ա	Ղ	Ո	Ղ	Ն	Ա	Ն	Ա	Բ	Ւ	A	Մ	Փ	Ե	Կ
K	Ձ	K	Մ	Ն	Ե	Վ	Ց	Պ	A	Կ	Դ	Ք	Փ	Ր	Լ
Ճ	Ո	Ձ	Ժ	Ջ	Խ	K	Ը	Ժ	Ա	Ֆ	Մ	Ն	P	Ո	Ո
Շ	Ւ	Յ	Ձ	Ճ	Ո	Ջ	Ձ	A	E	Ն	Ձ	Ֆ	Յ	Ց	Լ
Ք	Կ	Ճ	Ո	Ո	Ւ	Ս	E	Ո	Լ	Ֆ	Ի	Վ	Ի	Կ	Ի
Փ	E	Չ	Ղ	Տ	Ր	Ւ	Ո	Գ	Ո	Յ	Ա	Ր	Ժ	Օ	Կ

ԽՆՁՈՐ
ԱՐՏԻՃՈՒԿ
ԲԱՆԱՆ
ԲՐՈԿԿՈԼԻ
ՆԵԽՈՒՐ
ՊԱՆԻՐ
ԲԱԼ
ՀԱՎ
ՇՈԿՈԼԱԴ
ՁՈՒ
ՍՄԲՈՒԿ
ՁՈՒԿ
ԽԱՂՈՂ
ԽՈԶԱՊՈՒԽՏ
ԿԻՎԻ
ՍՈՒՆԿ
ԲՐԻՆՁ
ԼՈԼԻԿ
ՑՈՐԵՆ
ՅՈԳՈՒՐՏ

11 - Chemistry

Կ	Դ	Ա	Օ	Ք	Հ	Զ	Ֆ	Ք	Լ	Ո	Ր	Ո	E	A	Ն
Ա	E	Տ	Ր	Ա	Ւ	Ջ	Ջ	Ւ	Փ	Ո	Ժ	Գ	Ւ	Ե	Ն
Տ	Յ	Ո	Գ	Շ	Ի	Ո	Ն	Տ	A	Ւ	Թ	Ա	Ա	P	Չ
Ա	Ա	Մ	Ա	Ը	P	Ի	Ե	Մ	Մ	Փ	Հ	Ո	Շ	Զ	Խ
Լ	Ի	Ա	Ն	Ի	Ծ	Ա	Ր	Ջ	Յ	Գ	K	Ո	Գ	Օ	Ը
Ի	Տ	Յ	Ա	Ջ	Ե	Ր	Մ	Ա	Ս	Տ	Ի	Ճ	Ա	Ն	Ը
Զ	K	Ի	Կ	Ֆ	Ե	Ր	Մ	Ե	Ն	Տ	Ե	Ջ	Ռ	Ջ	E
Ա	Հ	Ն	Ա	Ց	Է	Ց	Ա	Լ	Կ	Ա	Լ	Ա	Յ	Ի	Ն
Տ	Ե	Շ	Ն	Դ	Ը	Ր	Ս	Բ	Ւ	Ն	Ե	Ց	H	Խ	Ի
Ո	Ղ	Թ	Թ	Վ	Ա	Ծ	Ի	Ն	Ո	Ո	Խ	Շ	Ը	Գ	Ծ
Ր	Ո	Ա	Չ	Ճ	Ջ	H	Թ	Ը	Թ	Ր	Կ	Փ	Ծ	Ի	Ա
Բ	Ւ	Դ	Ռ	Ր	Ե	Ճ	Ի	Մ	Թ	Տ	Ց	Ե	Ւ	Բ	Խ
Է	Կ	Ց	P	Կ	Ժ	Շ	Ո	Գ	Ի	Կ	Ֆ	Ս	Լ	Ծ	Ծ
Մ	Ի	Ջ	Ո	Ւ	Կ	Ա	Յ	Ի	Ն	Ե	Հ	Ո	Թ	Ո	Ա
Հ	Ե	Յ	Ծ	Գ	Ր	Ղ	Շ	Է	Ե	Լ	Շ	Ժ	Ղ	Ց	Մ
Ճ	E	Ո	Ճ	Թ	Ժ	Ն	Օ	Ա	H	Է	Ց	Ը	Ն	Ժ	Ջ

ԹԹՈՒ
ԱԼԿԱԼԱՅԻՆ
ԱՏՈՄԱՅԻՆ
ԱԾԽԱԾԻՆ
ԿԱՏԱԼԻԶԱՏՈՐ
ՔԼՈՐ
ԷԼԵԿՏՐՈՆ
ՖԵՐՄԵՆՏ
ԳԱԶ
ՇՈԳ
ՋՐԱԾԻՆ
ԻՈՆ
ՀԵՂՈՒԿ
ՄՈԼԵԿՈՒԼ
ՄԻՋՈՒԿԱՅԻՆ
ՕՐԳԱՆԱԿԱՆ
ԹԹՎԱԾԻՆ
ԱՂ
ՋԵՐՄԱՍՏԻՃԱՆԸ
ՔԱՇԸ

12 - Music

Վ	Մ	Ք	Ֆ	Ծ	Է	Ս	Ճ	Հ	Ը	Ք	Ր	Լ	Ե	Ն	Ը
Ո	Ի	Փ	Լ	Հ	E	Ք	Լ	Է	Վ	Ի	Ս	Ւ	Ր	Ե	Ն
Կ	Կ	Ւ	Ծ	Օ	Պ	Ե	Ր	Ա	Դ	Ծ	Զ	Դ	Գ	Ր	Տ
Ա	Ր	Շ	Ռ	Ձ	Խ	Յ	Ռ	Չ	Կ	Ր	Հ	Ձ	Չ	Դ	Ր
Լ	Ո	Ջ	Մ	Ի	Դ	Ե	Ղ	Ե	Մ	Ո	Բ	Լ	Ա	Ա	Ո
Յ	Ֆ	Ջ	Ճ	Չ	Թ	Բ	Փ	Զ	Պ	Գ	Ճ	Հ	Խ	Շ	Ղ
Ծ	Ո	Ժ	Ժ	Ի	Պ	Մ	Է	E	Ը	Ի	Է	Ֆ	Ո	Ն	Ա
Բ	Ն	Դ	Թ	Գ	Ք	Ն	Ա	Ր	Ա	Կ	Ա	Ն	Ւ	Ա	Կ
Ե	Ա	Մ	Ե	Ր	Ա	Ժ	Շ	Տ	Ա	Կ	Ա	Ն	Մ	Կ	Ա
Ր	Յ	Լ	Ե	Ե	Թ	Փ	Մ	Ի	P	Չ	Յ	Ա	Բ	A	Ն
Ա	Յ	Ե	Լ	Մ	Հ	P	Ց	Բ	Ա	Հ	Ց	Կ	H	Տ	Ղ
Ժ	Տ	Գ	Ն	Ա	Կ	Ա	Ծ	Ղ	Ե	Տ	Ս	Ա	Ն	Ա	Բ
Ի	Ճ	Ր	Տ	Ր	Դ	Ռ	Ի	Թ	Մ	Ի	Կ	Ս	Տ	Ռ	Ր
Շ	H	Ե	Չ	Ե	Ռ	Շ	Ե	Փ	Չ	Ձ	Ը	Ա	E	Պ	Ծ
Տ	Ց	Է	Փ	A	Մ	Ք	Ւ	Պ	Գ	Փ	Ք	Դ	Դ	Հ	K
Ա	A	Բ	Զ	Դ	Ժ	Պ	K	Ք	K	Ք	Ճ	Ա	P	Թ	Խ

ԱԼԲՈՄ
ԲԱԼԼԱԴ
ԵՐԳՉԱԽՈՒՄԲ
ԴԱՍԱԿԱՆ
ԸՆՏՐՈՂԱԿԱՆ
ՆԵՐԴԱՇՆԱԿ
ԳՈՐԾԻՔ
ՔՆԱՐԱԿԱՆ
ՄԵՂԵԴԻ
ՄԻԿՐՈՖՈՆ
ԵՐԱԺՇՏԱԿԱՆ
ԵՐԱԺԻՇՏ
ՕՊԵՐԱ
ԲԱՆԱՍՏԵՂԾԱԿԱՆ
ՌԻԹՄ
ՌԻԹՄԻԿ
ԵՐԳԵԼ
ԵՐԳԻՉ
ՏԵՄՊ
ՎՈԿԱԼ

13 - Family

Ս	Ե	Ր	Է	Ե	Բ	H	Ս	Ի	Ծ	Ֆ	Ե	Ժ	L	O	Ճ
Ջ	Է	O	Փ	Ղ	Ֆ	Հ	Ա	Յ	Ր	Ա	Կ	Ա	Ն	A	Զ
Դ	Ղ	Ի	Ձ	Բ	Ց	Թ	Ա	Ն	Բ	Ր	Զ	Տ	Գ	Խ	Զ
Ռ	Ս	Ր	Ւ	Ո	Գ	Զ	Ա	Տ	Ե	Հ	Ե	Ր	Ե	Խ	Ա
Ֆ	Խ	Զ	Ը	Ր	Ե	Ն	Ա	Խ	Ե	Ր	Ե	Յ	Ձ	Ն	Շ
Կ	Ի	Ն	Ը	Ո	Վ	Ա	Ի	L	Ջ	Բ	Է	Ւ	Թ	Ճ	Չ
Ք	Դ	L	Ձ	Ր	Տ	Ս	Ւ	Ո	Դ	Ա	Վ	Ո	Յ	Ւ	H
Զ	Հ	Ո	Ւ	Դ	Մ	Ա	Յ	Ր	Ր	Ե	O	Ք	Ե	Ո	Ր
Ն	Ա	Ո	Տ	Ի	Ս	P	Տ	Մ	Ձ	Շ	Ր	Շ	Ի	Ճ	Պ
Պ	A	Ր	Ր	Ն	Ւ	Ո	Յ	Թ	Ւ	Ո	Կ	Ն	Ա	Մ	Ա
Փ	Ե	Ջ	Մ	Ե	Ւ	Ե	Ղ	Բ	Ա	Յ	Ր	Հ	K	Ա	Մ
Վ	Ը	Յ	L	Ի	Ղ	Ո	Պ	Ղ	Ծ	Թ	Ո	Ռ	Ը	Պ	Ո
Ե	Ա	Ր	Ղ	Տ	Կ	Բ	Ա	Զ	Ք	Ք	Ջ	Ո	Ց	Ա	Ւ
Յ	Մ	Ւ	Մ	Ս	P	H	Ա	Չ	Բ	Ղ	Ն	Թ	Շ	Պ	Ս
Ն	Ա	Խ	Ա	Հ	Ա	Յ	Ր	Յ	A	Ի	Խ	Շ	Ժ	Ի	Ի
Մ	Ա	Յ	Ր	Ա	Կ	Ա	Ն	Է	Ր	Ճ	Յ	Տ	E	Կ	Ն

ՆԱԽԱՀԱՅՐ
ԱՈՒՆՏ
ԵՂԲԱՅՐ
ԵՐԵԽԱ
ՄԱՆԿՈՒԹՅՈՒՆ
ԵՐԵԽԱՆԵՐ
ԶԱՐՄԻԿ
ԴՈՒՍՏՐ
ԹՈՌԸ
ՊԱՊԻԿ
ԹՈՌ
ԱՄՈՒՍԻՆ
ՄԱՅՐԱԿԱՆ
ՄԱՅՐ
ԵՂԲՈՐՈՐԴԻՆ
ՀԵՏԱԶԳՈՒՐՍ
ՀԱՅՐԱԿԱՆ
ՔՈՒՅՐ
ՀՈՐԵՂԲԱՅՐ
ԿԻՆԸ

14 - Farm #1

Վ	Ք	Մ	Ը	Յ	Օ	Ճ	Է	Լ	Դ	P	Դ	Լ	Բ	Ֆ	Ք
Ա	Յ	Ծ	Ի	Հ	Ա	Վ	Ի	Տ	Ա	Պ	Ա	Կ	Ն	Ա	Ց
Ռ	Վ	Կ	Զ	Վ	A	Մ	Մ	Օ	Շ	Ի	Զ	Ց	Ր	Ժ	Խ
Գ	H	Ս	Ե	Ր	Մ	Ե	Ր	Չ	Տ	Տ	E	Ճ	Բ	Փ	Տ
Ա	Ւ	Ն	Ա	Ւ	Բ	Պ	Ե	Ւ	Տ	Բ	Ն	Ր	Ո	Դ	Փ
Շ	Ո	Ւ	Ն	Ո	Ն	Ա	Ֆ	Վ	Մ	Ե	Ղ	Ր	Ռ	Բ	Ւ
Հ	Ղ	Օ	Կ	Ջ	Փ	Ր	Փ	Ե	Գ	Ե	Ժ	P	Դ	Չ	A
Գ	Ե	Փ	Ա	Ն	Ծ	Ա	Դ	Ձ	Ա	A	Թ	Է	Ա	Հ	Տ
Ն	Մ	Ճ	Ղ	P	Ի	Ր	Ա	Մ	Ռ	Մ	Ղ	Մ	Շ	Ա	Գ
Հ	Ո	Ր	Թ	Ն	Վ	Տ	Հ	Ը	Ն	H	Դ	Ռ	Դ	Յ	Զ
Ն	Լ	Ձ	E	A	Չ	Ա	Յ	Ն	A	K	Պ	Բ	Ծ	Զ	Շ
Ց	Զ	Ն	Ի	Ր	Բ	Ն	Ր	Ժ	Ճ	Ց	Փ	Կ	Տ	Ւ	Բ
Փ	Ծ	Փ	Ռ	Բ	Ր	Յ	Ճ	Կ	Հ	Զ	Ք	H	Կ	Ո	Վ
Ղ	H	P	Տ	Ճ	Ւ	Ո	Դ	Հ	Ս	Ճ	Փ	Մ	Ր	Տ	Ջ
Ւ	Փ	Ծ	Ւ	H	Ր	Ւ	Ռ	Թ	Ո	Ռ	Օ	Ն	Ժ	Ա	Ֆ
Ղ	Ր	Մ	Ճ	Ծ	Շ	Թ	Պ	Ը	Ձ	Տ	Ռ	Ծ	Տ	Կ	Գ

ՄԵՂՈՒ
ԲԻԶՈՆ
ՀՈՐԹ
ԿԱՏՈՒ
ՀԱՎ
ԿՈՎ
ԱԳՌԱՎ
ՇՈՒՆ
ԷՇ
ՑԱՆԿԱՊԱՏԻ
ՊԱՐԱՐՏԱՆՅՈՒԹ
ԴԱՇՏ
ՀՈՏ
ԱՅԾԻ
ՀԱՅ
ՄԵՂՐ
ՁԻ
ԲՐԻՆՁ
ՍԵՐՄԵՐ
ՋՈՒՐ

15 - Camping

Ա	Բ	Ը	Ս	Պ	Չ	Ո	Փ	Ջ	Զ	Ր	Ջ	Ֆ	Կ	Յ	A
Ն	Ն	Լ	Ե	Ռ	O	A	Ծ	Ք	Չ	Ե	Ղ	Չ	Ե	Ո	Գ
Տ	Ո	Կ	Ց	A	E	Ղ	Ճ	Ը	Ճ	Վ	Տ	P	Ն	E	Հ
Ա	Ւ	Ժ	Ա	Մ	Ա	Ն	Ց	Ժ	Հ	Յ	Դ	Ր	Դ	K	E
Ռ	Թ	Շ	Չ	Վ	Մ	A	Խ	Հ	Ժ	Ռ	E	Բ	Ա	H	P
Յ	Յ	A	Չ	A	Ա	Դ	Փ	Ձ	Պ	Ւ	Պ	Հ	Ն	Ք	Թ
Ջ	Ո	Կ	Ո	Ղ	Մ	Ն	Ա	Ց	Ո	Ւ	Յ	Ց	Ի	Ժ	Ֆ
O	Ւ	Ր	Կ	Ր	Ա	Կ	Ծ	Ղ	Ռ	Ը	Ֆ	Ճ	Ն	Շ	Գ
Ֆ	Ն	Ա	Ր	Վ	Մ	Ւ	Թ	Պ	Լ	Թ	Ջ	Ճ	Ե	O	Բ
Կ	Զ	Խ	Ր	Զ	Ի	K	Ջ	Ա	Մ	Ւ	Ձ	Ս	Ր	Ո	K
Ժ	Շ	Լ	Ն	Ն	Ջ	Ք	Ճ	Ր	Լ	Ն	P	Ճ	Ղ	P	Պ
Շ	Չ	Գ	Բ	Չ	Ա	Յ	Խ	Ա	Ռ	Ի	K	Վ	Կ	Ջ	Ղ
Ա	Ր	Կ	Ա	Ծ	Տ	Ղ	Ղ	Ն	Ր	Ս	Ճ	Բ	Ւ	Թ	Բ
Տ	Տ	Վ	Ֆ	Պ	Է	Չ	P	Ը	A	Ւ	Յ	Յ	Ն	K	Վ
Ր	Թ	Ս	Ե	Ռ	Մ	Ճ	Յ	Յ	Չ	Ո	Գ	Ֆ	Ք	Ճ	Չ
H	Փ	Տ	Ն	Ա	Կ	Ո	Ւ	Մ	Պ	Լ	Ծ	Ա	Ռ	Ե	Ր

ԱՐԿԱԾ
ԿԵՆԴԱՆԻՆԵՐ
ՏՆԱԿՈՒՄ
ՆԱՎԱԿ
ԿՈՂՄՆԱՑՈՒՅՑ
ԿՐԱԿ
ԱՆՏԱՌ
ԺԱՄԱՆՑ
ԳԼԽԱՐԿ
ՈՐՍ
ՄԻՋԱՏ
ԼԻՃ
ՔԱՐՏԵԶ
ԼՈՒՍԻՆ
ԼԵՌ
ԲՆՈՒԹՅՈՒՆ
ՊԱՐԱՆ
ՎՐԱՆ
ԾԱՌԵՐ

16 - Algebra

Խ	Փ	Ն	Թ	Հ	Ա	Վ	Ա	Ս	Ա	Ր	Ո	Ւ	Մ	Ր	Տ
Ւ	Ռ	Ա	Ղ	Ո	Ձ	Չ	Ձ	Ձ	Ր	Ձ	Ր	Վ	Ժ	Տ	Ւ
Գ	Ժ	Մ	Գ	Ջ	Խ	Ի	Ս	Զ	Ը	Ւ	Զ	K	Ձ	Է	Ղ
Ն	Ծ	Հ	Ւ	Պ	Ֆ	Ձ	A	Ո	Խ	Լ	Ն	Խ	Վ	Թ	Ծ
Ր	Ղ	Ա	Ի	P	Ը	Մ	Ջ	Կ	Ի	Ժ	Ծ	Ց	Տ	Օ	Բ
Գ	Ք	Ս	Յ	Չ	Չ	Ւ	Ճ	Դ	Ց	Ծ	Մ	Հ	Ճ	Ռ	Ժ
Փ	Ր	Ն	Վ	Ի	Թ	Ո	Ե	A	Դ	Հ	Ք	Վ	Փ	Ի	Յ
Ա	Փ	Ա	Ե	Կ	Ն	Ց	Պ	Ձ	Ի	Ռ	Գ	Է	H	Ք	Խ
Կ	Ո	Ե	Ֆ	Մ	Գ	Ա	Ա	Զ	Ա	Ց	Ի	Ր	Տ	Ա	Մ
Ա	Փ	Մ	Ի	Ի	Չ	Ր	Ր	Ա	Գ	Ն	Ո	Ծ	Ր	Ո	Գ
Գ	Ո	Ա	Տ	Փ	Կ	Լ	Զ	P	Ր	Ղ	Ա	K	Չ	Ւ	Զ
Ի	Խ	Ս	Կ	Ե	Ղ	Ծ	Ե	Բ	Ա	Փ	Ք	Բ	Ն	K	H
Ծ	Ա	Ռ	Լ	Ա	Ի	Յ	Ց	Բ	Մ	Ւ	Ո	Ծ	Ւ	Ո	Լ
Ս	Կ	A	Դ	Ժ	Բ	Տ	Ն	Ե	Ն	Ո	Պ	Ս	Ք	Է	A
Յ	Ա	A	Գ	Հ	Օ	Հ	Ե	Ա	Բ	P	Զ	Մ	Հ	Պ	Չ
Ր	Ն	Խ	Ն	Դ	Ի	Ր	Լ	Ը	Գ	Հ	Ա	Ն	Ո	Ւ	Մ

ԼՐԱՑՈՒՄ
ԴԻԱԳՐԱՄ
ՀԱՎԱՍԱՐՈՒՄ
ԷՔՍՊՈՆԵՆՏ
ԳՈՐԾՈՆ
ԿԵՂԾ
ԲԱՆԱՁԵՒԸ
ՄԱՍ
ԳՐԱՖԻԿ
ԱՆՍԱՀՄԱՆ
ԳԾԱՅԻՆ
ՄԱՏՐԻՑԱ
ԹԻՎ
ՓԱԿԱԳԻԾ
ԽՆԴԻՐ
ՊԱՐԶԵՑՆԵԼ
ԼՈՒԾՈՒՄ
ՀԱՆՈՒՄ
ՓՈՓՈԽԱԿԱՆ
ԶՐՈ

17 - Numbers

Ո	Ճ	Ֆ	Ւ	Զ	Ֆ	Տ	Տ	Ն	H	Թ	Զ	Մ	Ե	Հ	Ժ
Ց	Զ	Ե	Ո	P	O	Ա	Գ	Ա	Ց	Ո	Ւ	Թ	Ո	Յ	Տ
Տ	Է	Ք	Կ	Ր	Տ	Ս	H	Չ	Ս	Յ	Ծ	Խ	Գ	Հ	Ա
Տ	Ա	Ղ	Ր	Խ	Ե	Ն	Ա	Ս	Ք	Ն	Ա	Ֆ	Կ	Ա	Ս
Պ	Ժ	Ս	Ե	Ս	Ջ	Հ	Ժ	Ր	Ե	Ս	Վ	Ե	Ե	Ռ	Ն
Ա	Ջ	Ն	Ն	A	P	Ի	E	Ո	Ր	Ա	Ռ	Ե	Ը	Պ	Ե
E	E	Յ	Ս	Ո	Ջ	Ն	Փ	Չ	Ե	Տ	Ք	Ց	Ց	H	Ր
Ւ	A	Ք	Ա	K	Ր	Գ	Ե	Ր	Կ	Ո	Ւ	Ց	Ե	Պ	Ե
Ռ	Փ	Ձ	Տ	Պ	Թ	Դ	Թ	Կ	E	Ժ	K	Վ	Վ	Ա	Ք
Հ	Կ	Հ	Ծ	Ս	Ւ	Տ	Ա	Ջ	H	Ֆ	Շ	Ձ	Ծ	Պ	Դ
Տ	Ա	Ս	Ն	Չ	Ո	Ր	Ս	Կ	Ե	Մ	Թ	Տ	Ֆ	Փ	Ֆ
Շ	Ղ	Ժ	L	Ը	Ն	Ի	Ն	Ս	Ա	Տ	Հ	Տ	Ա	Ր	Յ
Դ	Ը	Շ	Զ	Ն	Ս	Թ	Ծ	H	Դ	Ն	Ղ	Հ	Կ	Ս	O
Ռ	Ղ	O	H	Ի	Ա	H	Յ	P	Է	Ի	Փ	Գ	L	Ւ	Ը
Ծ	Ց	Ձ	Տ	Ժ	Տ	H	P	Ո	Յ	Հ	Ի	Ն	Գ	O	Վ
Ռ	Վ	Ր	Ց	Ե	O	Ր	Ժ	Պ	Գ	Գ	Ֆ	Ց	Փ	Ճ	Թ

ՏԱՍՆՈՐԴԱԿԱՆ
ՈՒԹ
ՏԱՍՆՈՒԹ
ՏԱՍՆՀԻՆԳ
ՀԻՆԳ
ՉՈՐՍ
ՏԱՍՆՉՈՐՍ
ԻՆԸ
ՏԱՍՆԻՆԸ
ՄԵԿ
ՅՈԹ
ՏԱՍՆՅՈԹ
ՎԵՑ
ՏԱՍՆՎԵՑ
ՏԱՍԸ
ՏԱՍՆԵՐԵՔ
ԵՐԵՔ
ՏԱՍՆԵՐԿՈՒ
ՔՍԱՆ
ԵՐԿՈՒ

18 - Spices

Ճ	A	Կ	Տ	Ց	Վ	A	Մ	Ի	Ո	Ց	Ղ	Լ	Ժ	Ֆ	Յ
Ա	Ա	Ք	Գ	Պ	Ծ	Ա	Ե	Չ	Ց	Տ	Ե	Խ	Դ	Գ	Ը
P	Ն	Ղ	Ճ	Ք	Պ	Զ	Մ	Ս	Խ	Տ	Ո	Ր	Ա	Գ	Փ
Պ	Վ	Ի	Ծ	Ս	Ո	Խ	Ա	Զ	Լ	Ձ	Կ	Ռ	Ռ	Ւ	Ղ
Ա	P	Վ	Ս	Ց	O	Ը	Հ	Ֆ	Ծ	Չ	Ը	Դ	Ը	Ն	O
Պ	Շ	Ս	Ձ	P	Ը	Ն	A	Ք	Ր	Զ	P	Ռ	Ս	Ի	Շ
Ր	Խ	Բ	Դ	Ք	Պ	Ւ	Դ	Ե	Հ	Ա	Ն	Ւ	Բ	Յ	Ն
Ի	Կ	Ո	Ճ	Ա	Պ	Ղ	Պ	Ե	Ղ	Խ	Ն	Ա	Մ	Ա	Չ
Կ	Մ	Շ	Կ	Ը	Ն	Կ	Ո	Ւ	Յ	Զ	Ք	Ղ	Պ	Լ	Հ
Ա	Ւ	Ծ	Դ	Է	Խ	Ջ	Ն	Շ	Տ	Ը	Կ	Ք	P	Ի	Ն
Է	Դ	Ո	Յ	Ե	H	Պ	Թ	Տ	E	Բ	Ա	Փ	Շ	Ն	Հ
Վ	Ս	Ք	Կ	Ե	Մ	Ճ	Չ	Մ	Ց	Ռ	Ր	Ց	Ղ	Ա	Ք
Յ	Է	Ղ	Յ	Բ	Ր	Ը	Ս	Գ	Մ	Ն	Ր	Ւ	Կ	Վ	Խ
Ֆ	Ե	Ն	Ո	Ւ	Գ	Ր	Ե	Կ	Լ	Թ	Ի	Մ	Ա	Ս	Հ
Գ	Յ	Բ	Ծ	K	K	Շ	Ձ	Փ	Դ	Ա	Ր	Չ	Ի	Ն	Ի
Մ	Ե	Խ	Ա	Կ	Հ	Ա	Մ	Ը	O	Է	Ա	Ղ	Ց	Ը	Լ

ԱՆԻՍ
ԴԱՌԸ
ՀԻԼ
ԴԱՐՉԻՆ
ՄԵԽԱԿ
ՀԱՄԵՄ
ՉԱՄԱՆ
ԿԱՐՐԻ
ՍԱՄԻԹ
ՖԵՆՈՒԳՐԵԿ
ՀԱՄԸ
ՍԽՏՈՐ
ԿՈՃԱՊՂՊԵՂ
ՄՇԿԸՆԿՈՒՅԶ
ՍՈԽ
ՊԱՊՐԻԿԱ
ԶԱՖՐԱՆ
ԱՂ
ՔԱՂՑՐ
ՎԱՆԻԼԱՅԻՆ

19 - Universe

Խ	Խ	Գ	Խ	Ս	Ա	Ծ	Կ	Պ	Հ	Ց	Ք	Լ	Կ	Լ	Գ
Ն	Ա	Կ	Ա	Ր	Ե	Զ	Ե	Ի	Տ	Կ	Ն	Ո	Ի	Ա	Ա
Ա	Ո	Վ	Դ	Տ	Ե	Ս	Ա	Ն	Ե	Լ	Ի	Ւ	Ս	Յ	Լ
Ս	Ս	Ւ	Ա	Ց	Բ	Չ	Զ	Ի	Ց	Ժ	Կ	Ս	Ա	Ն	Ա
Թ	Ո	Տ	Ղ	Ր	Ք	Ն	Զ	Յ	Ի	Բ	Ր	Ի	Գ	Ո	Ք
Կ	Թ	Ծ	Ե	Ե	Ը	Հ	H	Ա	Տ	Ը	Ե	Ն	Ո	Ւ	Ս
Դ	Ե	Ա	H	Ր	Ծ	Ֆ	Պ	Ն	Ս	Ն	Ի	Ր	Ւ	Թ	Ի
Ճ	Ջ	Կ	E	Չ	Ո	Ի	Յ	Կ	Լ	Ս	P	E	Ն	Յ	Ա
Ֆ	Ժ	Ա	Ա	Լ	Ա	Ի	Ր	Ր	Ո	Վ	Գ	Չ	Դ	Ո	Ս
Հ	Ո	Ր	Ի	Զ	Ո	Ն	Դ	Ե	Ս	Ճ	Հ	Վ	Է	Ւ	Ւ
Ր	Ռ	Ա	Հ	Ե	Ռ	Ա	Դ	Ի	Տ	Ա	Կ	Հ	A	Ն	Է
Ը	Հ	Ս	Ա	Ր	Ե	Ւ	Ա	Յ	Ի	Ն	O	P	Լ	Հ	Ը
Ը	Գ	Ա	Ա	Ս	Տ	Ղ	Ա	Գ	Ե	Տ	Թ	Պ	Պ	Զ	Ջ
Ռ	Դ	Հ	Ե	Ր	Կ	Ա	Յ	Ն	Ո	Ւ	Թ	Յ	Ո	Ւ	Ն
Հ	Ե	Մ	Թ	Ն	Ո	Լ	Ո	Ր	Տ	Ս	Կ	Մ	Ե	Հ	Հ
Կ	Ե	Ն	Դ	Ա	Ն	Կ	Ա	Ն	Դ	Ա	Կ	Թ	Է	Ծ	Կ

ԱՍՏԵՐՈԻԴ
ԱՍՏՂԱԳԵՏ
ՄԹՆՈԼՈՐՏ
ԵՐԿՆԱՅԻՆ
ՏԻԵԶԵՐԱԿԱՆ
ԽԱՎԱՐԸ
ՀԱՍԱՐԱԿԱԾ
ԳԱԼԱՔՍԻԱ
ԿԻՍԱԳՈՒՆԴ
ՀՈՐԻԶՈՆ
ԼԱՅՆՈՒԹՅՈՒՆ
ԵՐԿԱՅՆՈՒԹՅՈՒՆ
ԼՈՒՍԻՆ
ՈՒՂԵԾԻՐ
ԵՐԿԻՆՔ
ԱՐԵՒԱՅԻՆ
ՍՈԼՍՏԻՑԵ
ՀԵՌԱԴԻՏԱԿ
ՏԵՍԱՆԵԼԻ
ԿԵՆԴԱՆԿԱՆԴԱԿ

20 - Mammals

Պ	Ւ	Յ	Ւ	Խ	Ի	Ո	Ր	Ա	Ց	Ծ	Լ	Ց	Շ	Ձ	Ե
Է	H	Ֆ	Զ	Ւ	Ց	Ա	Ջ	Խ	Ո	Ք	K	Ի	E	Պ	A
Ֆ	Փ	Ֆ	Փ	Ը	Է	Ձ	Ծ	Ծ	Ւ	Ո	Յ	Ռ	Ա	Կ	Ձ
Զ	Ճ	Է	Վ	Ֆ	Ւ	Պ	Լ	Ճ	Լ	Կ	Ի	Ս	E	Ա	Ի
Ե	Փ	Ի	Ղ	Ե	Չ	Զ	Ը	Ն	Ւ	Հ	Ո	Յ	Կ	Պ	Ֆ
Բ	Ձ	Դ	E	Ր	Ք	Կ	Հ	Ն	Ւ	Ո	Շ	Ւ	Ց	Ի	H
Ր	Հ	Ո	A	Հ	Մ	O	Ւ	E	Ձ	Ւ	Ժ	H	Ղ	Կ	Ն
Ա	Ս	Չ	A	Ո	Դ	Ա	Լ	Ի	Ր	Ո	Գ	P	E	Բ	Կ
Ի	E	Խ	Զ	Ճ	Ը	Ի	Խ	Ֆ	Ա	Ր	Ւ	Ք	Ր	Է	Յ
Ւ	Ջ	Ա	Կ	Ա	Տ	Ո	Ւ	Ր	Գ	Ւ	Փ	Ղ	Բ	P	Խ
Ճ	Ժ	Ր	Զ	Ք	Ն	Վ	Պ	Ծ	Ա	Ո	A	Ջ	Տ	Պ	Գ
Ո	Ր	Հ	P	Ս	A	Ս	Մ	O	Ճ	Գ	Չ	K	Չ	Ա	Ր
Ա	Ր	Ջ	Ա	Ճ	Ժ	Կ	Ե	Տ	Մ	Ն	Ի	Ֆ	Լ	Ե	Դ
Մ	Ր	Ի	Ճ	Խ	Ս	Ձ	Չ	Վ	Ի	Ե	Ք	Ի	Յ	Ւ	Շ
Լ	H	Կ	Ո	Յ	Ո	Տ	Յ	Ր	Ղ	Կ	Ֆ	Ե	Ա	Զ	O
Բ	P	Հ	Ւ	Փ	Ռ	Շ	Ը	Չ	A	Ա	Ք	Չ	Գ	Է	Ճ

ԱՐՋ
ԿՈՒՂԲ
ՑՈՒԼ
ԿԱՏՈՒ
ԿՈՅՈՏ
ՇՈՒՆ
ԴԵԼՖԻՆ
ՓԻՂ
ԱՂՎԵՍ
ԸՆՁՈՒՂՏ
ԳՈՐԻԼԱ
ՁԻ
ԿԵՆԳՈՒՐՈՒ
ԱՌՅՈՒԾ
ԿԱՊԻԿ
ՃԱԳԱՐ
ՈՉԽԱՐ
ԿԵՏ
ԳԱՅԼ
ԶԵԲՐԱ

21 - Restaurant #1

Վ	Կ	Ա	Ն	Ա	Դ	Ն	Ւ	Ո	Գ	Ա	Ե	Է	P	Ք	Ը
Ե	Ո	Հ	Փ	Ա	Ն	Ձ	Ե	Ռ	Ո	Ց	Ի	Կ	Չ	Կ	A
Ր	Ի	Տ	Օ	Ս	Ս	Ո	Ո	Ւ	Ս	Դ	Մ	Ի	Ս	Ե	Լ
Ա	Է	Հ	Ա	Վ	Ե	Ս	E	Ո	Ա	Ծ	Ր	Լ	Ը	Կ	Ա
Պ	Վ	Խ	Ց	Վ	Գ	Ս	Ը	Ծ	Ա	K	Հ	Ղ	Թ	Ռ	Չ
Ա	Ի	Ո	Ո	Ր	Ի	Դ	Մ	Կ	Շ	Յ	Զ	Չ	Ը	E	Գ
Հ	Ճ	Ւ	Ի	Հ	Ւ	Ո	Ղ	Ո	Ց	Ւ	Ո	Տ	Ա	Մ	Գ
Ո	Պ	Տ	Ե	Ծ	Ա	Ա	Ձ	Ի	Կ	Է	Բ	Խ	Հ	Կ	Ը
Ւ	Ջ	Ե	Թ	H	Ա	Ն	Ց	Ս	Ծ	Ք	Ք	Ե	Ֆ	Ա	Խ
Մ	Շ	Լ	Վ	Ւ	Ճ	Ղ	Ո	Ն	Կ	Գ	Չ	Ղ	Է	Ֆ	Ց
Վ	Վ	Ֆ	Հ	Ձ	Լ	Հ	Մ	Ց	Օ	Կ	Ջ	Ձ	Գ	Ց	Ը
Փ	Ճ	H	E	Հ	Տ	Ր	Ե	Ս	Ե	Դ	Կ	Պ	Զ	E	Թ
Ա	Ս	Ն	Ո	Ւ	Ն	Դ	Ն	Ց	Ա	Լ	Ե	Ր	Գ	Ի	Ա
Կ	Դ	Յ	Կ	Չ	Կ	Ս	Յ	Յ	P	Տ	Ք	Ռ	Յ	Ւ	Է
Փ	Յ	Պ	Ժ	Ւ	P	E	Ո	Վ	Բ	Ր	Է	Ե	Ղ	Մ	Բ
Վ	Դ	Ե	Ջ	Վ	Ճ	Ր	Ւ	Ո	Ս	Ջ	Ց	Գ	Ո	Ե	Ք

ԱԼԵՐԳԻԱ
ԳՈՒՆԴ
ՀԱՑ
ՀԱՎ
ՍՈՒՐՃ
ԴԵՍԵՐՏ
ՍՆՈՒՆԴ
ԽՈՀԱՆՈՑ
ԴԱՆԱԿ

ՄԻՍ
ՄԵՆՅՈՒ
ԱՆՁԵՌՈՑԻԿ
ԱՓՍԵ
ՎԵՐԱՊԱՀՈՒՄ
ՍՈՈՒՍ
ԿՃՈՒ
ՈՒՏԵԼ
ՄԱՏՈՒՑՈՂՈՒՀԻ

22 - Bees

Ժ	Յ	Ց	Պ	Փ	Չ	Ք	Դ	Թ	Կ	Ա	Թ	Ե	Փ	Ծ	Է
P	Մ	Ն	Ե	Լ	Ո	Պ	Ն	Փ	Ր	Ե	Ր	Ձ	Ի	Ա	Կ
Կ	Ի	Գ	Յ	Ա	Կ	Փ	Ւ	Ձ	Ը	Ժ	Ս	Ե	Հ	Ղ	Ո
Յ	Ջ	Մ	Ե	Ղ	Ր	Չ	Ո	Շ	Ձ	Ղ	Չ	Չ	Ւ	Ի	Հ
Ջ	Ա	Խ	Ց	Ջ	Ե	Ժ	Ն	Փ	Ա	Ո	Ւ	Ե	Ո	Կ	Ա
Ի	Տ	Ը	Է	Ե	Ս	K	Ս	Ժ	Ո	Հ	Փ	Ր	Գ	Ն	Մ
Բ	E	O	Ի	K	Յ	Ք	Ջ	Ձ	Ճ	Խ	Ա	Թ	Ա	Ե	Ա
Ց	Ա	Ն	Շ	Չ	Ւ	Ի	Ե	Ղ	Ի	Ւ	Ո	Վ	Թ	Ր	Կ
Ճ	Ծ	Ճ	Ն	P	Ո	Ս	Ն	O	P	Ո	Ջ	Ղ	Ե	A	Ա
Ղ	Ն	O	Ռ	P	Բ	Բ	Մ	Ա	Ֆ	Ծ	Տ	Չ	H	Տ	Ր
Մ	Է	Ր	O	Գ	Չ	Բ	Ո	Է	Ղ	Գ	Ս	Կ	Ժ	Կ	Գ
Ր	Ֆ	Շ	Դ	Ո	Խ	Ա	Մ	Թ	Ր	Բ	E	O	Ն	Լ	Հ
Գ	Տ	Կ	A	Ն	Պ	Ւ	Ֆ	Ե	Ց	Կ	Դ	Վ	H	Է	Պ
Ե	Ր	Ձ	Ջ	Լ	Ա	Կ	Դ	Ւ	P	Ռ	Ւ	Յ	Շ	Յ	Ը
Ր	Վ	Ջ	Յ	Ֆ	Խ	Ա	Վ	Ե	Ղ	Դ	Փ	H	Թ	Ւ	Ճ
Պ	Ց	Կ	Ծ	Բ	Է	Գ	Ա	Ր	Թ	Մ	K	Շ	Ջ	Ձ	Դ

ՇԱՀԱՎԵՏ
ԷԿՈՀԱՄԱԿԱՐԳ
ԾԱՂԻԿՆԵՐ
ՍՆՈՒՆԴ
ՄՐԳԵՐ
ԱՅԳԻ
ՓԵԹԱԿ
ՄԵՂՐ
ՄԻՋԱՏ
ԲՈՒՅՍԵՐ
ՊՈԼԵՆ
ՓՈՓՈԽՈՂ
ԹԱԳՈՒՀԻ
ԾՈՒԽ
ԱՐԵՒ
ԵՐԹ
ՄՈՄ
ԹԵՒԵՐ

23 - Photography

Ս	Տ	Կ	Ե	Յ	Բ	Օ	Հ	Ւ	Զ	Ջ	Պ	Մ	Ե	Ր	Դ
Տ	Տ	Ե	A	Ց	Մ	Յ	H	Ե	Ս	Ք	E	Բ	Լ	Թ	Լ
Ե	Ս	Վ	Ս	Ծ	Զ	Ց	Հ	Ս	Ռ	Ծ	Ֆ	Փ	Ձ	Լ	Թ
Ս	Ա	Ւ	Ե	Ա	Կ	Ր	Ա	Ռ	Ա	Ա	K	K	Ը	Ջ	Օ
Ո	Ր	P	Ղ	Ր	Խ	Խ	Ը	Ն	Ն	Վ	Ն	Զ	Մ	Ի	Մ
Ղ	Տ	Բ	Բ	Թ	Ն	Ց	Գ	Է	Ռ	Ս	Ը	Կ	Զ	Ղ	Դ
Ա	Ն	Վ	Ր	Ժ	Ժ	Ե	Ի	Ե	Լ	Ւ	Խ	Ա	Ա	Տ	Ի
Կ	Ո	Ծ	Լ	Օ	Չ	Փ	Ր	Կ	Խ	Ո	Ա	Ն	Կ	Ր	Մ
Ա	Կ	Ֆ	Ո	Ր	Մ	Ա	Տ	Ո	Է	Յ	Վ	Ա	Ը	Ի	Ա
Ն	Դ	P	K	Ղ	Ե	Տ	Ր	Ջ	Զ	Հ	Ա	Ջ	Ձ	P	Ն
Բ	Ի	Ս	Ա	Հ	Մ	Ա	Ն	Ո	Ւ	Մ	Ր	Ր	Լ	Փ	Կ
Ց	Տ	Ժ	Ց	Ճ	Ք	Օ	P	Ո	Ջ	H	Ը	Շ	Գ	Ծ	Ա
Ձ	Ե	Ց	Ո	Ւ	Ց	Ա	Հ	Ա	Ն	Դ	Ե	Ս	Ո	Չ	Ր
Վ	Լ	Թ	Ձ	Օ	Ց	K	Ց	Ց	Ջ	Ժ	Գ	Ի	Ւ	Օ	Գ
Ո	Ծ	Ռ	Չ	Ֆ	Ը	Բ	Թ	Զ	Ա	Օ	Տ	A	Յ	Լ	Մ
Թ	P	Պ	Ռ	Ժ	Է	Ք	Կ	Ճ	Կ	Է	K	Յ	Ն	Փ	Գ

ՍԵՒ
ՏԵՍԱԽՑԻԿ
ԳՈՒՅՆ
ԿԱԶՄԸ
ԿՈՆՏՐԱՍՏ
ԽԱՎԱՐԸ
ՍԱՀՄԱՆՈՒՄ
ՑՈՒՑԱՀԱՆԴԵՍ
ՖՈՐՄԱՏ

ՇՐՋԱՆԱԿ
ՕԲՅԵԿՏ
ՀԵՌԱՆԿԱՐ
ԴԻՄԱՆԿԱՐ
ՍՏՎԵՐՆԵՐ
ԱՌԱՐԿԱ
ՀՅՈՒՍՎԱԾՔ
ԴԻՏԵԼ
ՏԵՍՈՂԱԿԱՆ

24 - Sports

Հ	Ծ	Ի	Ե	Է	Օ	Ռ	Կ	Գ	Ա	K	Խ	Կ	E	Մ	Գ
Մ	Ե	E	Ն	Ւ	Ո	Յ	Թ	Ւ	Ո	Ն	Ջ	Ա	Ռ	Ա	Ի
Բ	P	Ծ	Լ	Ո	Բ	Ս	Յ	Ե	Բ	Ծ	A	Ա	Բ	Ր	Մ
E	Ղ	Յ	Ա	Մ	Ա	Ր	Զ	Ի	Կ	Հ	Բ	Տ	Օ	Զ	Ն
Շ	Յ	Չ	Ղ	Ն	Չ	Ա	Ը	Ց	Ձ	Ւ	Ա	Դ	Ռ	Ա	Ա
Թ	Ց	Ձ	Ո	Ի	Ի	Տ	Փ	Բ	Ւ	Մ	Ս	K	Ս	Դ	Զ
Ո	Ի	Ծ	Լ	Ծ	Զ	Վ	Գ	Ո	Լ	Ֆ	Կ	Ք	Շ	Ա	Ի
Ո	Ծ	Մ	Ք	Ւ	Ր	Օ	P	Պ	Պ	Փ	Ե	Ո	Թ	Շ	Ա
Ժ	Ք	Բ	H	Ճ	Ա	Ը	Յ	Պ	E	Մ	Տ	Ճ	Ե	Տ	Դ
Դ	Ժ	Ջ	Մ	Ս	Մ	Փ	Ձ	Ո	Ժ	Թ	Բ	Ն	Ն	H	E
Խ	Ա	Հ	Ա	Ղ	Թ	Ո	Ղ	Չ	Ժ	Գ	Ո	Ֆ	Ի	Զ	Շ
Գ	Խ	Տ	Ս	Ր	Ո	Պ	Ս	Կ	Օ	Ժ	Լ	Ց	Ս	Ծ	Ի
Ճ	Ձ	Վ	Ա	Հ	Ո	Կ	Ե	Յ	Ժ	Է	Ձ	Ծ	P	Տ	Ր
Օ	Բ	Ռ	Բ	Վ	Խ	Ո	Ռ	Յ	Բ	Ա	Ր	Ճ	Ւ	Պ	Զ
Վ	P	Ղ	Ե	Թ	Ո	Խ	Ա	Ղ	Ո	Ց	Ա	Ղ	Ա	Խ	E
Ը	Ո	Չ	Հ	Գ	Մ	Ր	Շ	Ա	Ր	Ժ	Ո	Ւ	Մ	E	Ա

ՄԱՐԶԻԿ
ԲԵՅՍԲՈԼ
ԲԱՍԿԵՏԲՈԼ
ՀԵԾԱՆԻՎ
ԱՌԱՋՆՈՒԹՅՈՒՆ
ՄԱՐԶԻՉ
ԽԱՂ
ԳՈԼՖ
ԳԻՄՆԱԶԻԱ
ՀՈԿԵՅ
ՇԱՐԺՈՒՄ
ԽԱՂԱՑՈՂ
ԴԱՏԱՎՈՐ
ՄԱՐԶԱԴԱՇՏ
ԹԻՄ
ԹԵՆԻՍ
ԼՈՂԱԼ
ՀԱՂԹՈՂ

25 - Weather

Յ	Ծ	H	Ւ	Ձ	Տ	Գ	Խ	Տ	E	Ե	Մ	Ճ	Ւ	Ֆ	Ձ
Կ	Հ	Խ	Ս	Ո	Զ	Ա	Մ	Պ	Ա	Ր	Ո	Չ	E	Ճ	Ե
Ա	Տ	Վ	Խ	H	Կ	Բ	A	Ա	Ծ	Կ	Ւ	Ւ	E	K	Փ
Ծ	Ր	H	P	Տ	Տ	Դ	Ղ	Գ	Թ	Ի	Բ	Գ	Խ	Կ	Յ
Յ	Ո	Ե	Շ	Օ	Ֆ	Ժ	Է	Պ	Է	Ն	Կ	Ր	Բ	Մ	Ո
Ա	Լ	Ղ	Ւ	Ո	Խ	Ա	Ռ	Ա	Մ	Ք	Ի	Չ	Ջ	Ո	Ւ
Կ	Ո	Ը	Ն	Ա	Ճ	Ի	Տ	Ս	Ա	Մ	Ր	Ե	Ջ	Ւ	Ռ
Խ	Ն	Թ	Զ	Ֆ	Դ	Ւ	Ք	Շ	Մ	Փ	Ո	Ծ	Ա	Ս	Հ
Ք	Թ	Յ	Ջ	Ս	Ծ	Ա	Տ	Ա	E	Խ	Թ	Ի	P	Ո	Ա
Ա	Մ	Ե	Ր	Ա	Շ	Տ	Ր	Ա	Մ	Ժ	Ո	Ա	A	Ն	Ն
Վ	Գ	Ք	Ր	Ժ	Թ	Ս	Մ	Զ	Ր	Ի	Փ	Ծ	Բ	Կ	Գ
Բ	Ե	Ւ	Ե	Ռ	Ա	Յ	Ի	Ն	Ա	Ա	Մ	Ա	Ո	Լ	Ի
A	Յ	Հ	Ե	A	Ա	Ւ	Է	A	A	Յ	Փ	Ն	Ր	Ի	Ս
Հ	Ն	Շ	Ք	Ո	Ր	Ի	Ձ	Է	H	Ջ	Ի	Օ	Պ	Մ	Տ
Ս	Ա	Ռ	Ո	Ւ	Յ	Ց	Փ	Ց	Լ	Խ	Լ	Ն	Ո	Ա	Տ
K	A	Օ	Գ	Յ	K	Ռ	E	Պ	Ա	Ե	Է	Ս	Տ	Թ	Կ

ՄԹՆՈԼՈՐՏ
ՁԵՓՅՈՒՌ
ՀԱՆԳԻՍՏ
ԿԼԻՄԱ
ԱՄՊ
ԵՐԱՇՏ
ՉՈՐ
ՄԱՌԱԽՈՒՂ
ՍԱՌՈՒՅՑ
ԿԱՅԾԱԿ
ՄՈՒՍՈՆ
ԲԵՒԵՌԱՅԻՆ
ԾԻԱԾԱՆ
ԵՐԿԻՆՔ
ՓՈԹՈՐԻԿ
ՋԵՐՄԱՍՏԻՃԱՆԸ
ՈՐՊՈՍ
ՏԱՐԱՓ
ԱՐԵՒԱԴԱՐԶԱՅԻՆ
ՔԱՄԻ

26 - Sport

Ս	Ո	Հ	Ե	Ծ	Ա	Ն	Վ	Ա	Վ	Ա	Զ	Ք	Ժ	Ի	Բ
Կ	Ր	Ւ	Տ	Չ	Թ	Ճ	Լ	Օ	Կ	Խ	Ը	Վ	Ֆ	E	Յ
Ի	Ա	Տ	Ժ	Կ	Մ	Ա	Ր	Մ	Ի	Ն	Փ	Դ	Ֆ	Ձ	Է
Ժ	Պ	Ր	Ա	Ձ	Պ	Դ	Ա	Ծ	Զ	Ը	Դ	Ի	Ե	Տ	Ա
P	H	Ո	Թ	Ն	Պ	Խ	Ա	Գ	Ր	Վ	Ե	Մ	Ա	Տ	Ա
Ւ	Օ	Պ	K	Յ	Ո	Ր	Ի	Գ	Ա	Ր	Ծ	Կ	Վ	Ջ	Ռ
Կ	Ժ	Ս	Չ	Ժ	E	Թ	Լ	Ս	Մ	Դ	Ս	Ա	Ե	Ծ	Ո
Մ	Ա	Ր	Զ	Ի	Չ	Ղ	Ա	Բ	Հ	Լ	Ն	Ն	Լ	Օ	Ղ
Ժ	P	Ո	Ե	H	Լ	Գ	Ղ	Յ	Փ	Ը	Ո	Ն	Ի	Ի	Ջ
Ժ	Վ	Է	Թ	Ն	Ծ	Ն	Ո	Ձ	Ի	Խ	Ւ	Ե	Ա	Փ	Ո
Շ	Ն	Չ	Ե	Լ	Ր	Լ	Լ	Դ	Ո	Ն	Ց	Ր	Վ	Թ	Ւ
Ն	Ւ	Ո	Յ	Թ	Ւ	Ո	Ն	Ւ	Ո	Կ	Ո	Տ	Ո	Վ	Թ
Չ	P	Ս	Ծ	Ե	Տ	Օ	Կ	Բ	Ֆ	Ւ	Ւ	Ց	Ր	Ա	Յ
Ե	Պ	Թ	Ս	Ե	Մ	Փ	Ի	Ս	Վ	H	Մ	E	Ե	Զ	Ո
Ի	Ր	Ջ	Կ	Պ	Ճ	Գ	Ժ	Ջ	Ո	E	Ժ	Ց	Լ	Ք	Ւ
Ն	Պ	Ա	Տ	Ա	Կ	Ս	Ր	Լ	Ձ	Փ	Ձ	Բ	Ց	Ւ	Ն

ՄԱՐԶԻԿ
ՄԱՐՄԻՆ
ՈՍԿՈՐՆԵՐ
ՍՐՏԱՆՈԹԱՅԻՆ
ՄԱՐԶԻՉ
ՀԵԾԱՆՎԱՎԱԶՔ
ՊԱՐ
ԴԻԵՏԱ
ՏՈԿՈՒՆՈՒԹՅՈՒՆ
ՆՊԱՏԱԿ
ԱՌՈՂՋՈՒԹՅՈՒՆ
ՎԱԶՔ
ԱՎԵԼԻԱՎՈՐԵԼ
ՄԿԱՆՆԵՐ
ՄՆՈՒՑՈՒՄ
ԾՐԱԳԻՐ
ՍՊՈՐՏ
ՈՒԺ
ՇՆՉԵԼ
ԼՈՂԱԼ

27 - Restaurant #2

Ա	Ղ	Ջ	Մ	Մ	Շ	Ա	Ճ	Ա	Կ	Ծ	Ը	Պ	Ց	Ց	Է
Ծ	Շ	Ո	Ֆ	Ֆ	Կ	Ծ	Ղ	Թ	Զ	Ա	Մ	H	Ւ	P	Ջ
Ս	Թ	Գ	Ճ	Ե	Ձ	Ծ	Ղ	Ո	Թ	Ջ	Պ	Վ	Մ	Ի	Շ
Բ	Ն	H	Ջ	Ո	Ւ	Ր	Մ	Ռ	Փ	K	Ե	Բ	Չ	Ե	H
P	P	Օ	Ն	Ղ	E	Ը	Ն	Լ	Ն	Գ	Լ	H	Ե	Կ	Ձ
Կ	Յ	Չ	Կ	K	Ձ	Է	Պ	Ս	Ե	Ո	Ի	Ս	Ք	Կ	Ճ
Ա	Ծ	Ւ	Ջ	Ո	Ր	Ց	Յ	Ճ	Ղ	P	Ք	Գ	Յ	Վ	Ե
Է	Մ	Մ	Լ	Ժ	Խ	Ց	Ո	Բ	Ե	Կ	Տ	Բ	Բ	Թ	Լ
Հ	Ա	Մ	Ե	Ղ	Կ	Յ	Դ	Ջ	Ր	Ք	Ֆ	Օ	Ռ	A	Մ
A	Ձ	K	Ե	Ն	Ա	Ւ	Ո	Ձ	Ա	Ի	Ջ	Ւ	Տ	Չ	Ա
Ա	Պ	Ո	Ւ	Ր	Ճ	Ո	Ո	Վ	Ջ	Ր	Բ	Թ	Ո	Գ	Տ
Ք	Ց	Ծ	Ֆ	Օ	Ջ	Ռ	Ջ	Ձ	Ն	Թ	Ե	Չ	Ր	Դ	Ո
Լ	Է	Ռ	Ւ	Ի	K	Ա	Ղ	Ց	Ա	Ն	Ն	Գ	Թ	Ա	Ւ
Ճ	Ջ	Ա	Ե	Ղ	Հ	Ս	Ա	Մ	Բ	Ը	Պ	Թ	Ր	Լ	Ց
Հ	Ա	Մ	Ե	Մ	Ո	Ւ	Ն	Ք	Ն	Ե	Ր	Պ	Ճ	Մ	Ո
Պ	Ա	Տ	Ա	Ռ	Ա	Ք	Ա	Ղ	Ց	H	Ծ	Ց	Ն	E	Ղ

ԸՄՊԵԼԻՔ
ՏՈՐԹ
ԱԹՈՌ
ՀԱՄԵՂ
ԸՆԹՐԻՔ
ՁՈՒ
ՁՈՒԿ
ՊԱՏԱՌԱՔԱՂ
ՄՐԳԵՐ
ՍԱՌՈՒՅՑ

ՃԱՇ
ԱՂՑԱՆ
ԱՂ
ԱՊՈՒՐ
ՀԱՄԵՄՈՒՆՔՆԵՐ
ԳԴԱԼ
ԲԱՆՋԱՐԵՂԵՆ
ՄԱՏՈՒՑՈՂ
ՋՈՒՐ

28 - Geology

Ջ	Թ	Ք	Ղ	Թ	Ն	Վ	Տ	Ի	Տ	Կ	Ա	Լ	Ա	Տ	Ս
Ն	Ի	Յ	Ա	Ք	Ն	Ա	Հ	Ե	Ր	Ա	Ի	Զ	Ո	Ր	Է
P	Փ	Ձ	Վ	Ր	Ս	K	Ջ	Ր	Ե	Լ	Ւ	Պ	Ծ	Ե	Լ
Շ	Թ	Մ	Ա	Ե	Ա	Փ	Դ	K	Շ	Ց	Շ	Լ	Ա	Ն	H
Ճ	K	Ռ	Լ	Ե	Մ	Ն	Ք	Ւ	A	Ի	Ա	Թ	Ն	Ղ	Գ
Դ	Դ	Գ	Ն	Ր	Ա	Ց	Ձ	Ժ	P	Ո	Խ	O	Ա	Ե	Ե
Ք	Չ	Ռ	Է	Կ	Հ	Ի	Չ	Ա	Վ	Ւ	Ւ	Թ	Հ	Ր	Յ
K	Ա	H	Ֆ	Ր	Ր	Կ	Ծ	Ճ	Վ	Մ	Ո	K	Ժ	Ւ	Զ
A	H	Ք	Թ	Ա	Ա	Լ	Թ	Ք	Վ	Ի	Բ	Թ	Վ	Ո	Ե
Շ	Հ	E	Դ	Շ	Խ	Ե	Ր	K	Ը	Փ	Ա	Լ	Թ	Յ	Ր
Ն	Կ	Ի	Ի	Ա	Շ	Ր	Ա	Ք	Ա	Ձ	Ր	Ո	Կ	Բ	Շ
P	Թ	Ո	Խ	Ր	Ա	Ա	Հ	P	Բ	Պ	Հ	Գ	Խ	Բ	Հ
O	Ճ	Վ	Ր	Ժ	Ֆ	Ք	Ա	Ց	Ր	Խ	Ց	Մ	Չ	Հ	Հ
Հ	Ջ	Գ	Ս	Ա	Ք	Գ	Ր	Բ	Ժ	Տ	Ֆ	Մ	Ց	Փ	Ֆ
Խ	Բ	Ղ	Յ	Վ	Լ	Ջ	Ա	Լ	E	Ն	P	Ճ	Ջ	Ա	Խ
Ք	Բ	Գ	Ռ	Փ	Ճ	Ջ	Ս	Ց	H	Կ	Ջ	E	Է	Փ	P

ԹԹՈՒ
ԿԱԼՑԻՈՒՄ
ՔԱՐԱՆՁԱՎԻ
ԱՇԽԱՐՀԱՄԱՍ
ԿՈՐԱԼ
ԲՅՈՒՐԵՂՆԵՐ
ՑԻԿԼԵՐ
ԵՐԿՐԱՇԱՐԺ
ԷՐՈԶԻԱ
ՀԱՆԱԾՈ
ԳԵՅԶԵՐ
ԼԱՎԱ
ՇԵՐՏ
ՀԱՆՔԱՅԻՆ
ՍԱՐԱՀԱՐԹ
ՈՐՁԱՔԱՐ
ԱՂ
ՍՏԱԼԱԿՏԻՏ
ՔԱՐ
ՀՐԱԲՈՒԽ

29 - House

Ձ	Չ	Դ	Ե	Կ	Բ	Ւ	Ս	Է	Կ	K	Ա	Կ	P	Ձ	Ն
Պ	H	E	Ւ	Զ	A	Ո	Ռ	Խ	Փ	Պ	Մ	Ա	Լ	Ե	Ա
Թ	Ա	E	Չ	K	Ղ	Ղ	Ւ	Ո	Ց	Ն	Ց	Հ	Ն	Ռ	Յ
H	Ճ	Տ	Ր	Գ	Ծ	P	Ո	Խ	Հ	Ձ	Շ	Ո	Խ	Ն	Գ
Ջ	Ն	A	Վ	Ժ	E	Ի	Դ	Ծ	Ա	H	Է	Ւ	Ճ	Ա	Ի
Բ	Ա	Ն	Ա	Լ	Ի	Ն	Ե	Ր	Ը	Ր	Մ	Յ	Ղ	Ր	Ց
Հ	P	Ա	Պ	Ա	Տ	Ո	Ւ	Հ	Ա	Ն	Ի	Ք	Տ	Կ	Ը
Ժ	Ձ	Ր	Ե	Ն	Ր	Յ	Ւ	Ո	Գ	Ա	Ր	Ա	Վ	E	Ց
Ց	Ե	Ա	Ե	Զ	Ռ	Կ	Ժ	Շ	Ճ	Բ	Բ	Ը	Մ	Ք	E
Յ	Ր	Դ	Թ	Ք	Ը	P	Ֆ	Հ	Ը	Ք	Ն	Տ	Ք	Ն	Լ
Ժ	Ճ	Ա	Է	Խ	Ե	Ձ	Զ	Ա	Ս	Ն	Ր	Կ	Ր	Վ	Բ
Հ	Ա	Ր	Կ	Ե	H	Ճ	E	Յ	Լ	Ե	Վ	Ա	Խ	Ա	Ց
Հ	Ռ	Գ	Տ	Ա	Ն	Ի	Ք	Ե	Ց	Ո	Ն	Ա	Հ	Ո	Խ
Ա	Վ	Տ	Ո	Տ	Ն	Ա	Կ	Լ	P	Ա	Խ	Յ	Ք	Ժ	Խ
Ռ	H	Ք	Ը	Ք	Մ	Ց	Բ	Ի	Ռ	Է	Ր	K	Ա	Ո	Ե
Թ	Շ	Ծ	E	K	Ց	Ա	Ն	Կ	Ա	Պ	Ա	Տ	Ի	Կ	Դ

ՁԵՌՆԱՐԿ
ՑԱԽԱՎԵԼ
ՎԱՐԱԳՈՒՅՐՆԵՐ
ԴՈՒՌ
ՑԱՆԿԱՊԱՏԻ
ԲՈՒԽԱՐԻ
ՀԱՐԿ
ԿԱՀՈՒՅՔ
ԱՎՏՈՏՆԱԿ
ԱՅԳԻ
ԲԱՆԱԼԻՆԵՐԸ
ԽՈՀԱՆՈՑ
ԼԱՄՊ
ԳՐԱԴԱՐԱՆ
ՀԱՅԵԼԻ
ՏԱՆԻՔ
ՍԵՆՅԱԿ
ՑՆՑՈՒՂ
ՊԱՏ
ՊԱՏՈՒՀԱՆ

30 - Physics

Օ	Ձ	Ը	Ա	Ք	A	Կ	Դ	Է	Ը	Ի	Ժ	Յ	H	Ո	Մ
Մ	Ր	Ւ	Կ	Ա	Ճ	Ե	Շ	Լ	Ռ	Բ	A	Ւ	Բ	Ւ	Ի
Լ	Ո	Ե	Ի	Շ	Ր	Զ	Մ	Ե	Ջ	Ն	Փ	Տ	Կ	Ն	Ջ
Ա	Փ	Ձ	Ն	Ը	H	E	Ճ	Կ	Ի	Ն	Ս	Ա	Մ	Ի	Ո
Ւ	Ծ	Ա	Ա	Ք	Գ	Յ	Չ	Տ	Հ	Հ	Ո	Մ	Ւ	Վ	Ւ
Ր	Գ	Ն	Խ	Ր	Ն	Ը	Ի	Ր	Գ	Զ	Ա	Դ	Ո	Ե	Կ
Հ	Ի	Ա	Ե	Ռ	Ա	Ե	Ժ	Ո	H	Ր	Ք	Բ	Ն	Ր	Ա
Դ	Ը	Բ	Մ	Չ	Մ	Գ	Ր	Ն	Ք	A	Ն	Ե	Յ	Ս	Յ
Ռ	Ւ	Ո	Ճ	Վ	P	Ռ	Ա	Ը	Ր	Ա	Ը	Ի	Ա	Ա	Ի
Դ	Է	Ճ	Լ	Լ	Զ	Դ	Շ	Ց	Ա	Է	Ը	Ա	Լ	Լ	Ն
Խ	Տ	Ո	Ւ	Թ	Յ	Ո	Ւ	Ն	Ո	Ռ	Հ	Տ	Դ	Թ	Շ
Պ	Ւ	Ղ	Է	Հ	Վ	Շ	Գ	Յ	Ճ	Ւ	H	Ո	Ն	P	K
Ք	Ի	Մ	Ի	Ա	Կ	Ա	Ն	Ա	Ֆ	Է	Մ	Մ	Ը	Փ	Օ
Մ	Ա	Գ	Ն	Ե	Տ	Ի	Զ	Մ	Զ	Կ	Խ	Տ	Ֆ	Ն	Է
K	Ր	Զ	Մ	Ո	Լ	Ե	Կ	Ո	Ւ	Լ	K	Ի	A	Ս	Թ
Ա	Ր	Ա	Գ	Ո	Ւ	Թ	Յ	Ո	Ւ	Ն	Տ	Բ	Ձ	Ո	Լ

ԱՐԱԳԱՑՈՒՄ
ԱՏՈՄ
ՔԱՈՍ
ՔԻՄԻԱԿԱՆ
ԽՏՈՒԹՅՈՒՆ
ԷԼԵԿՏՐՈՆ
ՇԱՐԺԻՉ
ԸՆԴԼԱՅՆՈՒՄ
ՓՈՐՁ
ԲԱՆԱՁԵՒԸ
ԳԱԶ
ՕՐԵՆՔՆԵՐ
ՄԱԳՆԵՏԻԶՄ
ՔԱՇԸ
ՄԵԽԱՆԻԿԱ
ՄՈԼԵԿՈՒԼ
ՄԻՋՈՒԿԱՅԻՆ
ՄԱՍՆԻԿ
ՈՒՆԻՎԵՐՍԱԼ
ԱՐԱԳՈՒԹՅՈՒՆ

31 - Dance

Ա	Ր	Տ	Ա	Հ	Ա	Յ	Տ	Ի	Չ	Մ	Ա	Խ	Մ	Դ	Տ
Ե	Գ	Խ	Վ	Ն	Ի	Ի	H	Ի	Ի	Շ	Վ	Ո	Շ	Ա	Ե
Ձ	Ր	Ո	Փ	Ս	Ժ	O	Ա	K	P	Ա	Ա	Ր	Ա	Ս	Ս
Ժ	Մ	Ա	Ր	Ս	Մ	Ձ	Ս	Ը	Պ	Կ	Ն	Ե	Կ	Ա	Ո
Է	Յ	A	Ժ	Ծ	Ւ	Է	Ր	Ք	Ո	Ո	Դ	Ո	Ո	Կ	Ղ
Ծ	L	Ւ	Տ	Շ	Ը	Տ	L	Փ	O	Ւ	Ա	Գ	Ւ	Ա	Ա
Ա	Ջ	Գ	Խ	Մ	Տ	Ն	K	Ե	Ճ	Թ	Կ	Ր	Յ	Ն	Կ
Ւ	Կ	Ղ	Ա	Ի	Ւ	Ո	Կ	O	Փ	Ա	Ա	Ա	Թ	Ռ	Ա
Վ	Ը	Ա	Ր	Խ	H	Տ	Ւ	Ե	Շ	Յ	Ն	Ֆ	Թ	Վ	Ն
Բ	Հ	Ֆ	Դ	Կ	Ւ	Խ	Դ	Թ	Ր	Ի	Վ	Ի	Ձ	Ը	Ղ
Պ	A	Յ	L	Ե	Կ	Տ	Ա	Ց	Յ	Ն	Ը	Ա	Ք	Դ	Ջ
Ո	Ւ	Ր	Ա	Խ	Մ	Չ	Ք	Ն	Ւ	Ո	Մ	Ց	Ա	Գ	Զ
Մ	Ա	Ր	Մ	Ի	Ն	Ի	Դ	Ռ	Ֆ	L	Ւ	Թ	Յ	Ժ	Ժ
Շ	Ա	Ր	Ժ	Ո	Ւ	Մ	Ա	Ի	K	Հ	Ր	Ն	H	Ձ	Դ
Ա	Ր	Վ	Ե	Ս	Տ	O	Յ	Թ	Շ	Ն	Ո	Ր	Հ	Ճ	L
Տ	Մ	Գ	Գ	Ք	Ր	Ց	Ի	Մ	Ս	Վ	Հ	Մ	Ը	O	Հ

ԱԿԱԴԵՄԻԱ
ԱՐՎԵՍՏ
ՄԱՐՄԻՆ
ԽՈՐԵՈԳՐԱՖԻԱ
ԴԱՍԱԿԱՆ
ՄՇԱԿՈՒԹԱՅԻՆ
ՄՇԱԿՈՒՅԹ
ԶԳԱՑՄՈՒՆՔ
ԱՐՏԱՀԱՅՏԻՉ
ՇՆՈՐՀ
ՈՒՐԱԽ
ՑԱՏԿԵԼ
ՇԱՐԺՈՒՄ
ԵՐԱԺՇՏՈՒԹՅՈՒՆ
ԳՈՐԾԸՆԿԵՐ
ՓՈՐՁ
ՌԻԹՄ
ԱՎԱՆԴԱԿԱՆ
ՏԵՍՈՂԱԿԱՆ

32 - Coffee

Ղ	Տ	P	Ւ	Լ	Դ	Խ	O	Մ	Ը	Գ	Մ	A	Ի	Ձ	A
Ղ	Ը	Շ	Խ	Ա	Ւ	Կ	K	Ը	Մ	Ա	Յ	Տ	K	Լ	H
Է	A	Մ	A	Մ	Ե	Ր	Կ	Ջ	Պ	Վ	Ժ	Գ	Բ	Ը	Չ
Չ	Ֆ	Ճ	Ռ	Ւ	Ե	Ց	Ր	P	Ե	Ա	Յ	Ձ	Ղ	Վ	Ծ
Լ	Ն	K	K	Ո	Չ	Լ	Ջ	Գ	Լ	Թ	Ց	Ծ	Ը	Տ	Թ
Է	Ք	Ե	H	Գ	Ղ	Ե	Ղ	K	Ի	Ց	H	Ի	Չ	Ջ	Ճ
Ը	Պ	Շ	H	Ա	Ր	Մ	Պ	Ր	Ք	Ց	Բ	Ս	Ց	Ո	A
Ր	Ա	Բ	Դ	Ծ	Մ	Ա	Շ	Ա	Ք	Ա	Ր	Տ	Լ	Ի	Ֆ
Ը	Շ	Մ	Ա	Ձ	A	Ծ	Գ	K	Ն	Ի	Ե	Ֆ	Ո	Կ	Ո
O	P	Ճ	Ռ	Ճ	Ե	Ա	Յ	Ծ	Ւ	Ե	Ս	Վ	Շ	Յ	Է
Յ	Վ	Ո	Ը	Ծ	Յ	Ղ	Ծ	Տ	Ո	Վ	Ա	Ռ	Ա	Վ	P
K	Ե	Չ	Պ	Բ	E	Ճ	Ջ	Ը	Մ	Խ	Թ	Չ	Պ	Ի	K
Ց	Խ	Ղ	Պ	Ր	Լ	Ե	Ժ	H	Ր	Ւ	Ո	Ջ	Ք	Ժ	O
Գ	K	Ո	Ո	Ղ	Ե	H	P	Ժ	Ւ	Չ	H	Ե	Վ	Լ	A
Ք	Ի	Ը	Տ	Ւ	O	Չ	Ւ	Ք	Ո	H	Պ	Ս	Կ	Ա	Թ
Ժ	Ճ	Ն	A	Պ	Կ	Ը	Ւ	Ե	Բ	H	P	Ճ	O	Ծ	Դ

ԲՈՒՐՄՈՒՆՔ
ԸՄՊԵԼԻՔ
ԴԱՌԸ
ՍԵՒ
ԿՈՖԵԻՆ
ԿՐԵՄ
ԳԱՎԱԹ
ՖԻԼՏՐ
ՅԱՄԸ
ԾԱՄԵԼ
ՅԵՂՈՒԿ
ԿԱԹ
ԱՌԱՎՈՏ
ԾԱԳՈՒՄ
ԳԻՆ
ՇԱՔԱՐ
ԽՄԵԼ
ՋՈՒՐ

33 - Shapes

Ո	Թ	Ֆ	Ք	A	Շ	Ե	Լ	K	Փ	Ը	Փ	Ե	Պ	Ժ	Ը
Ւ	E	Կ	Ի	Լ	Ց	Է	E	Վ	Պ	Պ	Ե	Ռ	E	Օ	Կ
Ղ	Շ	Ռ	Ս	Փ	A	Մ	Դ	Հ	Ճ	Վ	Կ	Ա	Մ	Վ	Ո
Ղ	Փ	Բ	Ւ	Ճ	Է	Ն	Է	Ա	Ճ	Ը	Չ	Ն	Գ	Պ	Ր
Ա	Մ	Ղ	Ո	Կ	Ր	E	Ա	Լ	Ծ	Ե	Թ	Կ	Լ	Ո	Կ
Ն	Ւ	Ա	Կ	Ւ	Տ	Ա	Ղ	Ո	Ի	Չ	Ժ	Յ	Ա	Լ	Ո
Կ	Է	Ն	Ա	Թ	Ր	K	Ե	Բ	Գ	Պ	Տ	Ո	Ն	Ի	Ա
Յ	Ս	Ա	Ռ	Շ	Ո	Գ	Ղ	Ր	Ի	Ղ	Ս	Ւ	K	Գ	Չ
Ո	Ե	Ղ	Ա	Շ	Լ	Ն	Ե	Ե	Ա	Ե	Ժ	Ն	A	Ո	Բ
Ւ	A	Փ	Ք	Ծ	Ո	Ը	Դ	Պ	Ջ	Ծ	Հ	Ի	A	Ն	Է
Ն	Ա	Ը	Թ	Ծ	E	Յ	Լ	Ի	Օ	Պ	Ր	Ի	Զ	Մ	Ա
Ի	Ա	Ն	Կ	Յ	Ո	Ւ	Ն	Հ	Զ	Վ	Ս	Վ	Կ	Ն	Լ
Ծ	Դ	Ո	Է	Փ	Ւ	Ե	Զ	Ր	Ե	Ր	Ա	Ր	Ո	Ա	Բ
Խ	Ո	Ր	Ա	Ն	Ա	Ր	Դ	Ա	Օ	Պ	Վ	Լ	Ն	Գ	Ի
Բ	Ջ	Տ	Ե	P	Չ	Ւ	Հ	Ճ	Ի	Թ	Ե	P	Ց	Տ	Պ
Ք	Դ	Հ	Ջ	Ը	Ղ	Ջ	H	P	Մ	Բ	Ւ	Գ	Բ	Ֆ	Ջ

ԱՂԵՂ
ՑԼԻԿ
ԿՈՆ
ԱՆԿՅՈՒՆ
ԽՈՐԱՆԱՐԴ
ԿՈՐ
ԳԼԱՆ
ԵԶՐԵՐ
ԷԼԻՊՍ
ՀԻՊԵՐԲՈԼԱ
ԳԻԾ
ՕՎԱԼ
ՊՈԼԻԳՈՆ
ՊՐԻԶՄԱ
ԲՈՒՐԳ
ՈՒՂՂԱՆԿՅՈՒՆԻ
ԿՈՂՄ
ՈԼՈՐՏ
ՔԱՌԱԿՈՒՍԻ
ԵՌԱՆԿՅՈՒՆԻ

34 - Science

A	Ե	P	Զ	Ռ	Թ	Ք	H	Յ	Ռ	Ա	Հ	Ֆ	Դ	Է	Բ
Գ	Է	Լ	Ո	Փ	Լ	Ֆ	Չ	Մ	Ր	Տ	Ա	Ի	Ի	Օ	Ն
Փ	K	A	Թ	Ռ	Ե	Տ	Հ	Յ	Ը	Ո	Ն	Զ	Տ	Ծ	Ո
Փ	Դ	Ք	Ի	Մ	Ի	Ա	Կ	Ա	Ն	Մ	Ք	Ի	Ա	Ծ	Ւ
Թ	Ո	Լ	Օ	Հ	Վ	Մ	Ի	Ք	Ղ	Ք	Ա	Կ	Ր	K	Թ
Լ	Թ	Ր	Փ	Ի	Ձ	Ի	E	Ց	Պ	Ւ	Յ	Ա	Կ	Ք	Յ
Ա	Ե	Ե	Ձ	Փ	Ի	Լ	K	Ց	Ւ	Մ	Ի	Ր	Ո	Ի	Ո
Բ	Մ	Ն	Հ	Ո	Մ	Կ	Ց	Ծ	Վ	Ո	Ն	Ծ	Ւ	Օ	Ւ
Ո	Զ	Լ	Ա	Թ	Լ	Ա	Ձ	Խ	Լ	Ժ	Լ	Ղ	Մ	Ճ	Ն
Ր	Ի	Ա	Ն	Ե	Ր	Ե	Ս	Յ	Ւ	Ո	Բ	Ո	H	Բ	Ս
Ա	Ն	Յ	Ա	Ք	Ղ	Գ	Կ	Ն	Ւ	Ւ	Ց	Թ	Վ	P	Պ
Տ	Ա	Վ	Ծ	Ա	K	Խ	Ր	Ր	Ի	Ժ	Ղ	Ռ	K	Է	Խ
Ո	Գ	Տ	Ո	Յ	Ֆ	Տ	Ւ	Ն	Ա	Կ	Ա	Ն	Տ	Ի	Գ
Ր	Ր	Ս	Վ	Ի	Է	Պ	Ւ	Ո	Ե	Ի	Ն	Ր	H	Զ	Ղ
Ի	Օ	Ա	Տ	Ն	Ր	Ե	Ն	Լ	Ւ	Ո	Կ	Ե	Լ	Ո	Մ
Ա	Վ	Փ	Ժ	K	Ս	Ա	P	Ց	Ղ	Ւ	Օ	Թ	Ր	Հ	Խ

ԱՏՈՄ
ՔԻՄԻԱԿԱՆ
ԿԼԻՄԱ
ՏՎՅԱԼՆԵՐ
ԷՎՈԼՈՒՑԻԱ
ՓՈՐՁ
ՓԱՍՏ
ՀԱՆԱԾՈ
ՀԻՓՈԹԵՔԱՅԻՆ
ԼԱԲՈՐԱՏՈՐԻԱ
ՄԵԹՈԴ
ՀԱՆՔԱՅԻՆ
ՄՈԼԵԿՈՒԼՆԵՐ
ԲՆՈՒԹՅՈՒՆ
ԴԻՏԱՐԿՈՒՄ
ՕՐԳԱՆԻԶՄ
ՄԱՍՆԻԿՆԵՐ
ՖԻԶԻԿԱ
ԲՈՒՅՍԵՐ
ԳԻՏՆԱԿԱՆ

35 - Beauty

Գ	Չ	Շ	Գ	Կ	Ե	Բ	Հ	A	Շ	Յ	Շ	Ն	Ո	Ր	Հ
Ա	K	Փ	Խ	A	Ծ	Զ	Ա	Կ	Ի	Տ	Ե	Մ	Ս	Ո	Կ
Ն	Ւ	Ո	Պ	Մ	Ա	Շ	Յ	P	Ճ	Ն	Յ	Ւ	Ո	Գ	Խ
Գ	Յ	Ո	Ւ	Ղ	Ե	Ր	Ե	Ծ	Ի	Տ	Մ	Ո	Ե	Դ	Շ
Ո	Ֆ	Շ	Լ	Ը	Է	Ա	Լ	K	Բ	Գ	Կ	Ր	Թ	Ո	Պ
Ւ	Ք	Ո	Ք	E	Խ	Մ	Ի	Չ	Ձ	Թ	Ր	Ա	Հ	Փ	Ս
Ր	Ո	K	Տ	Ե	Կ	Ա	Շ	Ի	Ջ	Կ	Ա	Դ	Ը	Ո	Տ
Ն	Ե	P	Ւ	Ո	Ղ	Ռ	Ֆ	Չ	E	A	Տ	Ր	Պ	Ց	Ի
Ե	Ձ	Ձ	Ք	K	Գ	Ո	Ռ	Հ	Ը	Ք	Յ	Ա	Մ	Հ	Լ
Ր	Ղ	K	Ռ	Պ	Խ	Ե	Ւ	Պ	Ձ	Ղ	Մ	Հ	Փ	Ճ	Ի
Խ	Ս	Վ	Ձ	P	Գ	Ղ	Ն	Թ	Ճ	Շ	Ջ	Ա	P	Վ	Ս
Դ	Ո	Ը	Ա	Մ	Ռ	Դ	P	Ի	Յ	Լ	Ե	Մ	Ց	Ս	Տ
Բ	Ո	Ւ	Ր	Մ	Ո	Ւ	Ն	Ք	Կ	Ո	A	Ի	Չ	Ծ	Դ
Ֆ	Յ	Չ	Տ	O	P	Ը	Ը	Թ	A	Ջ	Ւ	Դ	Ֆ	Ն	Կ
Ձ	Է	Լ	Ե	Գ	Ա	Ն	Տ	Դ	Ը	Ճ	Ն	Ն	Տ	H	Յ
Ձ	Է	Ֆ	A	Ծ	Մ	Ռ	Փ	Ժ	Ս	A	H	K	Ր	Յ	Դ

ՀՄԱՅՔԸ
ԳՈՒՅՆ
ԿՈՍՄԵՏԻԿԱ
ԳԱՆԳՈՒՐՆԵՐ
ՇՔԵՂՈՒԹՅՈՒՆ
ԷԼԵԳԱՆՏ
ԲՈՒՐՄՈՒՆՔ
ՇՆՈՐՀ
ԴԻՄԱՀԱՐԴԱՐՈՒՄ
ՀԱՅԵԼԻ
ՅՈՒՂԵՐ
ՖՈՏՈԳԵՆԻԿ
ՄԿՐԱՏ
ՇԱՄՊՈՒՆ
ԿԱՇԻ
ՀԱՐԹ
ՍՏԻԼԻՍՏ

36 - Clothes

Ա	Է	Ք	Լ	Շ	Բ	Գ	Ս	Թ	Ր	Գ	Ճ	Լ	Պ	Ծ	Վ
Պ	Ձ	Զ	Ը	Ն	Խ	Ւ	Ո	Կ	Ր	Ա	Ր	Ե	Վ	Փ	Ե
Ա	Ե	Գ	Ե	K	Յ	Ժ	Վ	Գ	Ն	Ժ	Ի	Ց	Ն	Ե	Ր
Ր	Ռ	Ե	Վ	Ր	Զ	Չ	O	Է	Ն	Բ	Կ	Գ	Ւ	Շ	Ն
Ա	Ն	Ս	Ն	Ի	Ջ	Ւ	A	Բ	Ո	Ո	Ժ	Լ	Լ	Կ	Ա
Ն	Ա	Տ	Ե	Ի	Ա	Թ	Ժ	Լ	Կ	Զ	Ց	Խ	Ր	Ջ	Շ
Ջ	Ց	Ո	Ն	Զ	Վ	Չ	Խ	Ո	Ճ	Ց	Մ	Ա	Շ	Ն	Ա
Ա	Ո	Զ	Պ	Ի	Ց	Ժ	Ա	Ւ	Ա	Դ	Լ	Ր	Ւ	Ն	Պ
Ն	Ղ	Ա	Մ	Ի	Տ	Ո	Գ	Զ	Բ	Տ	Տ	Կ	Զ	Է	Ի
Զ	Ն	Ր	Ջ	Տ	Ժ	Ս	Ա	Ն	Դ	Ա	Լ	Ն	Ե	Ր	Կ
Ո	Ե	Դ	Լ	Մ	Յ	Ա	Ր	Ց	A	Բ	K	Ց	Ը	A	Ի
Ծ	Ր	Ե	Ձ	Ձ	Կ	A	Մ	Ը	Լ	Ա	Լ	H	Ձ	Վ	Շ
Ռ	Շ	Ր	Վ	E	Թ	Ո	Ո	Ա	Ջ	Տ	Տ	Ր	E	Վ	Ո
Տ	Դ	Ա	A	Յ	P	Թ	Խ	Տ	Զ	Ե	Ռ	Ց	Ձ	Ց	Կ
Ց	Գ	Խ	Ր	Շ	Ա	Ա	O	H	Զ	O	Ո	Յ	Փ	Ճ	K
Ւ	Վ	Ձ	H	Ֆ	Ժ	Ր	K	Յ	Ս	Վ	Ի	Տ	Ե	Ր	Դ

ԳՈԳՆՈՑ
ԳՈՏԻ
ԲԼՈՒԶ
ԱՊԱՐԱՆՋԱՆ
ՎԵՐԱՐԿՈՒ
ԶԳԵՍՏ
ՁԵՌՆԱՑՈՂՆԵՐ
ԳԼԽԱՐԿ
ԲԱՃԿՈՆ
ՋԻՆՍ
ԶԱՐԴԵՐ
ՎԶՆՈՑ
ՊԻԺԱՄԱ
ՏԱԲԱՏ
ՍԱՆԴԱԼՆԵՐ
ՇԱՐՖ
ՎԵՐՆԱՇԱՊԻԿ
ԿՈՇԻԿ
ՓԵՇ
ՍՎԻՏԵՐ

37 - Astronomy

Ա	Ջ	Ռ	Չ	Ա	Հ	Ր	Թ	Ի	Ռ	Ի	Խ	Ձ	Ժ	Տ	Է
Ս	Կ	Զ	Յ	Ի	Ր	Ծ	P	Ռ	Ն	Հ	Ր	Ը	Բ	Ի	Ք
Տ	H	Հ	Ր	Ս	Ծ	Բ	Յ	Զ	Է	Պ	Կ	Ն	Ֆ	Ե	Վ
Ե	Ո	Ը	Չ	Ք	Զ	Կ	Ա	Ր	Ո	Լ	Ո	Մ	Ն	Զ	Ի
Ր	Յ	H	Ը	Ա	Յ	Ւ	H	Ն	Ն	Կ	Ջ	Ր	A	Ե	Ն
Ո	Խ	Գ	Ե	Լ	Ս	Ի	Ջ	Ֆ	Յ	Ո	Ս	Ց	Ռ	Ր	Ո
Ի	Ղ	Օ	Ն	Ա	Ր	Ա	Տ	Ի	Դ	Ա	Ղ	Տ	Ս	Ա	Ք
Դ	Լ	Ո	Թ	Գ	Բ	Դ	Ա	Խ	Ռ	Ց	Կ	Խ	Ա	Գ	Ս
Մ	Ե	Տ	Ե	Ո	Ր	Չ	Ս	Ա	A	Ա	Ա	Ա	Պ	Ե	Ը
Ն	Ե	Բ	Ո	Ւ	Լ	Ա	Տ	Վ	Ի	Ր	Տ	Դ	Յ	Տ	Գ
Լ	Ո	Ւ	Ս	Ի	Ն	Ա	Ղ	Ա	Զ	Ե	Ի	Կ	Ե	Ի	Ժ
Ե	Ր	Կ	Ի	Ն	Ք	Մ	Ա	Ր	Տ	Ւ	Դ	Ե	Ն	Ֆ	Ն
Ս	Ճ	Ջ	Դ	Ս	Ձ	Խ	Գ	Ո	Պ	Ա	Ա	Ր	Բ	Ց	Ր
Զ	Պ	Ֆ	Ծ	Ս	Պ	Վ	Ե	Ւ	Պ	Յ	Ռ	Կ	Ա	P	Ժ
Խ	Թ	Ո	Ե	K	Պ	Ի	Տ	Մ	Գ	Ի	Ե	Ի	Ա	Ք	Ո
Ս	Ո	Ւ	Պ	Ե	Ր	Ն	Ո	Վ	Ա	Ն	Հ	Ր	H	Թ	Խ

ԱՍՏԵՐՈԻԴ
ՏԻԵԶԵՐԱԳԵՏ
ԱՍՏՂԱԳԵՏ
ԵՐԿԻՐ
ԽԱՎԱՐՈՒՄ
ԷՔՎԻՆՈՔՍ
ԳԱԼԱՔՍԻԱ
ՄԵՏԵՈՐ
ԼՈՒՍԻՆ
ՆԵԲՈՒԼԱ
ԱՍՏՂԱԴԻՏԱՐԱՆ
ՄՈԼՈՐԱԿ
ՀՐԹԻՌ
ԱՐԲԱՆՅԱԿԱՅԻՆ
ԵՐԿԻՆՔ
ԱՐԵՒԱՅԻՆ
ՍՈՒՊԵՐՆՈՎԱ
ՀԵՌԱԴԻՏԱԿ

38 - Health and Wellness #2

Փ	Ը	Վ	Ր	Ս	Ի	Կ	Ա	Ժ	Ր	Ո	Խ	Ա	Մ	Մ	Ս
Դ	Շ	Ե	H	Լ	Ն	Ֆ	Ք	Լ	Գ	Շ	Է	Բ	Ւ	Ա	Ա
Թ	Մ	Ծ	Տ	Ձ	Լ	Ո	Մ	Ս	Ե	Ր	Թ	Ս	Ո	Ր	Ն
Վ	Ի	Տ	Ա	Մ	Ի	Ն	Ւ	Ե	Ա	Ր	Ռ	Վ	Ն	Ս	Ա
Ք	Հ	K	Կ	Ւ	P	Ա	Ո	Ց	Ը	Ղ	Գ	Ղ	Գ	Ո	Տ
Ա	Ի	Չ	Ի	Ո	Գ	Յ	Ս	Խ	Ո	Է	H	Ի	Ն	Ղ	Ո
Շ	Գ	Ժ	Տ	Ց	Ռ	Ր	Ր	Ծ	Ը	Ւ	Ֆ	Ք	Ա	Ո	Մ
Ը	Ի	H	Ե	Ա	Ւ	Ա	Ե	Կ	Թ	Դ	Մ	E	Կ	Ւ	Ի
Ւ	Ե	Ջ	Ն	Ր	H	Ա	Մ	Դ	Ի	Ե	Տ	Ա	Ա	Թ	Ա
Ո	Ն	Է	Ե	Ջ	Պ	E	Ւ	Ժ	Ճ	Ւ	Բ	Վ	Ր	Յ	Ի
Ք	Ա	Ձ	Գ	Ա	Ր	Ն	Ճ	Լ	Խ	Ժ	O	Խ	Ե	Ո	Գ
Շ	Լ	Ց	Ժ	Ր	Ճ	Ր	H	Լ	Ռ	Ա	K	Փ	Վ	Ւ	Ր
Ռ	Լ	Վ	Լ	Ջ	Շ	Ր	Ջ	O	Գ	Ծ	Ռ	P	O	Ն	Ե
Հ	Ի	Վ	Ա	Ն	Դ	Ա	Ն	Ո	Ց	Ձ	E	Ո	Խ	Ո	Ն
Ե	Լ	Գ	Ը	Կ	P	Խ	E	Վ	Ա	Ր	Ա	Կ	Ղ	Խ	Է
Հ	Ի	Վ	Ա	Ն	Դ	Ո	Ւ	Թ	Յ	Ո	Ւ	Ն	Ւ	Ջ	Չ

ԱԼԵՐԳԻԱ
ԱՆԱՏՈՄԻԱ
ԱԽՈՐԺԱԿ
ԱՐՅԱՆ
ՋՐԱՋՐԱՑՈՒՄ
ԴԻԵՏԱ
ՄԱՐՍՈՂՈՒԹՅՈՒՆ
ՀԻՎԱՆԴՈՒԹՅՈՒՆ
ԷՆԵՐԳԻԱ
ԳԵՆԵՏԻԿԱ
ԱՌՈՂՋ
ՀԻՎԱՆԴԱՆՈՑ
ՀԻԳԻԵՆԱ
ՎԱՐԱԿ
ՄԵՐՍՈՒՄ
ՍՆՈՒՑՈՒՄ
ՎԵՐԱԿԱՆԳՆՈՒՄ
ՍԹՐԵՍ
ՎԻՏԱՄԻՆ
ՔԱՇԸ

39 - Disease

Լ	P	Ծ	Վ	Կ	Հ	Ջ	Մ	Թ	Ք	K	Ք	Ա	E	Դ	Շ
Տ	Յ	Փ	Ճ	Լ	Ս	Ղ	Ո	Ե	Ե	Ր	E	Շ	Ֆ	Կ	Ն
Փ	Ռ	Ո	Թ	Լ	Ի	Դ	Ր	Լ	Մ	Ր	Ո	Է	Ւ	Ձ	Չ
E	Ը	Ժ	Ւ	Ղ	Ր	Գ	Դ	Չ	K	Ե	Ա	Ն	Ձ	Յ	Ա
Ղ	P	Չ	K	Բ	Տ	Ա	Ն	E	Ս	Ն	Ղ	Պ	Ի	Ծ	Ռ
Ս	Ք	Ռ	E	Թ	Ո	Չ	Ի	Կ	Ա	Ր	Ա	Վ	Ի	Կ	Ա
Ր	Ւ	Ս	Ւ	Ֆ	Է	Մ	Ս	Շ	Դ	Ո	Օ	Ն	Ա	Ա	Կ
Թ	Ո	Ք	Ա	Յ	Ի	Ն	Ի	Լ	Դ	Կ	Փ	Ի	Լ	Ի	Ա
Գ	Ե	Ն	Ե	Տ	Ի	Կ	Ա	Ր	Ո	Ս	Ւ	Մ	Ե	Թ	Ն
Լ	K	Ն	Ի	Յ	Ա	Ն	Յ	Ա	Վ	Ո	Ր	Ո	Ր	Ա	Վ
Ա	Ռ	Ո	Ղ	Ջ	Ո	Ւ	Թ	Յ	Ո	Ւ	Ն	Ւ	Գ	Պ	Ը
Ժ	Ա	Ռ	Ա	Ն	Գ	Ա	Կ	Ա	Ն	Ր	Ի	Ն	Ի	Ո	Ա
Բ	Ո	Ր	Բ	Ո	Ք	Ո	Ւ	Մ	Ի	Կ	Մ	Ի	Ա	Ր	Ժ
Բ	Ա	Կ	Տ	Ե	Ր	Ա	Յ	Ի	Ն	H	Ր	Տ	Ն	Յ	Դ
Թ	Ո	Շ	Ս	Թ	Ո	Ւ	Յ	Լ	Ձ	Ֆ	Ա	Ե	Ե	Ե	E
Հ	Է	Տ	Ք	Ղ	Ե	Ց	H	H	Ւ	Ձ	Մ	Տ	Ր	Ն	Ի

ՈՐՈՎԱՅՆԱՅԻՆ
ԱԼԵՐԳԻԱՆԵՐ
ԲԱԿՏԵՐԱՅԻՆ
ՄԱՐՄԻՆ
ՈՍԿՈՐՆԵՐ
ՔՐՈՆԻԿ
ՎԱՐԱԿԻՉ
ԳԵՆԵՏԻԿԱ
ԱՌՈՂՋՈՒԹՅՈՒՆ
ՍԻՐՏ

ԺԱՌԱՆԳԱԿԱՆ
ԻՄՈՒՆԻՏԵՏ
ԲՈՐԲՈՔՈՒՄ
ԼՅՈՒԲՈՄԻՐ
ՆԵՅՐՈՊԱԹԻԱ
ԹՈՔԱՅԻՆ
ՇՆՉԱՌԱԿԱՆ
ՍԻՆԴՐՈՄ
ԹԵՐԱՊԻԱ
ԹՈՒՅԼ

40 - Time

Ա	Մ	Ի	Հ	Ք	Ր	Ս	Շ	Տ	Ա	Ր	Ե	Կ	Ա	Ն	Օ
Մ	Կ	Օ	Ր	Ժ	Ց	Ռ	Ո	Չ	Ջ	Լ	Թ	P	Ք	Դ	Ֆ
Ի	P	Ե	Ս	Կ	Ց	Յ	Ւ	Ո	Ց	Ա	Մ	Ա	Ժ	Բ	Չ
Ս	Ղ	Է	Ս	Ի	Ք	E	Տ	Ո	Վ	Ա	Ռ	Ա	Բ	Դ	Պ
Է	A	Φ	Պ	Օ	P	H	Ո	Ա	Յ	Ս	Օ	Ր	Ր	Ա	K
Չ	Ֆ	Կ	Շ	K	Ր	Օ	Վ	Ջ	Պ	Մ	Յ	Ջ	Ն	Բ	Շ
Շ	Հ	Ց	Է	Ռ	Ո	Ր	Ե	Շ	Ի	Գ	Լ	Դ	Ա	Ր	Յ
Ս	Ռ	Կ	Տ	Տ	Կ	Ա	Ժ	Ս	K	Ձ	Φ	Ո	Ք	Դ	Ո
Չ	Ց	Ր	Ո	Պ	Ե	Ց	Ն	Ա	Շ	Ւ	Ր	Է	Խ	Կ	Ծ
Ա	Պ	Ա	Գ	Ա	Ջ	Ո	Ե	Թ	Մ	Մ	Մ	Ծ	Ա	Ւ	Ն
Թ	Ս	Վ	Ա	Ղ	Պ	Ւ	Ֆ	Ց	Յ	Կ	Մ	K	Ն	H	Ը
Լ	Ք	Պ	Թ	K	Ք	Յ	Ց	Բ	Ը	Լ	Ճ	E	Է	K	Մ
Շ	Ե	Շ	Ծ	E	Կ	Ց	Է	Ց	Ռ	Ք	Ե	Մ	A	Խ	Օ
A	Յ	Ւ	Շ	Ֆ	Պ	Գ	P	Կ	Ց	Ք	Ս	Դ	Չ	Դ	Ս
Տ	Ա	Ս	Ն	Ա	Մ	Յ	Ա	Կ	Տ	Ա	Ր	Ի	Ց	Ժ	Հ
H	Ն	Ծ	Ձ	P	Շ	Է	P	Ֆ	Ը	Չ	Ի	Չ	Ա	Բ	Ճ

ՏԱՐԵԿԱՆ
ՆԱԽՔԱՆ
ՕՐԱՑՈՒՅՑ
ԴԱՐ
ԺԱՄԱՑՈՒՅՑ
ՕՐ
ՏԱՍՆԱՄՅԱԿ
ՎԱՂ
ԱՊԱԳԱ
ԺԱՄ
ՐՈՊԵ
ԱՄԻՍ
ԱՌԱՎՈՏ
ԳԻՇԵՐ
ԿԵՍՕՐ
ՀԻՄԱ
ՇՈՒՏՈՎ
ԱՅՍՕՐ
ՇԱԲԱԹ
ՏԱՐԻ

41 - Buildings

Գ	Ա	Մ	A	Ն	A	Շ	Ց	Ի	Ա	Ճ	Փ	Ո	Ա	Ր	Դ
Հ	Ի	Վ	Ա	Ն	Դ	Ա	Ն	Ո	Ց	Տ	Ք	Ո	Ս	Զ	Ե
Կ	Ս	Ո	Ւ	Պ	Ե	Ր	Մ	Ա	Ր	Կ	Ե	Տ	Տ	Ք	Ս
Ռ	Ի	Խ	Լ	Ժ	Ճ	Ը	Յ	Ա	Բ	Պ	Ց	Օ	Ղ	Ղ	Պ
Ց	Հ	Ն	Ղ	K	Ռ	Բ	Ց	Շ	Ե	Թ	Դ	Թ	Ա	Ձ	Ա
Ո	Ց	Ա	Ո	Ի	Է	Տ	Ջ	Տ	Կ	Ա	Ա	Տ	Դ	Թ	Ն
Ն	Ա	Ր	Ա	Կ	Ա	Ն	Բ	Ա	Տ	Տ	Մ	Խ	Ի	Ա	Ո
Ա	Թ	Վ	Բ	Մ	Օ	Ղ	Վ	Ր	Շ	Ր	Ր	Չ	Տ	Ն	Ւ
Ր	Յ	Մ	Ք	Ձ	Յ	Ֆ	Պ	Ա	Ա	Ո	Ո	Գ	Ա	Գ	Թ
Ւ	Տ	Ն	Ա	Կ	Ո	Ւ	Մ	Կ	Դ	Ն	Ց	Ո	Ր	Ա	Յ
Ո	Շ	Տ	Օ	Փ	Ն	P	Ի	Հ	Ա	Ֆ	Խ	Ր	Ա	Ր	Ո
Յ	Օ	Ռ	P	Հ	Ռ	Ն	Ո	Մ	Ձ	Ւ	Ռ	Ծ	Ն	Ա	Ւ
Հ	Ա	Ն	Ր	Ա	Կ	Ա	Ց	Ա	Ր	Ա	Ն	Ա	Ղ	Ն	Ն
E	Ը	Ք	Օ	Ա	Մ	Ղ	Ս	Ո	Ա	Տ	P	Ր	Ո	Ա	Ծ
Հ	Լ	Ն	Ա	Ր	Ա	Ս	Լ	Ա	Մ	Ա	Հ	Ա	A	Թ	Պ
Լ	Ա	Բ	Ո	Ր	Ա	Տ	Ո	Ր	Ի	Ա	Ե	Ն	Ժ	H	Ժ

ԲՆԱԿԱՐԱՆ
ԳԱՄ
ՏՆԱԿՈՒՄ
ԱՄՐՈՑ
ԿԻՆՈ
ԴԵՍՊԱՆՈՒԹՅՈՒՆ
ԳՈՐԾԱՐԱՆ
ՀԻՎԱՆԴԱՆՈՑ
ՀԱՆՐԱԿԱՑԱՐԱՆ
ՀՅՈՒՐԱՆՈՑ
ԼԱԲՈՐԱՏՈՐԻԱ
ԹԱՆԳԱՐԱՆ
ԱՍՏՂԱԴԻՏԱՐԱՆ
ԴՊՐՈՑ
ՄԱՐԶԱԴԱՇՏ
ՍՈՒՊԵՐՄԱՐԿԵՏ
ՎՐԱՆ
ԹԱՏՐՈՆ
ԱՇՏԱՐԱԿ
ՀԱՄԱԼՍԱՐԱՆ

42 - Gardening

Կ	Ջ	Ք	Վ	Կ	Ա	Խ	Բ	Լ	Է	Ք	Վ	Գ	Կ	Ծ	Պ
Ի	Լ	Ռ	Օ	Ո	Ր	Ո	Ո	Զ	Ճ	A	Թ	Ո	Ե	Մ	Տ
Տ	Ք	Ի	Մ	Պ	Տ	Ն	Ւ	Ե	Ր	Ե	Տ	Ւ	Ղ	Խ	Ղ
Ո	Զ	Ֆ	Մ	Ս	Չ	Ա	Ս	Ե	Ե	Փ	Ը	Լ	Տ	Մ	Ա
Զ	A	Ղ	Ձ	Ա	Ջ	Վ	Ա	Ք	Ն	P	Փ	Պ	Ա	Ս	Տ
Կ	Ր	Չ	Յ	Կ	Վ	Ո	Ն	Ջ	Կ	Ը	Տ	Ա	P	Ա	Ո
Է	Օ	P	Թ	Ի	Ձ	Ւ	Ի	E	Ա	Բ	Ս	Ն	Ա	Ղ	Ւ
Է	Լ	Ղ	Ե	Լ	Թ	Թ	Կ	Խ	Ս	Ս	Լ	Ե	Տ	Ա	Ա
H	Լ	Փ	Ղ	Ե	Չ	Յ	Ա	P	Ե	E	H	Ր	Մ	Ր	Յ
Ջ	Ծ	Դ	Ո	Տ	Ռ	Ո	Կ	Ա	Տ	Ն	Յ	H	Յ	Թ	Գ
Ո	E	Ք	Հ	Ւ	Մ	Ւ	Ա	Ս	Ե	Ր	Մ	Ե	Ր	A	Ի
Ւ	Հ	Օ	H	Ո	Ն	Ն	Ն	Ջ	Ծ	Դ	Օ	Պ	Հ	Ծ	Փ
Ր	Ւ	Ջ	Ֆ	Փ	Փ	Ջ	Կ	Ո	Ն	Տ	Ե	Յ	Ն	Ե	Ր
P	Ջ	Գ	Ս	Ե	Զ	Ո	Ն	Ա	Յ	Ի	Ն	Օ	Գ	Փ	Ս
Պ	Ա	Ր	Ա	Ր	Տ	Ո	Ւ	Թ	Յ	Ո	Ւ	Ն	Տ	P	Թ
Ծ	Դ	Ճ	Կ	Թ	Լ	Թ	Խ	Յ	Դ	E	Զ	Ը	Ս	Ն	Ը

ԲՈՒՍԱՆԻԿԱԿԱՆ
ՓՈՒՆՋ
ԿԼԻՄԱ
ՊԱՐԱՐՏՈՒԹՅՈՒՆ
ԿՈՆՏԵՅՆԵՐ
ԿԵՂՏ
ՈՒՏԵԼԻ
ԷԿԶՈՏԻԿ
ՍԱՂԱՐԹ
ԳՈՒԼՊԱՆԵՐ
ՏԵՐԵՒ
ԽՈՆԱՎՈՒԹՅՈՒՆ
ՊՏՂԱՏՈՒ ԱՅԳԻ
ՍԵԶՈՆԱՅԻՆ
ՍԵՐՄԵՐ
ՀՈՂ
ՏԵՍԱԿՆԵՐ
ՋՈՒՐ

43 - Herbalism

Ծ	Մ	Ա	Ր	Ո	Ջ	Ր	Ա	Մ	Ց	Տ	Ը	H	Ռ	Ո	Օ
Ճ	Ա	Խ	Ո	Հ	Ա	Ր	Ա	Ր	Ա	Կ	Ա	Ն	Ե	Ձ	Ռ
Օ	Ղ	E	H	Ա	Ս	Ո	Դ	Ր	Ա	Ն	Յ	Ց	Հ	Ւ	Ո
Ր	Ա	Ճ	Ճ	Պ	Ի	Խ	Ո	Յ	Ճ	Չ	Ը	Մ	Ա	Հ	Զ
Ե	Դ	Կ	Ա	Ն	Ա	Չ	Տ	Ւ	Ե	Ի	Զ	Ո	Ն	Ս	Մ
Գ	Ա	Ս	Բ	Չ	Կ	Չ	Ֆ	Ո	Ի	Ր	Ա	Մ	Զ	Ո	Ռ
Ա	Ն	Ա	Տ	Ժ	Ի	K	Ո	Բ	Ր	Դ	Ւ	Դ	Ը	Ի	Պ
Ն	Ո	Մ	Ս	Դ	Ղ	Թ	Կ	Ա	Շ	Ա	Հ	Ա	Վ	Ե	Տ
Ո	Ս	Ի	Գ	Յ	Ա	Ձ	Դ	Շ	Թ	Ղ	Ա	Ռ	Ծ	Թ	Չ
Ջ	Ւ	Թ	K	Ո	Ծ	Ր	Ց	Ւ	Ա	Ա	Ն	Հ	Թ	E	Ձ
Կ	Զ	Ա	Ֆ	Ր	Ա	Ն	Է	Ո	Ր	Բ	Ա	Ւ	Ս	Ա	Ժ
Գ	Ո	Ր	Ծ	Ա	Ր	Ա	Ն	Ն	Գ	Ս	Ն	Զ	Ծ	H	Ր
Ծ	Ւ	K	Ք	Ր	Չ	Փ	Կ	Ա	Ո	Խ	Ո	Բ	Շ	Ղ	Գ
Ջ	Ք	Ը	Է	Օ	Ս	Ֆ	Ս	L	Ւ	K	Ւ	Ե	Ճ	Ձ	Ջ
Ծ	Ք	Յ	H	Գ	Շ	L	Ռ	Գ	Ն	E	Խ	Տ	E	Ր	Ղ
K	Ը	Է	Ր	Վ	Ւ	Դ	Դ	Մ	Ճ	K	Ռ	Ա	Ց	L	Յ

ԱՆՈՒՇԱԲՈՒՅՐ
ՌԵՀԱՆ
ՇԱՀԱՎԵՏ
ԽՈՀԱՐԱՐԱԿԱՆ
ՍԱՄԻԹ
ՀԱՄԸ
ԾԱՂԻԿ
ԱՅԳԻ
ՍԽՏՈՐ
ԿԱՆԱՉ

ԲԱՂԱԴՐԻՉ
ՆԱՐԴՈՍ
ՄԱՐՋՈՐԱՄ
ԱՆԱՆՈՒԽ
ՕՐԵԳԱՆՈ
ՄԱՂԱԴԱՆՈՍ
ԳՈՐԾԱՐԱՆ
ՌՈԶՄԱՐԻ
ԶԱՖՐԱՆ
ԹԱՐԳՈՒՆ

44 - Vehicles

Ծ	Թ	Տ	Ը	Ա	Մ	Ր	P	Մ	Ե	Ծ	Դ	Խ	Գ	Ն	Ա
Ի	Ք	Յ	Ց	A	Ե	Ց	Ր	Գ	Ո	Ք	Պ	Ռ	Ն	Ա	Վ
Ս	Ն	Պ	Փ	Չ	Ք	Ս	Ե	Ր	Ի	Տ	Ե	Ի	Ա	Հ	Տ
Ք	O	Ք	Ր	Գ	Ե	E	Տ	Ա	Ը	Ը	Ո	Թ	Ց	Վ	Ո
Ա	Ս	Ֆ	Ն	Վ	Ն	H	Ւ	Տ	Ռ	Չ	Ր	Ր	Ք	Պ	Բ
Տ	Տ	Ձ	Վ	Ա	Ա	Ձ	Ո	Ա	O	Կ	Ո	Հ	Մ	Դ	Ո
Ձ	Ա	Շ	Ճ	Ն	Թ	Չ	Կ	Ն	Թ	Ժ	Տ	Ե	Խ	Յ	Ւ
K	Ա	Դ	Վ	Ա	Թ	Ի	Ս	Ռ	Ս	E	Կ	Ծ	P	Վ	Ս
Թ	Դ	Ո	Ա	Տ	Ջ	Ժ	Ռ	Ե	Ո	A	Ա	Ա	Վ	Ա	P
Մ	Ա	Չ	O	Ս	Թ	Ր	Ճ	Բ	Ւ	Գ	Ր	Ն	Վ	Ն	Մ
Ժ	Ն	Ա	Վ	Ա	Ր	Ա	Ք	Է	Ղ	Ո	Տ	Ի	Ժ	Ա	Ջ
Հ	Ի	Բ	Է	L	Թ	Շ	Ժ	Ռ	Ղ	Ե	Ի	Վ	Վ	Ջ	Ն
Ո	Ձ	Մ	Ճ	Մ	Ե	Տ	Ր	Ո	Ա	Կ	Շ	Ւ	Ժ	Ւ	K
P	Կ	Մ	H	Շ	Ք	Ո	Կ	Յ	Թ	Վ	Պ	Ս	Հ	Ո	Թ
Յ	Ժ	Շ	Ի	Պ	Չ	Ւ	L	Ձ	Ի	E	P	L	Ր	Ս	O
E	Ֆ	Ր	Ֆ	P	Ն	O	Ջ	Ո	Ռ	Ս	Պ	Ե	Ն	L	Ը

ԻՆՔՆԱԹԻՌ
ՀԵԾԱՆԻՎ
ՆԱՎԱԿ
ԱՎՏՈԲՈՒՍ
ՄԵՔԵՆԱ
ՔԱՐԱՎԱՆ
ՇԱՐԺԻՉ
ԼԱՍՏԱՆԱՎ
ՈՒՂՂԱԹԻՌ
ՄՈՏՈՐ
ՀՐԹԻՌ
ՍԿՈՒՏԵՐ
ՍՈՒԶԱՆԱՎ
ՄԵՏՐՈ
ՏԱՔՍԻ
ՏԻՐԵՍ
ՏՐԱԿՏՈՐ
ԳՆԱՑՔ
ԲԵՌՆԱՏԱՐ
ՎԱՆ

45 - Health and Wellness #1

Ա	Կ	Տ	Ի	Վ	Ք	Ր	Ռ	Բ	Բ	Վ	Հ	Ս	Ա	Ռ	Թ
Օ	Ւ	Ռ	Ե	Ֆ	Լ	Ե	Ք	Ս	Ո	Ջ	A	Ջ	Ո	Կ	Ո
Գ	Թ	Ե	Ր	Ա	Պ	Ի	Ա	Ք	Ս	Ւ	Ո	Ր	Ի	Վ	Ւ
Ն	Ի	Ը	Տ	Ֆ	Ծ	Խ	K	Ք	Տ	Չ	Ժ	Ղ	Ֆ	Տ	Լ
Ծ	Շ	Դ	Ե	Ղ	P	Վ	Վ	Ձ	Տ	Ֆ	Ց	Ո	K	Պ	Ա
Բ	Ա	Ր	Ձ	Ր	Ո	Ւ	Թ	Յ	Ո	Ւ	Ն	Ը	Ւ	Գ	Ց
E	Կ	Շ	Ի	Ժ	Բ	Ց	Ծ	Ս	Մ	Տ	Ը	Ո	Դ	Մ	Ո
Կ	Լ	Ի	Ն	Ի	Կ	Ա	Կ	Ր	Կ	Ն	Հ	Ս	Ե	Չ	Ւ
Կ	Ո	Տ	Ր	Վ	Ա	Ծ	Ք	A	Ա	Ռ	Թ	Կ	Ղ	Խ	Մ
Թ	Թ	Ր	Կ	Բ	Օ	Ղ	Մ	Է	Ն	Ն	Ը	Ո	Ա	Ց	Հ
Հ	Ո	Ր	Մ	Ո	Ն	Ն	Ե	Ր	Ն	K	Կ	Ր	Տ	E	Ա
Ծ	Ս	Ֆ	Տ	Տ	Ղ	Շ	Φ	Կ	Ե	Ձ	Չ	Ն	Ո	Շ	Ր
Խ	Ո	Լ	Ծ	E	Շ	Դ	Չ	Ճ	Ր	Ֆ	Թ	Ե	Ւ	Ն	Ղ
Բ	Ա	Կ	Տ	Ե	Ր	Ի	Ա	Ն	Ե	Ր	Ի	Ր	Ն	Չ	Ի
Կ	Ս	Ո	Վ	Ո	Ր	Ո	Ւ	Թ	Յ	Ո	Ւ	Ն	Շ	Ե	Φ
Φ	H	Թ	Օ	Ս	Ս	Ժ	Մ	Ձ	Ր	Է	Ց	Ժ	Տ	Լ	Ս

ԱԿՏԻՎ
ԲԱԿՏԵՐԻԱՆԵՐԻ
ՈՍԿՈՐՆԵՐ
ԿԼԻՆԻԿԱ
ԲԺԻՇԿ
ԿՈՏՐՎԱԾՔ
ՍՈՎՈՐՈՒԹՅՈՒՆ
ԲԱՐՁՐՈՒԹՅՈՒՆԸ
ՀՈՐՄՈՆՆԵՐ
ՍՈՎ
ԴԵՂ
ՄԿԱՆՆԵՐ
ԴԵՂԱՏՈՒՆ
ՌԵՖԼԵՔՍ
ԹՈՒԼԱՑՈՒՄ
ԿԱՇԻ
ԹԵՐԱՊԻԱ
ՇՆՉԵԼ
ԲՈՒԺՈՒՄ
ՎԻՐՈՒՍ

46 - Town

Օ	A	Ւ	Ջ	A	Ձ	Գ	Կ	Դ	Ն	Ց	Հ	Խ	Պ	Մ	Ս
Ծ	Դ	H	Ղ	Ֆ	Ժ	Ղ	Գ	Ի	H	Չ	Ա	Ա	Բ	Ա	Ո
Օ	Ն	Ա	Կ	Ի	Ն	Ի	Լ	Կ	Ն	Ց	Ց	Ն	Ռ	Ր	Ւ
Ն	Լ	A	Ն	Ն	Յ	Ւ	Ո	Գ	Ո	Ո	Ի	Ո	Ծ	Ջ	Պ
Ց	Հ	Ե	Դ	Ա	H	Լ	Ճ	Հ	Ր	Ր	Ֆ	Ւ	Ի	Ա	Ե
Բ	Ա	Ն	Կ	Ր	Վ	Ն	H	Ր	Տ	Պ	Վ	Թ	Դ	Դ	Ր
Գ	Ր	Ց	Ռ	Ա	Ն	Ա	Վ	Զ	Ա	Դ	Փ	Ւ	Ե	Ա	Մ
Տ	Ս	Ո	Փ	Դ	Ա	Ր	Կ	Պ	Թ	Ջ	Ի	Ո	Ղ	Շ	Ա
Թ	Ա	Ն	Գ	Ա	Ր	Ա	Ն	Ա	Ն	Ֆ	Ո	Ն	Ա	Տ	Ր
Ք	Ր	Ա	Օ	Ր	Ա	Ճ	Շ	Է	Յ	Ս	Ց	Ա	Տ	Շ	Կ
Հ	Ե	Ր	Լ	Գ	Ս	Ր	A	A	E	Ա	Ծ	Խ	Ո	Ո	Ե
Ղ	Կ	Ւ	Լ	Ի	Լ	Ս	Ն	Գ	Ղ	Լ	Ն	Ա	Ւ	Ւ	Տ
P	Տ	Ո	Բ	Դ	Ա	E	Չ	Ս	Օ	Ֆ	Բ	Ր	Ն	Կ	Խ
Կ	Ա	Յ	Մ	Ո	Մ	Օ	K	K	Է	Ն	H	Գ	H	Ա	Վ
Բ	Պ	Հ	Ռ	Ծ	Ա	Է	Կ	Ց	Ս	Օ	Ը	Կ	Է	Օ	Դ
Է	Հ	Ծ	Օ	Ց	Հ	Ս	Լ	A	Ց	Ր	Ք	Ճ	H	Շ	Չ

ՕԴԱՆԱՎԱԿԱՅԱՆ
ՀԱՑԻ
ԲԱՆԿ
ԳՐԱԽԱՆՈՒԹ
ՍՐՃԱՐԱՆ
ԿԻՆՈ
ԿԼԻՆԻԿԱ
ԳՈՒՅՆ
ՊԱՏԿԵՐԱՍՐԱՀ
ՀՅՈՒՐԱՆՈՑ
ԳՐԱԴԱՐԱՆ
ՇՈՒԿԱ
ԹԱՆԳԱՐԱՆ
ԴԵՂԱՏՈՒՆ
ԴՊՐՈՑ
ՄԱՐԶԱԴԱՇՏ
ԽԱՆՈՒԹ
ՍՈՒՊԵՐՄԱՐԿԵՏ
ԹԱՏՐՈՆ
ՀԱՄԱԼՍԱՐԱՆ

47 - Antarctica

Ջ	Կ	Ս	Է	Ծ	Ւ	P	Ս	Յ	Թ	Ո	Չ	Պ	Բ	Վ	Ռ
Ե	Ղ	Թ	Ա	Խ	Ս	Զ	Ս	Ղ	Ո	Ս	Ը	Ի	Ռ	K	Ղ
Ր	Զ	Ռ	Ց	Ռ	Ք	Ֆ	Ծ	Ւ	Օ	Ձ	Պ	Ն	Ր	Ի	Կ
Մ	Ի	Ր	Ֆ	Ղ	Ց	Ժ	Ա	Յ	Ռ	Ո	Տ	Գ	Ո	Բ	Ղ
Ա	Ն	Մ	Ւ	Ո	Ն	Ա	Պ	Հ	Ա	Պ	Ժ	Վ	P	Մ	Ճ
Ս	Ե	Փ	Բ	Հ	Ւ	Շ	Դ	Պ	Ա	Պ	Ս	Ի	Վ	Խ	Ճ
Տ	Ր	Մ	Ս	Ծ	Յ	Ճ	Շ	Ա	Ռ	Լ	Պ	Ն	Բ	Ա	Յ
Ի	Ե	Թ	Ի	P	Խ	Օ	Ջ	Կ	Շ	Ն	Թ	Ն	Ի	Վ	Հ
Ճ	Պ	Ջ	Ռ	Գ	Ո	K	Ձ	Ը	Դ	Տ	Դ	Ե	Ծ	Ա	Ե
Ա	Մ	Ո	Գ	Չ	Ր	Բ	Ո	Ք	Ո	Ն	Ե	Ր	Ժ	Շ	Տ
Ն	Ա	Ւ	Ի	Դ	Ո	Ա	Տ	Կ	Օ	Բ	Ձ	Ր	Ց	Ր	Ա
Ը	Ջ	Ր	Բ	Ա	Օ	Ւ	Ց	Յ	Ւ	Ո	Ռ	Ա	Ս	Ա	Զ
Ն	Վ	Մ	H	Ս	Գ	Ն	Ն	Ի	Յ	Ա	Ք	Ն	Ա	Հ	Ո
Թ	Ե	Ր	Ա	Կ	Ղ	Զ	Ի	Ն	Ա	Կ	Ա	Տ	Ի	Գ	Տ
Ո	Փ	Ծ	E	Ր	Ւ	Թ	Ը	A	Ե	Յ	Ֆ	Ր	Ժ	E	Ո
Ա	Շ	Խ	Ա	Ր	Հ	Ա	Մ	Ա	Ս	Ր	Ի	Յ	Է	K	Ղ

ԲԱՑ
ԹՌՉՈՒՆՆԵՐ
ԱՄՊԵՐ
ՊԱՀՊԱՆՈՒՄ
ԱՇԽԱՐՀԱՄԱՍ
ԲՈՔՈՆ
ԱՐՇԱՎԱԽՄԲԻ
ՍԱՌՑԱԴԱՇՏԵՐ
ՍԱՌՈՒՅՑ
ԿՂԶԻՆԵՐ
ՄԻԳՐԱՑԻԱՅԻ
ՀԱՆՔԱՅԻՆ
ՊԻՆԳՎԻՆՆԵՐ
ԹԵՐԱԿՂԶԻ
ՀԵՏԱԶՈՏՈՂ
ԺԱՅՌՈՏ
ԳԻՏԱԿԱՆ
ՋԵՐՄԱՍՏԻՃԱՆԸ
ՋՈՒՐ

48 - Ballet

Բ	Մ	Ւ	Ո	Խ	Ա	Գ	Ա	Վ	Ն	Ճ	Ծ	Կ	Թ	Վ	Բ
Ք	Ա	Ի	Ֆ	Ա	Ր	Գ	Ո	Ե	Ր	Ո	Խ	Ջ	Շ	Ռ	Բ
Յ	Խ	Լ	Պ	Ա	Ր	Ո	Ղ	Ն	Ե	Ր	Ն	Օ	E	Ւ	Մ
Շ	Ձ	Ճ	Ե	Ձ	Օ	Ե	Ա	Ռ	Ը	Ս	Վ	Օ	Ծ	P	Վ
A	Օ	Չ	A	Ր	Ո	Տ	Ի	Զ	Ո	Պ	Մ	Ո	Կ	Ր	Մ
Զ	Լ	E	Ե	Ո	Ի	Հ	Մ	Տ	Ո	Ւ	Թ	Յ	Ո	Ւ	Ն
Գ	Զ	Կ	Ն	Փ	Հ	Ն	Չ	Գ	Լ	Է	H	K	Ծ	Խ	Տ
Պ	Ռ	A	Չ	Ի	Տ	Յ	Ա	Հ	Ա	Տ	Ր	Ա	Ր	Ձ	Ե
Լ	Ր	Ե	Ր	Ա	Ժ	Շ	Տ	Ո	Ւ	Թ	Յ	Ո	Ւ	Ն	Խ
Զ	Ս	Ա	Ռ	Ի	Թ	Մ	Մ	Ս	H	Թ	Զ	Տ	Վ	Ք	Ն
Ը	Ս	Ա	Կ	H	A	Է	Դ	Բ	Ժ	Ե	Ս	Տ	Ձ	Ձ	Ի
Ժ	Ո	Տ	Ր	Տ	A	Չ	Ե	Ջ	Շ	Մ	Կ	Գ	Ս	Ժ	Կ
Ս	Լ	K	E	Ա	Ի	E	Փ	Գ	Շ	Չ	Յ	Օ	E	Փ	Ա
Օ	Ո	Ֆ	Ր	Ծ	Ն	Կ	Ճ	Գ	Ս	Ա	Ճ	Ո	Փ	Ը	Ե
Մ	Կ	Ա	Ն	Ն	Ե	Ր	Ա	Օ	Չ	Ղ	Ն	Ք	Փ	Զ	Ո
Ի	Ն	Տ	Ե	Ն	Ս	Ի	Վ	Ա	Ց	Ն	Ե	Լ	Պ	Շ	Ք

ԼՍԱՐԱՆ
ԲԱԼԵՐԻՆԱ
ԽՈՐԵՈԳՐԱՖԻԱ
ԿՈՄՊՈԶԻՏՈՐ
ՊԱՐՈՂՆԵՐ
ԱՐՏԱՀԱՅՏԻՉ
ԺԵՍՏ
ԻՆՏԵՆՍԻՎԱՑՆԵԼ
ՄԿԱՆՆԵՐ
ԵՐԱԺՇՏՈՒԹՅՈՒՆ
ՆՎԱԳԱԽՈՒՄԲ
ՊՐԱԿՏԻԿԱ
ՓՈՐՁ
ՌԻԹՄ
ՀՄՏՈՒԹՅՈՒՆ
ՍՈԼՈ
ՈՃ
ՏԵԽՆԻԿԱ

49 - Fashion

Լ	Հ	Ձ	Պ	Ց	Ո	Չ	Պ	Կ	Ւ	Փ	Դ	K	H	Գ	Կ
Կ	Ա	Յ	Ն	Ա	Ժ	Ճ	Ս	Ո	K	Պ	Ր	Ֆ	Ժ	Ո	Ո
Ի	Ր	Ն	Ց	Հ	Ա	Մ	Ե	Ս	Տ	A	Յ	Շ	Տ	Ր	Ճ
Տ	Մ	Հ	Ի	Ա	Տ	Խ	Տ	Ք	Դ	Մ	Ի	Ղ	H	Ծ	Ա
Ւ	Ա	Յ	Կ	Գ	Ս	Ն	Տ	Ի	Ծ	Պ	Ա	Ր	Զ	Ն	Կ
Ո	Ր	Ո	Ա	Է	Ի	Լ	Ե	Չ	Տ	Ա	Մ	Պ	P	Ա	Ն
Բ	Ա	Ւ	Կ	Լ	Լ	Ր	A	Ն	Ծ	Զ	Վ	Ի	H	Կ	Ե
Թ	Վ	Ս	Ա	Ե	Ա	Մ	Օ	Զ	Զ	Յ	Զ	Ծ	Դ	Ա	Ր
Ր	Ե	Վ	Ն	Գ	Մ	Դ	Ք	Ձ	Լ	Ճ	Ո	Վ	Ր	Ն	A
Ե	Տ	Ա	Ա	Ա	Ի	Տ	Յ	Յ	Յ	Օ	P	Կ	Է	Ո	Ս
Ն	Ս	Ծ	Մ	Ն	Ն	Չ	Ա	Փ	Ո	Ւ	Մ	Ն	Ե	Ր	Գ
Դ	Ւ	Ք	Ա	Տ	Ի	Ճ	Է	Լ	Ր	Ճ	A	Ա	Ը	H	Ց
Ծ	Ո	Չ	Ժ	Շ	Մ	H	Ց	Ջ	Կ	Ց	Գ	Թ	Ֆ	Ռ	Բ
Տ	Գ	Ղ	Հ	Ծ	Ը	Դ	Ռ	H	Փ	A	Ս	Թ	H	Ն	E
Ք	Ա	Բ	P	Ց	Ւ	Փ	K	Լ	Ջ	Գ	E	Զ	Զ	A	Լ
Ժ	Հ	Ա	Ծ	Բ	Յ	Վ	Յ	P	Ծ	Ի	Ժ	Գ	Է	Ե	Յ

ՄԱՏՉԵԼԻ
ԲՈՒՏԻԿ
ԿՈՃԱԿՆԵՐ
ՀԱԳՈՒՍՏ
ՀԱՐՄԱՐԱՎԵՏ
ԷԼԵԳԱՆՏ
ԹԱՆԿ
ԳՈՐԾՎԱԾՔ
ԺԱՆՅԱԿ
ՉԱՓՈՒՄՆԵՐ

ՄԻՆԻՄԱԼԻՍՏ
ԺԱՄԱՆԱԿԱԿԻՑ
ՀԱՄԵՍՏ
ՕՐԻԳԻՆԱԼ
ԳՈՐԾՆԱԿԱՆ
ՊԱՐԶ
ՈՃ
ՀՅՈՒՍՎԱԾՔ
ԹՐԵՆԴ

50 - Human Body

Փ	A	Չ	Լ	Ֆ	Պ	Ծ	Հ	Մ	Մ	Հ	Ռ	Ւ	Վ	Ւ	Ժ
A	Ո	Յ	K	Ղ	Ա	Լ	Ն	Ա	Յ	Ր	Ա	Գ	K	Ց	Խ
Վ	Ք	Մ	Ո	Խ	Ր	Ղ	Ճ	Ո	Կ	Ա	Զ	Կ	Պ	E	Ա
Շ	Զ	K	Ա	Զ	Ա	Լ	A	Փ	Տ	Թ	P	Ց	Ն	Ա	Դ
Դ	Ե	Ձ	Ք	Տ	Ն	Ւ	Ո	Յ	Կ	Ն	Ա	Դ	A	Կ	Ա
Պ	Ր	Ե	Ն	Ր	Ո	Կ	Ս	Ո	Ռ	Մ	Ա	P	Շ	Ա	Ւ
Վ	Ւ	Մ	Օ	Ի	Ց	Ժ	Ք	Ռ	Ե	Ձ	A	Ր	Ղ	Շ	Դ
Ֆ	K	Գ	Ի	Ս	A	Թ	Ի	Կ	Ն	Ծ	Ղ	Կ	Ե	Ի	Ե
Գ	Ի	Չ	Ի	Ւ	Է	Ձ	Թ	Գ	Լ	Ո	Ւ	Խ	Ղ	Բ	Մ
A	Բ	Խ	Չ	Ո	Ժ	A	Ը	Զ	Է	Լ	Ձ	H	Ւ	Ղ	Ք
Պ	Ց	Է	Օ	Ն	Օ	Յ	Խ	Ց	Դ	Ժ	Ը	Ձ	Ո	Ծ	Ք
Ա	Ա	Կ	Ա	Ն	Ջ	Ւ	Ն	P	Յ	Ջ	Յ	Դ	Ճ	Ռ	Գ
K	Տ	E	Ւ	Խ	Փ	E	Բ	Ր	Ք	Ա	Խ	Ձ	Ղ	Չ	P
Շ	Ն	Ք	Ծ	Հ	Օ	K	Լ	Ց	Պ	Ղ	Ֆ	Ռ	Շ	Ծ	Թ
Ն	Ւ	H	Է	Ղ	Դ	Ծ	P	Լ	Է	Գ	E	E	Ք	Ց	Ձ
Ո	Տ	Ք	Ը	Ճ	Ժ	H	Պ	P	Ք	Ց	Ր	Ը	Ձ	Ձ	Ր

ԿՈՃ
ԱՐՅԱՆ
ՈՍԿՈՐՆԵՐ
ՈՒՂԵՂ
ԿԶԱԿ
ԱԿԱՆՋ
ԱՆԿՅՈՒՆ
ԴԵՄՔ
ՄԱՏ
ՁԵՌՔ

ԳԼՈՒԽ
ՍԻՐՏ
ԾՆՈՏ
ԾՆԿԻ
ՈՏՔԸ
ԲԵՐԱՆ
ՊԱՐԱՆՈՑ
ՔԻԹ
ՈՒՍ
ԿԱՇԻ

51 - Musical Instruments

Ջ	Ց	Է	Փ	Տ	Կ	Լ	Օ	Դ	Թ	A	Դ	Կ	Չ	Տ	Ե
Թ	Ռ	K	E	Ա	Գ	Ւ	Բ	Ղ	Չ	Ձ	Ա	Լ	Հ	Ը	Գ
Փ	Ա	Ե	A	Վ	Ս	Վ	Ո	Պ	Ք	Մ	Շ	Ա	Ա	Կ	Ջ
Ձ	Թ	Վ	Լ	Ի	Խ	Ո	Ե	Բ	Պ	Ղ	Ն	Ր	Ե	Գ	Կ
Ձ	Ի	H	Ջ	Ղ	Ա	Ք	Թ	Ֆ	Մ	Յ	Ա	Ն	Ց	Վ	Ի
Ն	Կ	Ւ	Դ	Ո	Ա	Ծ	Չ	Ա	Ք	Թ	Մ	Ե	Ֆ	Տ	Հ
Գ	Ո	Ն	Գ	Ւ	Ւ	H	Փ	Ս	Ռ	Ձ	Ո	Տ	Ճ	Բ	Ի
Ֆ	Լ	Ե	Յ	Տ	Ա	Թ	Ը	Ո	P	Ր	Ւ	Շ	Կ	Դ	Ա
Տ	Ր	Ո	Մ	Բ	Ո	Ն	Ա	Ն	Շ	Դ	Ր	Ն	A	H	Կ
Ս	Ա	Ք	Ս	Ո	Ֆ	Ո	Ն	Կ	Յ	Ե	Ր	Ի	Է	Զ	E
Ծ	Յ	Ա	Շ	Ջ	Ձ	Ռ	Ե	Ս	Բ	Ւ	Փ	Լ	Դ	A	Ի
Հ	Ա	Չ	Ո	Ն	Ղ	Փ	Բ	Ե	Կ	Վ	Փ	Ո	Ջ	Գ	E
Ը	Ժ	Ռ	Ձ	Ա	Յ	Լ	Ւ	Ի	Դ	Փ	Ճ	Դ	Ր	Վ	Ս
Ձ	Փ	Ջ	Դ	Բ	Ս	Ե	Ո	Ֆ	Ց	K	E	Ն	Բ	Թ	Վ
Մ	Ա	Ր	Ի	Մ	Բ	Ա	Բ	Ռ	Յ	Ճ	Ծ	Ա	Ռ	Յ	Ս
Ջ	Ո	Ւ	Թ	Ա	Կ	Ա	Շ	H	K	Բ	Ա	Մ	A	Գ	Դ

ԲԱՆՋՈ
ՖԱՍՈՆ
ԹԱՎՋՈՒԹԱԿ
ԿԼԱՐՆԵՏ
ԹՄԲՈՒԿ
ՖԼԵՅՏԱ
ԳՈՆԳ
ԿԻԹԱՌ
ՏԱՎԻՂ
ՄԱՆԴՈԼԻՆ
ՄԱՐԻՄԲԱ
ՕԲՈԵ
ԴԱՇՆԱՄՈՒՐ
ՍԱՔՍՈՖՈՆ
ԲՈՒԲԵՆ
ՏՐՈՄԲՈՆ
ՇԵՓՈՐ
ՋՈՒԹԱԿ

52 - Fruit

Ա	Վ	Ո	Կ	Ա	Դ	Ո	Ռ	Թ	H	Շ	Յ	Վ	O	Ր	Գ
Պ	Ե	Ջ	Զ	Ա	Մ	S	K	Ռ	S	Ի	Ք	Ք	Ը	Ն	O
Ք	Ջ	Վ	Թ	Վ	Ա	A	Կ	Դ	S	Ֆ	Յ	Ք	Ջ	Գ	Յ
E	Ռ	Զ	Զ	Ծ	Ն	Ա	Մ	Շ	Ո	Դ	Ֆ	H	Ս	Ռ	Է
P	Ր	Յ	Ր	Ղ	Գ	Ի	Չ	L	Գ	Ց	Ջ	Ծ	Ն	Դ	S
Ռ	Ո	Գ	Չ	Յ	Ո	Ի	Բ	Ո	Ի	H	Թ	Ծ	Ո	Ճ	Ի
L	Զ	Ա	Ճ	Ա	Ն	Ղ	Ա	Ձ	Ն	Վ	Ա	Մ	Ո	Ր	Ի
Ը	Ն	E	K	S	Ի	Փ	Ա	Ճ	Է	Գ	Չ	Ռ	S	Ժ	E
S	Խ	Ո	Ց	Ա	Ր	Յ	H	Խ	Ց	A	L	Ո	Ջ	Ք	Վ
Յ	Ա	Յ	Ա	Պ	Ա	Պ	Կ	Ի	Վ	Ի	Ծ	Ի	Ր	Ա	Ն
Չ	Յ	Ն	O	S	S	Ս	Ե	Խ	Է	Թ	Ն	Գ	Խ	Վ	E
Է	Ա	Ա	Զ	Ո	Կ	Ո	Վ	Ի	Շ	Բ	Ո	Է	H	E	Թ
S	Ք	Ն	Ղ	Ի	Ե	Գ	Ո	Ի	Ա	Վ	Ա	Ի	Վ	Յ	Ն
K	Ր	Ա	Ե	Ղ	Ն	Ը	Ռ	Ծ	P	Պ	Գ	Յ	Չ	Ջ	K
L	Ա	Բ	Դ	Կ	Ի	S	Ր	Ո	Ն	Ռ	L	Կ	Է	E	K
Կ	Ո	Կ	Ո	Ս	Խ	Ն	Զ	Ո	Ր	Դ	Ա	Ե	Ժ	Յ	Գ

ԽՆՁՈՐ
ԾԻՐԱՆ
ԱՎՈԿԱԴՈ
ԲԱՆԱՆ
ՀԱՏԱՊՏՈՒՂ
ԲԱԼ
ԿՈԿՈՍ
ԹՈՒԶ
ԽԱՂՈՂ
ԳՈՒԱՎԱ
ԿԻՎԻ
ԿԻՏՐՈՆ
ՄԱՆԳՈ
ՍԵԽ
ՆԵԿՏԱՐԻՆ
ՊԱՊԱՅԱ
ԴԵՂՁ
ՏԱՆՁ
ԱՐՔԱՅԱԽՆՁՈՐ
ԱԶՆՎԱՄՈՐԻ

53 - Virtues #1

Ի	Լ	E	Փ	Ա	Ր	Դ	Յ	Ո	Ւ	Ն	Ա	Վ	Ե	Տ	Գ
Ա	Ռ	Ա	Տ	Ա	Ձ	Ե	Ռ	Ն	Է	Ը	Դ	Ա	K	Ո	Ո
Ո	Ս	Ծ	Վ	Վ	Ց	Կ	Ձ	Բ	Ն	Ե	Օ	Լ	Ջ	Հ	Ր
Ձ	A	Վ	Ի	Բ	Ո	Ղ	Զ	Ւ	Դ	Փ	Օ	Խ	Լ	Ե	Ծ
Ի	Խ	Ի	Լ	Բ	Մ	Դ	Ռ	Կ	Դ	Ն	Ն	Օ	Ե	Տ	Ն
Գ	Ե	Ղ	Ա	Ր	Վ	Ե	Ս	Տ	Ա	Կ	Ա	Ն	Ր	Ա	Ա
Բ	Ւ	E	Ճ	Ա	Ն	K	Գ	A	Ք	Պ	Լ	Ւ	Ե	Ք	Կ
Ր	Ճ	Ւ	Ր	Կ	Ւ	Խ	Ծ	Ն	A	Խ	Ը	Շ	Ւ	Ր	Ա
Խ	Է	Ռ	Ա	Ա	Ո	Չ	Ի	Ժ	Ւ	Գ	Ջ	Չ	Ա	Ք	Ն
Ն	Ե	Ղ	Վ	Տ	Տ	Ի	Կ	Ր	Ք	Ո	Տ	K	Կ	Ր	Ա
Է	Ն	Լ	Զ	Գ	Ս	Յ	Լ	Խ	Ժ	Հ	Տ	Զ	Ա	Ա	Կ
Ա	Դ	P	Ա	Օ	Ա	Ա	Հ	Ա	Մ	Ե	Ս	Տ	Յ	Ս	Ա
Ց	Ր	Գ	Ա	Ց	Մ	Մ	Տ	Կ	Ս	Ֆ	Դ	Ժ	Ա	Ե	Ռ
Վ	Ս	Տ	Ա	Հ	Ի	Հ	Ղ	Ն	Դ	Ւ	Ս	Ծ	Կ	Ր	Ճ
Ճ	K	Ր	P	Է	Թ	Է	E	Ա	Ր	Ւ	Ո	Ք	Ա	Մ	Վ
Ւ	Ո	Մ	Ր	Ա	Տ	Ա	Ր	Ե	Բ	Մ	Ա	Հ	Ն	Ր	Յ

ԳԵՂԱՐՎԵՍՏԱԿԱՆ
ՀՄԱՅԻՉ
ՄԱՔՈՒՐ
ՎՍՏԱՀ
ՀԵՏԱՔՐՔՐԱՍԵՐ
ՎՃՌԱԿԱՆ
ԱՐԴՅՈՒՆԱՎԵՏ
ԶՎԱՐՃԱԼԻ
ԱՌԱՏԱՁԵՌՆ
ԼԱՎ
ՕԳՏԱԿԱՐ
ԵՐԵՒԱԿԱՅԱԿԱՆ
ԱՆԿԱԽ
ԽԵԼԱՑԻ
ՀԱՄԵՍՏ
ԿՐՔՈՏ
ՀԱՄԲԵՐԱՏԱՐ
ԳՈՐԾՆԱԿԱՆ
ՀՈՒՍԱԼԻ
ԻՄԱՍՏՈՒՆ

54 - Engineering

Շ	Ք	Դ	Դ	Ծ	Ջ	Բ	Ռ	Ւ	Թ	Օ	Ջ	Զ	Շ	Լ	Ա
Ի	Ե	Ա	Չ	Ի	Ժ	Ր	Ա	Շ	Ց	Ո	Բ	Ս	Ա	Ծ	Ն
Ն	Ռ	Ֆ	Ք	Գ	Ա	P	Ո	Շ	Է	Ս	E	Յ	Ր	Ա	Կ
Ա	Ֆ	Ջ	Ժ	Ա	Ւ	Գ	Յ	Հ	Խ	Ջ	Խ	Ֆ	Ժ	Կ	Յ
Ր	Ր	Գ	Ր	Մ	A	Դ	Ր	Չ	P	Ո	Ն	Դ	Ո	Ն	Ո
Ա	Յ	E	Ի	Ա	Կ	Ք	Մ	Ա	Ձ	Պ	Ւ	K	Ւ	Ե	Ւ
Ր	Օ	Օ	Ծ	Ր	Ր	Ֆ	Ս	Ք	Մ	Վ	Ո	Մ	Մ	Ր	Ն
Ա	Չ	Ճ	E	Տ	Ա	Ռ	Ա	Ն	Ց	Ք	Յ	Կ	Հ	Զ	Ճ
Կ	Տ	Ի	Զ	H	Վ	Ն	Լ	P	Բ	Մ	Թ	Է	Թ	Ր	E
Ա	Ձ	Դ	Ս	Ք	Շ	Լ	Ե	Տ	Ի	Կ	Ւ	Ո	Ղ	Ե	Հ
Ն	Տ	Ա	Հ	Ը	Ա	Ֆ	Զ	Ք	Ֆ	Ի	Ո	Պ	Զ	Խ	Կ
Մ	Ո	Տ	Ո	Ր	Հ	Չ	Ի	Կ	Ե	Ճ	Ր	Ժ	Չ	Չ	Գ
Է	Ն	Ե	Ր	Գ	Ի	Ա	Դ	K	Ս	Մ	Ո	Խ	Ֆ	Չ	Ր
Չ	Ա	Փ	Ո	Ւ	Մ	Ց	Ո	Զ	H	Ր	Խ	Փ	H	Ո	Ր
Կ	Ա	Յ	Ո	Ւ	Ն	Ո	Ւ	Թ	Յ	Ո	Ւ	Ն	Դ	Ւ	P
Կ	Ա	Ռ	Ո	Ւ	Ց	Վ	Ա	Ծ	Ք	H	Լ	Վ	Փ	Ժ	Ճ

ԱՆԿՅՈՒՆ
ԱՌԱՆՑՔ
ՀԱՇՎԱՐԿ
ՇԻՆԱՐԱՐԱԿԱՆ
ԽՈՐՈՒԹՅՈՒՆ
ԴԻԱԳՐԱՄ
ՏՐԱՄԱԳԻԾ
ԴԻԶԵԼ
ԲԱՇԽՈՒՄ
ԷՆԵՐԳԻԱ
ՇԱՐԺԻՉ
ԼՃԱԿՆԵՐ
ՀԵՂՈՒԿ
ՄԵՔԵՆԱ
ՉԱՓՈՒՄ
ՄՈՏՈՐ
ՇԱՐԺՈՒՄ
ԿԱՅՈՒՆՈՒԹՅՈՒՆ
ՈՒԺ
ԿԱՌՈՒՑՎԱԾՔ

55 - Kitchen

Ղ	H	Ւ	Չ	Պ	Ո	O	Մ	K	Ր	Ղ	Ց	Ո	Ռ	Ե	Ջ
Լ	Ե	Տ	Ւ	Ո	Ը	Ն	Ք	Ճ	Շ	Գ	Ո	Ւ	Ն	Դ	Ա
O	P	Ջ	Է	P	Պ	Ա	Բ	Ն	K	Ճ	Ն	Փ	Փ	Բ	Մ
Ւ	Յ	Ֆ	Ւ	Ճ	Ա	Ս	A	Ճ	Ջ	Զ	Գ	K	Ս	Ո	Ղ
Ք	Ծ	Կ	Ո	Ւ	Ժ	K	Տ	Ց	P	Խ	Ո	Լ	Ն	Պ	Ա
A	Ֆ	Ի	Զ	Ռ	Շ	Կ	Լ	Ի	Ս	Վ	Գ	P	Ո	Լ	Ն
Պ	E	Ն	Զ	Յ	Չ	Ե	Ի	Տ	Կ	Պ	Մ	Տ	Ւ	Լ	Զ
E	Ո	Յ	Մ	Ա	Ե	Հ	Ր	Ր	K	Ն	Ո	A	Ն	Ֆ	Ե
Ո	Ր	Ե	Ն	Լ	Ա	Դ	Գ	Ե	Ո	Գ	Ե	Ւ	Դ	H	Ռ
K	Ս	Թ	Ն	Փ	Թ	Խ	Վ	Ն	Փ	Ս	Ի	Ր	Ն	H	Ո
H	Ծ	Ս	Զ	Զ	Բ	O	Չ	Կ	Շ	Չ	Ղ	Ն	E	Գ	Ց
Ը	Ս	Մ	Ո	Տ	Ա	Ր	Դ	Ա	Ղ	Ա	Բ	Պ	Շ	Ա	Ի
Չ	Հ	Լ	Է	Լ	Ժ	Ա	H	Ն	Լ	Խ	Ւ	Ր	Ր	Փ	Կ
Ա	O	Ն	Ա	Ր	Ա	Ն	Ռ	Ա	Ս	Ն	Ե	Ց	Ծ	Ս	Ն
Է	K	Զ	Ծ	P	Կ	Ջ	Վ	Դ	Ղ	Ժ	K	H	K	Ք	Տ
Հ	Ա	Մ	Ե	Մ	Ո	Ւ	Ն	Ք	Ն	Ե	Ր	Ւ	Ֆ	Ճ	Է

ԳՈԳՆՈՑ
ԳՈՒՆԴ
ՉՈՊՍՏԻԿՆԵՐ
ԲԱԺԱԿ
ՍՆՈՒՆԴ
ԳՐԻԼ
ԿՈՒԺ
ԹԵՅՆԻԿ
ԴԱՆԱԿՆԵՐ
ՇԵՐԵՓ
ԱՆՋԵՌՈՑԻԿ
ՋԵՌՈՑ
ԲԱՂԱԴՐԱՏՈՄՍԸ
ՍԱՌՆԱՐԱՆ
ՀԱՄԵՄՈՒՆՔՆԵՐ
ՍՊՈՒՆԳ
ԳԴԱԼՆԵՐ
ՈՒՏԵԼ

56 - Art Supplies

Խ	Վ	Ն	Ք	Ա	Ն	Ա	Թ	Ւ	Ծ	E	Ծ	Ս	Ռ	Ջ	Ս
Դ	A	Ե	Ս	Ղ	Թ	Գ	Ո	Ւ	Յ	Ն	Ե	Ր	Ե	Ր	Ն
Զ	Կ	Ր	Ռ	Ժ	Յ	Ո	Լ	Թ	Վ	Ա	Կ	Ժ	Տ	Ա	Ժ
Զ	Ռ	Կ	Մ	Վ	Զ	Ք	Ռ	Ի	Յ	Ղ	Ի	Օ	Ի	Ն	Տ
Հ	Օ	Ե	E	Ռ	Ո	Ճ	Ը	Ֆ	Ա	Ե	Ց	P	Ն	Ե	Շ
Մ	Է	Ր	Ե	Ն	Տ	Ի	Տ	Ա	Մ	Ս	Խ	E	Բ	Ր	Չ
Թ	Բ	Թ	Ո	Ւ	Ղ	Թ	Ջ	Շ	Չ	Ճ	Ա	Ջ	Ս	Կ	Ց
Ղ	Տ	Զ	Ֆ	Ի	Զ	Ւ	Ո	Հ	Ծ	P	Ս	Ե	Ո	Կ	Զ
Դ	Բ	Յ	Բ	Ժ	H	Փ	Ո	Դ	Ձ	A	Ե	Ի	Դ	Ւ	Թ
Ձ	Ք	Տ	Ճ	Ժ	Ֆ	Ձ	Մ	Յ	Յ	Ճ	Տ	Փ	Է	Տ	Ր
Խ	Գ	Ա	Ղ	Ա	Փ	Ա	Ր	Ն	Ե	Ր	A	K	Լ	Շ	Ժ
Ժ	Տ	Ժ	Ճ	Գ	Չ	Լ	Ե	Զ	Ց	Ս	Ո	Ս	Ի	Ն	Ձ
Ը	Ծ	Ր	Ղ	Տ	Ե	Ե	Կ	Կ	Տ	P	Խ	Ե	Ր	Տ	Ժ
Պ	Հ	Ծ	Ի	K	Պ	Ձ	Տ	H	Բ	Ա	Ւ	Ը	Կ	Թ	Հ
Օ	Ք	Ջ	Ր	Ր	Ծ	A	Ա	Շ	Ե	Ն	Ձ	Ք	Ա	Շ	Թ
Ը	H	Զ	Բ	Տ	Դ	Ս	Պ	Շ	A	Վ	Ց	Ի	Յ	Դ	Ս

ԱԿՐԻԼ
ՏԵՍԱԽՑԻԿ
ԱԹՈՌ
ԿԱՎ
ԳՈՒՅՆԵՐ
ՊԱՏԿԵՐ
ՌԵՏԻՆ
ՍՈՍԻՆՁ
ԳԱՂԱՓԱՐՆԵՐ
ԹԱՆԱՔ
ՅՈՒՂ
ՆԵՐԿԵՐ
ԹՈՒՂԹ
ՄԱՏԻՏՆԵՐ
ՍԵՂԱՆ
ՋՈՒՐ
ՋՐԱՆԵՐԿ

57 - Science Fiction

Խ	Օ	Օ	P	Ն	Գ	Ց	Գ	Ո	Խ	Կ	Ճ	Ւ	Գ	Թ	Մ
Ո	Ր	Ք	Ը	Է	Փ	Ա	Ձ	E	Է	Հ	Ր	Ա	Խ	Շ	Ա
Ր	Ա	Ֆ	Ո	Ն	Ի	Կ	Լ	P	Թ	Ֆ	Ծ	Ա	Յ	Վ	Կ
Հ	Ք	Հ	Ւ	Ձ	Պ	Ց	Մ	Ա	Հ	Փ	Խ	Ի	Կ	Ն	Ե
Ր	Լ	Ե	Տ	Բ	Ճ	Է	Թ	Ո	Ք	Ս	Ց	Ե	Ն	Ա	Ր
Դ	Ի	Ր	Ո	Վ	Ա	Ռ	Ե	Հ	Լ	Ս	Ն	Տ	Ս	Կ	Տ
Ա	Ձ	Պ	Պ	Ռ	Ի	E	A	Ն	A	Ո	Ի	Վ	K	Ա	Ե
Վ	Ո	Կ	Ի	Տ	Ս	Ա	Տ	Ն	Ա	Ֆ	Ր	Ա	Ց	Յ	Խ
Ո	Շ	Ր	Ա	Ձ	Ջ	Ջ	Ւ	Ե	Բ	Գ	Ե	Ա	Ի	Ա	Ն
Ր	Ժ	Ծ	Ա	Յ	Ր	Ա	Հ	Ե	Ղ	Ր	Ն	Ի	Կ	Կ	Ո
Ա	Տ	Ո	Մ	Ա	Յ	Ի	Ն	Ձ	Թ	Ք	Տ	Պ	Թ	Ա	Լ
Պ	Ա	Յ	Թ	Յ	Ո	Ւ	Ն	Ճ	Ռ	Ե	Ո	Ո	Ջ	Ւ	Ո
Պ	Ա	Տ	Ր	Ա	Ն	Ք	Հ	E	Լ	Ր	Բ	Տ	Օ	Ե	Գ
Է	Ի	Ճ	Ջ	Լ	H	Ս	Ը	Կ	Ֆ	Ծ	Ո	Ս	P	Ր	Ի
Պ	Բ	K	Ւ	Ա	Օ	Ո	Ր	E	Ռ	Ո	Ռ	Ի	Ք	Ե	Ա
E	Լ	Թ	Հ	Ա	Հ	Լ	Վ	Ի	Յ	Փ	K	Դ	Պ	Ռ	Ա

ԱՏՈՄԱՅԻՆ
ԳՐՔԵՐ
ԿԻՆՈ
ՀԵՌԱՎՈՐ
ԴԻՍՏՈՊԻԱ
ՊԱՅԹՅՈՒՆ
ԾԱՅՐԱՀԵՂ
ՖԱՆՏԱՍՏԻԿ
ԿՐԱԿ
ԳԱԼԱՔՍԻԱ
ՊԱՏՐԱՆՔ
ԵՐԵՒԱԿԱՅԱԿԱՆ
ԽՈՐՀՐԴԱՎՈՐ
ՕՐԱՔԼԻ
ՄՈԼՈՐԱԿ
ՌՈԲՈՏՆԵՐ
ՍՑԵՆԱՐ
ՏԵԽՆՈԼՈԳԻԱ
ՈՒՏՈՊԻԱ
ԱՇԽԱՐՀ

58 - Geometry

P	Գ	Թ	Փ	Լ	Ո	P	Ո	Տ	Ւ	Թ	Կ	Յ	Ո	Օ	Ա
Տ	Յ	Ծ	Ա	Վ	Տ	Ա	Հ	Օ	Ր	Օ	Ո	Լ	Ր	Զ	Է
Ր	Է	Փ	Ե	P	H	Ֆ	Ժ	Է	E	Ա	Ր	Ճ	Ք	Կ	Ղ
Պ	Ռ	Չ	Ո	Ր	Ջ	Ը	Ժ	Ի	Ձ	Փ	Մ	Ս	Ր	Ռ	Յ
Տ	Ե	Ս	Ո	Ւ	Թ	Յ	Ո	Ւ	Ն	K	Ց	Ա	Ի	Ւ	Չ
Ղ	Ն	Շ	Ռ	A	Ս	Մ	Գ	Դ	Ւ	Ն	Ի	Լ	Գ	Ա	Յ
Բ	Ա	Ր	Ձ	Ր	Ո	Ւ	Թ	Յ	Ո	Ւ	Ն	Ը	Ի	Ի	Ի
Թ	Կ	Դ	Ս	Զ	Դ	Ո	Ֆ	P	Ս	Ո	Ւ	Շ	Ս	Կ	Ծ
Խ	Ա	Վ	Ջ	Ո	Զ	Ր	Լ	A	Ի	Յ	Ո	Ա	Ւ	Ր	Ձ
Ճ	Ն	K	Խ	Ւ	K	Ա	Ա	Ը	Մ	Կ	Յ	Ք	Ո	Ա	H
Պ	Ո	K	Ո	Գ	Ն	Ս	Ո	Ջ	Ե	Ն	Կ	Ը	Կ	Վ	Մ
Դ	Զ	Խ	Բ	Ա	Մ	Ա	Ճ	E	Տ	Ա	Ն	Վ	Ա	Շ	Մ
Գ	Ի	Ղ	E	Հ	Շ	Վ	Տ	Ծ	Ր	Մ	Ա	Ժ	Ռ	Ա	Թ
P	Ր	Մ	Վ	Ե	Մ	Ա	Ղ	Լ	Ի	Բ	Ռ	K	Ա	Հ	Ի
Բ	Ո	Վ	K	Ռ	Վ	Հ	Լ	Վ	Ա	Ը	Ե	A	Ք	Ձ	Վ
Ե	Հ	Չ	Ա	Փ	Ը	Մ	Ի	Ջ	Ի	Ն	Բ	Ի	Ր	Շ	Մ

ԱՆԿՅՈՒՆ
ՀԱՇՎԱՐԿ
ՑԼԻԿ
ԿՈՐ
ՏՐԱՄԱԳԻԾ
ՉԱՓԸ
ՀԱՎԱՍԱՐՈՒՄ
ԲԱՐՁՐՈՒԹՅՈՒՆԸ
ՀՈՐԻԶՈՆԱԿԱՆ
ԳԾԵՐ
ՔԱՇԸ
ՄԻՋԻՆ
ԹԻՎ
ԶՈՒԳԱՀԵՌ
ՀԱՏՎԱԾ
ՔԱՌԱԿՈՒՍԻ
ՍԻՄԵՏՐԻԱ
ՏԵՍՈՒԹՅՈՒՆ
ԵՌԱՆԿՅՈՒՆԻ

59 - Airplanes

Ը	Ա	Ո	Ի	Գ	Օ	Ռ	Ծ	Դ	H	Ա	Լ	Ո	Ճ	Ժ	Գ
Ը	Ռ	Փ	Չ	Ժ	Խ	Ը	Բ	Ի	Օ	Ն	Ի	Ծ	Ա	Ր	Ջ
Շ	Մ	Ւ	Ո	Գ	Ա	Ծ	A	Զ	E	Ց	Ֆ	Օ	Ա	Խ	Պ
Է	Ա	Մ	Ը	Վ	Ր	K	P	Ա	Կ	Ո	A	Թ	Ն	A	Ա
Ռ	Է	Ր	Զ	Ե	Կ	Ա	E	Յ	Է	Ր	P	Զ	Հ	Տ	Տ
Խ	Չ	Ի	Ժ	Ր	Ա	Շ	Ն	Ն	P	Դ	Ի	Ն	Ա	Դ	Մ
Ս	Ա	Հ	Ծ	Ի	Ծ	E	Օ	Ձ	Կ	Ո	Մ	Ա	Ն	Փ	Ո
Չ	Թ	Հ	Ւ	Ո	Չ	Ա	Դ	Օ	Ն	A	Ւ	Կ	Գ	Ո	Ւ
Է	Տ	Կ	Ե	Ց	Լ	Ն	Ծ	Ի	Է	Ա	Ո	Ա	Ի	Ւ	Թ
Թ	Ժ	Ծ	Ի	Ը	A	P	Ե	Շ	Մ	Ս	Կ	Ր	Ս	Չ	Յ
Մ	Թ	Ն	Ո	Լ	Ո	Ր	Տ	Ր	Ը	Ձ	Ն	Ա	Տ	Ի	Ո
Ե	Ր	Կ	Ի	Ն	Ք	Ֆ	Ե	Ր	Ը	Փ	Տ	Ր	Զ	Կ	Ւ
Վ	Ա	Ռ	Ե	Լ	Ի	Ք	Կ	Ծ	Փ	K	Ն	Ա	Ճ	Մ	Ն
Տ	Ա	Ո	Ւ	Ղ	Ղ	Ո	Ւ	Թ	Յ	Ո	Ւ	Ն	Ա	Հ	Ց
Չ	Զ	A	Փ	E	Է	Ա	Ս	Կ	Ֆ	Ձ	A	Ի	Ի	Ջ	Վ
Է	Ժ	Խ	Ո	Վ	Շ	Ճ	Է	Վ	Գ	Խ	K	Շ	Ո	Ա	Բ

ԱՐԿԱԾ
ՕԴ
ՄԹՆՈԼՈՐՏ
ՓՈՒՉԻԿ
ՇԻՆԱՐԱՐԱԿԱՆ
ԱՆՁՆԱԿԱԶՄ
ԾԱԳՈՒՄ
ԴԻԶԱՅՆ
ՈՒՂՂՈՒԹՅՈՒՆ
ՇԱՐԺԻՉ

ՎԱՌԵԼԻՔ
ՊԱՏՄՈՒԹՅՈՒՆ
ՋՐԱԾԻՆ
ՏՆԿՈՒՄ
ԱՆՑՈՐԴ
ՕԴԱՉՈՒ
ՇԱՐԺԻՉՆԵՐ
ԵՐԿԻՆՔ
ԱՆՀԱՆԳԻՍՏ

60 - Ocean

Է	Ն	Լ	Ջ	Խ	Տ	Ռ	Յ	Փ	Օ	Ր	Ժ	Ա	Ծ	Վ	Ճ
Ր	Տ	Ո	Ե	Ռ	Ճ	Ա	Զ	Ւ	Ո	Դ	Ե	Մ	Ո	Շ	Չ
Ա	A	E	Յ	E	Վ	Ց	Լ	Ն	P	Կ	Կ	Մ	Վ	Ռ	Ս
A	Խ	Ծ	Ի	Է	Թ	Ը	K	Ի	Կ	Ւ	Ո	Ձ	Ա	Ձ	Օ
Թ	Դ	Ո	Ս	Ե	Դ	Ի	Տ	Ֆ	Ք	Ո	Ֆ	Դ	Խ	Ժ	Ս
Լ	Ձ	Ս	Պ	Ջ	Կ	K	Գ	Լ	Ի	Ն	Ջ	Լ	Ե	Լ	Ի
Փ	Ղ	Ր	Ո	Յ	Ր	Ո	Ֆ	Ե	H	Տ	Ե	Կ	Ց	Յ	Փ
Է	Ը	Ե	Ւ	Ղ	Փ	Ի	Ր	Դ	Ռ	Ո	Շ	Ր	Գ	Դ	Մ
Ռ	Ս	Ը	Ն	Ծ	Ի	Ֆ	Մ	Ա	Տ	Թ	Ն	Ք	Ե	Յ	Տ
Ս	Ճ	Ռ	Գ	Ա	Ր	Ե	Վ	Ո	Լ	Ւ	Ա	P	Տ	K	Ժ
Ս	Փ	Ո	Թ	Ո	Ր	Ի	Կ	Կ	Ւ	Ո	Ձ	Ա	Ի	Ր	Կ
Ն	Ա	Օ	Դ	Ձ	Չ	Լ	Բ	Ա	Կ	Ռ	Ա	Ղ	Ն	Ջ	Յ
Ծ	H	Բ	P	Ն	Յ	Ե	Ք	Վ	Ջ	Ֆ	Ն	Յ	Ն	Բ	Բ
Ծ	Ժ	Ն	Ա	E	Ժ	Ռ	Ղ	Ա	Լ	Ճ	Ւ	Ե	Ո	Ի	Պ
Ւ	Փ	Ջ	Ծ	Ղ	Ք	Ւ	Օ	Ն	E	Ի	Ո	Պ	Ր	A	Զ
Ծ	Փ	Ք	Ե	Թ	Ք	Շ	Պ	Ը	Զ	Զ	Թ	Ի	Հ	Ռ	Խ

ՋՐԻՄՈՒՌՆԵՐ
ՆԱՎԱԿ
ԿՈՐԱԼ
ԴԵԼՖԻՆ
ՕՁԱՁՈՒԿ
ՁՈՒԿ
ՄԵԴՈՒԶԱ
ՈՒԹՈՏՆՈՒԿ
ՈՍՐԵ
ՌԵԼԻԵՖ
ԱՂ
ՇՆԱՁ
ԾՈՎԱԽԵՑԳԵՏԻՆ
ՍՊՈՒՆԳ
ՓՈԹՈՐԻԿ
ՏԻԴԵՍ
ԹՈՒՆԱ
ԿՐԻԱ
ԱԼԻՔՆԵՐ
ԿԵՏ

61 - Force and Gravity

Կ	Ձ	Դ	Ց	Ւ	Շ	Ր	Ե	Ն	Կ	Ա	Ր	Ո	Լ	Ո	Մ
Թ	Ղ	Յ	Յ	Տ	Ւ	Ժ	Ա	Մ	Ա	Ն	Ա	Կ	Ղ	Ւ	Ւ
Մ	Ա	Գ	Ն	Ե	Տ	Ի	Զ	Մ	Ա	Ւ	Ե	Ի	Ղ	Ն	Ը
Ւ	Կ	Շ	Ւ	Զ	Ծ	Ձ	Պ	Ւ	Ր	Ո	Չ	Մ	Տ	Ի	Ղ
Ո	Ի	Ր	Ո	Գ	Տ	Ո	Թ	Ո	Ա	Յ	Ր	Ա	Ղ	Վ	Հ
Ց	Ն	Է	Յ	Ը	Ս	Ե	K	Ն	Գ	Թ	Խ	Ն	Ը	Ե	Դ
Ա	Ա	E	Թ	Ք	Ա	Շ	Ը	Յ	Ա	Ւ	Ճ	Ի	Ն	Ր	Դ
Բ	Խ	H	Ւ	Ց	Ձ	Ի	Շ	Ա	Ց	Ո	Ն	Դ	Խ	Ս	Ի
Տ	Ե	P	Ո	Շ	Մ	A	Փ	Լ	Ն	Գ	Շ	Օ	Ե	Ա	Թ
Ո	Մ	Ք	Ց	Ն	Ա	Ռ	Ա	Դ	Ե	Ա	Ո	Ա	Է	Լ	Խ
Ո	Ն	K	Ե	Զ	Ռ	Ր	Դ	Ն	Լ	Ր	Ւ	Է	Ի	Ք	Զ
Շ	Ը	Ձ	Դ	Կ	Ո	Ձ	Ժ	Ը	Ժ	Ա	Մ	Չ	Բ	Ե	Լ
Ժ	Ք	Լ	Զ	Ո	Փ	Ք	Ը	Ո	Կ	Ե	Ն	Տ	Ր	Ո	Ն
E	Ռ	Պ	Ա	Կ	Ի	Զ	Ի	Ֆ	Ւ	Կ	Է	Ը	Ւ	Ձ	Ր
Ո	Ւ	Ղ	Ե	Ծ	Ի	Ր	A	Ֆ	Զ	Մ	Խ	Ե	Ռ	Ք	Ռ
Ջ	Ձ	Չ	Ժ	Ռ	Ի	Ձ	Լ	Ճ	H	Յ	Խ	Հ	Ռ	O	A

ԱՌԱՆՑՔ
ԿԵՆՏՐՈՆ
ԲԱՑՈՒՄ
ԴԻՆԱՄԻԿ
ԸՆԴԼԱՑՆՈՒՄ
ԱԶԴԵՑՈՒԹՅՈՒՆ
ՄԱԳՆԵՏԻԶՄ
ՄԵԽԱՆԻԿԱ
ՇԱՐԺՈՒՄ
ՈՒՂԵԾԻՐ
ՖԻԶԻԿԱ
ՄՈԼՈՐԱԿՆԵՐ
ՃՆՇՈՒՄ
ԱՐԱԳՈՒԹՅՈՒՆ
ԺԱՄԱՆԱԿ
ԱՐԱԳԱՑՆԵԼ
ՈՒՆԻՎԵՐՍԱԼ
ՔԱՇԸ

62 - Birds

Ա	Е	Ե	Հ	Ջ	Ց	Չ	Ց	Ե	Ւ	Պ	Ա	Ր	Ա	Կ	Ջ
Թ	Ր	Զ	К	Ո	Շ	Ճ	Չ	Ֆ	Բ	Ը	Գ	Մ	К	Թ	Ք
Թ	Ժ	Ա	Լ	Լ	Ք	Պ	Н	К	Լ	Ն	Ռ	Թ	Ւ	Н	Բ
Ր	Լ	Բ	Գ	Ր	Ա	Մ	Ա	Ր	Ի	Ս	Ա	Ո	Ժ	Հ	Վ
Զ	Ճ	Հ	Ф	Ի	О	Н	Ջ	Н	Ս	Ֆ	Վ	Ւ	Վ	Ա	Հ
Ф	Չ	Ւ	Е	Կ	Լ	Ր	Ֆ	Տ	Ա	Ի	Թ	Թ	Р	Վ	Ն
Կ	Կ	Ո	Ւ	Կ	Ո	Ո	Ռ	Թ	Գ	А	Ճ	Ա	Է	Ա	Ճ
Բ	А	Ձ	Գ	Մ	А	Լ	Յ	Ф	Շ	Դ	Կ	Կ	Ժ	Լ	Ն
Է	Ա	Ի	К	Ն	Ո	Ր	Ե	Հ	Ֆ	Ճ	К	Դ	Հ	Ո	Ճ
А	Վ	Դ	Ծ	Ի	Ի	Հ	Ը	Ի	Ф	Դ	Բ	Շ	Ֆ	Ւ	Ղ
К	Յ	Н	Ա	Վ	Ն	Մ	Թ	Ф	Ճ	Ջ	Մ	Ս	Ւ	Ս	Ո
Ո	Խ	Ձ	Չ	Գ	Վ	Դ	Ա	Ժ	Ր	Ս	Պ	Ն	Ե	Ն	Ւ
Ժ	Е	Հ	Բ	Ն	Ա	Լ	Է	Լ	Ջ	Ա	Յ	Լ	Ա	Մ	Կ
Չ	Ց	Ճ	Թ	Ի	Ղ	Գ	О	Ս	Ֆ	Ք	Ժ	Ւ	Ֆ	О	Е
Ւ	Վ	Р	Ջ	Պ	Ա	К	А	Н	А	Р	Е	Й	К	А	Ա
Ա	Ր	Ծ	Ի	Վ	Չ	А	Н	Է	Ո	Ը	Մ	Ջ	Չ	Զ	Ս

КАНАРЕЙКА
ՀԱՎ
ԱԳՌԱՎ
ԿԿՈՒԿ
ԲԱԴ
ԱՐԾԻՎ
ՁՈՒ
ՖԼԱՄԻՆԳՈ
ՍԱԳ
ԲԱԶԵ
ՀԵՐՈՆ
ՋԱՅԼԱՄ
ԹՈՒԹԱԿ
ՍԻՐԱՄԱՐԳ
ՀԱՎԱԼՈՒՍՆ
ՊԻՆԳՎԻՆ
ԱՂԱՎՆԻ
ՃՆՃՂՈՒԿ
ԱՐԱԳԻԼ
ԿԱՐԱՊ

63 - Art

Հ	Ա	Մ	Ա	Լ	Ի	Ր	Ը	Ա	Կ	Մ	Պ	Ձ	Ի	Չ	Ն
Հ	Ջ	Է	A	Ւ	Պ	H	Ը	Ժ	Ե	Զ	Ա	Գ	Մ	Բ	Մ
Ց	Ձ	Ք	H	K	Լ	Ե	Ո	Օ	Ր	Ի	Ր	Յ	Տ	E	Ծ
Զ	Վ	Ս	Ձ	Տ	Ե	Խ	Ը	Բ	Ա	Լ	Զ	Շ	Տ	Վ	Ց
Բ	Խ	Պ	Պ	Փ	Ճ	Հ	Ձ	Ր	Մ	Ա	Ի	Զ	Ր	Փ	Օ
Դ	Ա	Ր	Պ	Ո	Ղ	Շ	Շ	Ծ	Ի	Ե	Ռ	Լ	Ճ	Պ	Խ
Տ	Զ	Ե	Ռ	Ս	Ե	Թ	Ե	Օ	Կ	Ռ	P	Ա	Լ	Ո	Մ
Մ	Ն	Ս	Ր	Կ	Տ	Զ	Ր	Գ	Ա	Ր	Զ	Ն	Ր	Ձ	Ո
Է	Ի	Ի	Դ	Ջ	Ս	Փ	Ի	Ց	Կ	Ւ	H	Ի	Զ	Կ	K
Ռ	Վ	Ո	Կ	Ա	Զ	Մ	Ը	Ա	Ա	Ո	Գ	Գ	Ե	Ա	Ա
Ք	K	Ն	Ծ	Ժ	H	Փ	P	Մ	Ն	Յ	Մ	Ի	Ռ	Ը	Խ
Ղ	Ա	Ն	Կ	Ա	Ր	Ն	Ե	Ր	Կ	Ս	Ձ	Ր	Ֆ	Ջ	Դ
Շ	Ի	Ն	Ա	Դ	Ր	Հ	Ր	Ո	Խ	Ղ	Պ	Օ	Ղ	Ջ	Չ
Կ	Օ	Ց	Դ	Ը	Ր	Ձ	Պ	Ա	Ն	Ձ	Ն	Ա	Կ	Ա	Ն
Վ	Ն	P	Ճ	Ա	Վ	Չ	Ն	Շ	Ե	Գ	Ո	Տ	Ժ	Տ	Բ
Շ	Հ	Յ	Ն	Ա	Կ	Ա	Ղ	Ո	Ս	Ե	Տ	Ո	Պ	Ե	Մ

ԿԵՐԱՄԻԿԱԿԱՆ
ՀԱՄԱԼԻՐ
ԿԱԶՄԸ
ՍՏԵՂԾԵԼ
ԷՔՍՊՐԵՍԻՈՆ
ԱԶՆԻՎ
ՈԳԵՇՆՉՎԱԾ
ՕՐԻԳԻՆԱԼ
ՆԿԱՐՆԵՐ
ԱՆՁՆԱԿԱՆ
ՊՈԵԶԻԱ
ՔԱՆԴԱԿ
ՊԱՐԶ
ԱՌԱՐԿԱ
ՍՅՈՒՐՌԵԱԼԻԶՄ
ԽՈՐՀՐԴԱՆԻՇ
ՏԵՍՈՂԱԿԱՆ

64 - Nutrition

Ի	Ո	Օ	Տ	Տ	Խ	Ի	Ն	Կ	Ճ	Կ	Չ	A	Ն	Օ	Ի
Ա	Ր	Ը	Օ	Ր	Ե	Ն	Կ	Ւ	Ո	Ղ	Ե	Հ	Թ	Լ	Ը
Խ	Ա	Չ	Ր	Ե	Ր	Ջ	Ա	Խ	Ծ	Ա	Տ	Ե	Ի	Դ	Շ
Ո	Կ	Լ	Ղ	Ն	Ւ	Ո	Յ	Թ	Ւ	Ո	Ջ	Ղ	Ո	Ռ	Ա
Ր	Ե	Ջ	H	Ց	Կ	Ա	Լ	Ո	Ր	Ի	Ա	Ն	Ե	Ր	Ք
Ժ	Թ	Ը	Ղ	Ւ	Ն	Ի	Մ	Ա	Տ	Ի	Վ	Պ	Տ	Ը	Շ
Ա	Ր	Ն	Ւ	Ո	Յ	Թ	Ւ	Ո	Ղ	Ո	Ս	Ր	Ա	Մ	Զ
Կ	Ք	Ք	Գ	Կ	Ռ	P	Ո	Դ	Մ	Շ	A	Ծ	Ճ	Ա	Տ
Ս	Ն	Ն	Դ	Ա	Ր	Ա	Ր	Ո	Ա	E	Օ	Մ	Ս	Հ	Ո
P	Յ	Ո	E	Տ	Յ	K	Ո	P	Ւ	Ռ	Օ	Ե	Ո	Ւ	Ք
Փ	A	Ժ	Ռ	Ի	Ձ	Ա	Մ	P	K	Տ	Ը	Ռ	Ո	Ո	Ս
Լ	Ռ	Ւ	Վ	Պ	Ն	K	Խ	Գ	Վ	H	Ե	Ծ	Ւ	A	Ի
Է	Ռ	Թ	Թ	Ս	Չ	Ն	Ը	Շ	Ը	Կ	Յ	Լ	Ս	Պ	Ն
Հ	Ա	Մ	Ե	Մ	Ո	Ւ	Ն	Ք	Ն	Ե	Ր	Լ	Ի	Է	Ւ
Ն	Զ	Է	Բ	Ն	Ֆ	Վ	Ջ	Չ	Վ	Ծ	Է	Փ	Մ	Փ	Բ
A	Ծ	Թ	Ծ	Ա	Ց	Ը	Ռ	Ւ	Պ	Ց	Յ	Չ	Ի	Կ	Դ

ԱԽՈՐԺԱԿ
ԴԱՌԸ
ԿԱԼՈՐԻԱՆԵՐ
ԱՃԽԱՋՐԵՐ
ԴԻԵՏԱ
ՄԱՐՍՈՂՈՒԹՅՈՒՆ
ՈՒՏԵԼԻ
ԽՄՈՐՈՒՄ
ՀԱՄԸ
ԱՌՈՂՋՈՒԹՅՈՒՆ
ԱՌՈՂՋ
ՀԵՂՈՒԿՆԵՐ
ՍՆՆԴԱՐԱՐ
ՍՊԻՏԱԿՈՒՑՆԵՐ
ՈՐԱԿ
ՍՈՈՒՍ
ՀԱՄԵՄՈՒՆՔՆԵՐ
ՏՈՔՍԻՆ
ՎԻՏԱՄԻՆ
ՔԱՇԸ

65 - Hiking

Ֆ	Ր	Բ	Օ	Ֆ	Հ	H	E	E	Է	Ք	Ֆ	Կ	Կ	Կ	Ո
Ռ	Է	Կ	Ժ	Ռ	Է	Ռ	Ի	Մ	Ե	Ց	H	Ո	Ե	Ո	Ւ
Պ	Օ	Չ	Ջ	Ձ	K	Ճ	Ռ	Ո	Ւ	Շ	Ս	Շ	Ն	Ղ	Ղ
Ը	Ա	Ը	Ւ	Ւ	Ժ	Տ	Ք	Չ	P	Պ	Կ	Ի	Դ	Մ	Ե
Կ	Բ	Տ	Ր	Ե	Ն	Գ	Ն	Ա	Տ	Վ	Հ	Կ	Ա	Ն	Ց
Շ	Թ	H	Ր	Ր	Ս	Հ	Է	Թ	Ր	Ռ	Հ	Ն	Ն	Ո	Ո
Դ	Ս	Ֆ	Ւ	Ա	Գ	Ն	Դ	Խ	Ծ	Ե	Հ	Ե	Ի	Ր	Ւ
Ծ	Ճ	Ք	Ո	Ձ	Ս	Ս	Ն	Զ	Կ	Լ	Ր	Ր	Ն	Ո	Յ
Ք	Ճ	P	Ջ	Մ	Ֆ	Տ	Ւ	Հ	Ֆ	Հ	Ն	Ց	Ե	Շ	Ց
Ա	Ե	Ա	Լ	Վ	H	Ա	Ո	Ի	Ռ	Յ	Ա	Ժ	Ր	Ո	Ն
Ր	Ե	Ն	Ի	Գ	Յ	Ա	Յ	Ւ	Հ	Վ	Ծ	Ր	H	Ւ	Ե
Տ	K	Ջ	Ր	Ե	Ջ	Ւ	Թ	Բ	Մ	Ժ	Ա	Ն	Շ	Մ	Ր
Ե	Փ	Ծ	Յ	Ա	Բ	Ր	Ւ	A	Փ	Տ	Ն	Ց	Է	Ա	Տ
Զ	Ձ	Պ	Ա	Գ	Օ	Գ	Ո	Ծ	Օ	K	Գ	Գ	Ա	Ն	Վ
Ն	Ռ	Ի	Վ	Բ	Ր	Ե	Ն	Կ	Ա	Ծ	Ո	Մ	Դ	Դ	Ճ
Կ	Լ	Ի	Մ	Ա	Ղ	Ը	Բ	Վ	Խ	Ճ	Հ	Խ	Ք	Ե	E

ԿԵՆԴԱՆԻՆԵՐ
ԿՈՇԻԿՆԵՐ
ԱՐՇԱՎ
ԺԱՅՌԻ
ԿԼԻՄԱ
ՈՒՂԵՑՈՒՅՑՆԵՐ
ՎՏԱՆԳՆԵՐ
ԾԱՆՐ
ՔԱՐՏԵԶ
ՄՈԾԱԿՆԵՐ
ԼԵՌ
ԲՆՈՒԹՅՈՒՆ
ԿՈՂՄՆՈՐՈՇՈՒՄ
ԱՅԳԻՆԵՐ
ՊԱՏՐԱՍՏՈՒՄ
ՔԱՐԵՐ
ԱՐԵՒ
ՀՈԳՆԱԾ
ՋՈՒՐ
ՎԱՅՐԻ

66 - Professions #1

A	P	A	Շ	Բ	Մ	Դ	Ե	Փ	Ա	Ս	Տ	Ա	Բ	Ա	Ն
Ն	Թ	Ի	Վ	Ժ	Ա	Չ	Ր	Ի	Գ	Ա	Բ	Մ	Խ	Ւ	Ա
Ա	Ա	Ղ	Ա	Ի	Ր	Ց	Ա	Ո	P	Ա	Ժ	Պ	Ջ	Ն	Բ
Պ	Ճ	Վ	Ի	Շ	Զ	Կ	Ժ	H	Ս	Ձ	Յ	Ա	Ր	Դ	Ե
Ս	Ֆ	Ճ	Ա	Կ	Ի	Է	Ի	Մ	Ն	Ր	Ւ	Ր	Մ	Տ	Գ
Ե	Ա	A	Է	Ս	Չ	Ֆ	Շ	Ք	Տ	Ե	Ո	Ո	Ո	Դ	Ո
Դ	Ր	Ճ	H	Է	Տ	Չ	Տ	Է	Թ	Կ	Բ	Ւ	Ւ	Ա	Հ
Բ	Գ	Ջ	Յ	Ձ	Վ	Ի	Ե	Չ	Ծ	Ն	Ա	Հ	Ղ	Շ	Ը
L	Ո	Ա	Փ	P	Վ	Ր	Գ	Փ	Գ	Ա	Ն	Ի	Ա	Ն	Հ
E	Տ	Ւ	Զ	Ճ	Փ	Ե	Ա	Կ	Թ	Բ	Ս	Չ	Գ	Ա	Ն
Է	Ր	Պ	Ժ	Ղ	O	Կ	Ղ	Ձ	Ծ	Ճ	Ա	Ռ	Ո	Կ	Յ
Ձ	Ա	P	Ժ	Ք	Ն	Ս	Տ	Ժ	Բ	Փ	Ն	Ղ	Ր	Ա	Ծ
Ա	Ք	Ծ	Շ	Պ	Ո	Ո	Ս	Ք	A	Ռ	Ա	Վ	Ծ	Հ	Պ
O	Մ	K	Ղ	E	Յ	Ւ	Ա	Ր	Բ	Ժ	Ծ	Ա	Ր	Ա	Խ
Դ	Ե	Ր	Ձ	Ա	Կ	Չ	Յ	Թ	Է	Ժ	K	Յ	Ա	Ր	Ե
Ե	Ր	Կ	Ր	Ա	Բ	Ա	Ն	Ր	Ր	Զ	Ս	Ա	H	Ղ	Փ

ԴԵՍՊԱՆ
ԱՍՏՂԱԳԵՏ
ՓԱՍՏԱԲԱՆ
ԲԱՆԿԵՐ
ՔԱՐՏՈԳՐԱՖ
ՄԱՐԶԻՉ
ՊԱՐՈՒՀԻ
ԲԺԻՇԿ
ԽՄԲԱԳԻՐ
ԵՐԿՐԱԲԱՆ

ՈՐՍՈՐԴ
ՈՍԿԵՐԻՉ
ԵՐԱԺԻՇՏ
ԲՈՒԺՔՈՒՅՐ
ԴԱՇՆԱԿԱՀԱՐ
ՋՐՄՈՒՂԱԳՈՐԾ
ՀՈԳԵԲԱՆ
ՆԱՎԱՍՏԻ
ԴԵՐՁԱԿ
ԱՆԱՍՆԱԲՈՒՅԺ

67 - Barbecues

Ը	Բ	Տ	Ս	Ն	Ո	Ւ	Ն	Դ	P	Թ	Ո	Ֆ	Չ	Ձ	Ե
Ը	Ն	Զ	Ն	Լ	Ա	P	Փ	Զ	Վ	Ր	Ք	Ը	Խ	Հ	Ր
Ն	Ւ	Թ	Պ	Ո	Զ	Օ	Գ	Հ	K	Ր	Պ	Ս	Կ	Ա	Ե
Տ	Ո	Ա	Ր	Ե	Ն	Ր	Ե	Կ	Ն	Ը	Է	Ո	Ո	Վ	Խ
Ա	Յ	Վ	Ե	Ի	Ս	Յ	Ց	Ժ	A	Հ	Ա	Վ	Ք	Ծ	Ա
Ն	Թ	Թ	Գ	Ղ	Ք	Ր	Կ	Ճ	A	Բ	Կ	Գ	Ո	Ա	Ն
Ի	Ւ	Ի	Ր	Ռ	Ա	Մ	Ա	Ն	Ա	Գ	Ր	Ի	Լ	Ս	Ե
Ք	Ո	Զ	Մ	Ք	Տ	P	Ն	Թ	Ց	Շ	Ե	Օ	Լ	Ւ	Ր
Խ	Տ	Լ	Դ	Ի	Ե	A	Ա	Ղ	Է	Յ	Ն	Ռ	Խ	Ո	Շ
Ա	Շ	Չ	Ա	Ա	Ռ	Ե	Վ	Ջ	P	Կ	Ն	Հ	H	Ո	Լ
Ղ	Ժ	Ր	Ն	Ե	Ղ	Ե	Ր	Ա	Ջ	Ն	Ա	Բ	P	Ս	Ս
Ե	Ա	Տ	Ա	Վ	E	Պ	A	Ջ	Ֆ	Շ	Ց	Լ	Ց	Վ	Ը
Ր	Ր	Ց	Կ	Մ	A	Շ	Ռ	Փ	Չ	Զ	Ղ	Պ	Տ	Ջ	Ղ
Յ	Ե	Փ	Ն	Ց	Ց	Բ	Ձ	Ա	Չ	Փ	Ա	Թ	A	K	H
Հ	Վ	K	Ե	Ֆ	Գ	Ր	Դ	Զ	Ճ	Չ	Խ	Ր	Ո	Ք	Ծ
Խ	Ը	P	Ր	Գ	Խ	Խ	Ա	Ր	Ն	Ծ	Դ	Է	Պ	Ց	Ց

ՀԱՎ
ԵՐԵԽԱՆԵՐ
ԸՆԹՐԻՔ
ԸՆՏԱՆԻՔ
ՍՆՈՒՆԴ
ԸՆԿԵՐՆԵՐ
ՄՐԳԵՐ
ԽԱՂԵՐ
ԳՐԻԼ
ՏԱՔ

ՍՈՎ
ԴԱՆԱԿՆԵՐ
ՃԱՇ
ԵՐԱԺՇՏՈՒԹՅՈՒՆ
ԱՂՑԱՆՆԵՐ
ԱՂ
ՍՈՈՒՍ
ԱՄԱՌ
ԼՈԼԻԿ
ԲԱՆՋԱՐԵՂԵՆ

68 - Chocolate

Յ	Պ	Ի	A	Չ	Վ	Ծ	Է	Ս	Ք	Հ	Կ	K	Հ	Ռ	Կ
Մ	Բ	Ֆ	Հ	Ռ	Ղ	H	Ը	Ր	Կ	Ա	Ր	Ո	Ա	Պ	Ա
Թ	Բ	Ժ	Տ	Ա	E	Չ	Շ	Ֆ	Գ	Մ	Ս	Կ	Մ	Ի	Կ
Բ	Ա	Ղ	Ա	Դ	Ր	Ա	Տ	Ո	Մ	Ս	Ը	Ի	Ը	Ը	Ա
Բ	Հ	Ա	Կ	Ա	Ք	Ս	Ի	Դ	Ա	Ն	Տ	Տ	Ր	Ռ	Ո
Ւ	Ա	O	O	Կ	Ո	Կ	Ո	Ս	Ց	Թ	Չ	Ո	Բ	Ա	Ո
Ռ	Ի	Ղ	Ե	Մ	Ա	Հ	Մ	Ը	Խ	Յ	Ֆ	Զ	Ո	Դ	Ծ
Վ	Յ	Ց	Ա	A	Ն	Գ	Շ	Ծ	Ե	Գ	Թ	Կ	Ւ	Ա	Զ
O	O	Ջ	Է	Դ	Ս	Դ	Փ	Ա	Ս	Յ	Ժ	Է	Ր	Փ	Բ
Լ	A	A	Ջ	Ռ	Ր	Ց	Ղ	Ա	Ք	Ն	Ց	Ա	Մ	Ք	Ց
P	Ջ	Ր	Ե	Ն	Ա	Ի	Ր	Ո	Լ	Ա	Կ	A	Ո	Ի	Չ
Գ	Վ	P	O	Բ	Ձ	Շ	Չ	Տ	Ֆ	Յ	Ր	A	Ւ	Դ	A
H	Չ	Ժ	Լ	Պ	Մ	Ո	E	Ս	Ա	Ւ	Կ	Պ	Ն	K	Ղ
E	Ն	Յ	K	E	O	Փ	Ր	E	O	Ւ	Շ	E	Ք	Յ	Շ
Ն	Յ	Ֆ	Փ	Ն	Յ	Ֆ	Կ	Ա	Ր	Ա	Մ	Ե	Լ	Ճ	Ժ
Ն	Ը	Խ	H	P	Հ	K	E	Ը	H	Ո	Ւ	Տ	Ե	Լ	Թ

ՀԱԿԱՔՍԻԴԱՆՏ
ԲՈՒՐՄՈՒՆՔ
ԴԱՌԸ
ԿԱԿԱՈ
ԿԱԼՈՐԻԱՆԵՐ
ԿԱՐԱՄԵԼ
ԿՈԿՈՍ
ՀԱՄԵՂ
ԷԿԶՈՏԻԿ
ՍԻՐԱԾ
ՀԱՄԸ
ԲԱՂԱԴՐԻՉ
ՓՈՇԻ
ՈՐԱԿ
ԲԱՂԱԴՐԱՏՈՄՍԸ
ՇԱՔԱՐ
ՔԱՂՑՐ
ՀԱՄ
ՈՒՏԵԼ

69 - Vegetables

Ճ	Ն	Ւ	Ճ	P	Ս	Հ	E	Վ	Է	Ս	Ս	Ո	Խ	Գ	Տ
E	Պ	Ֆ	P	Է	Պ	Թ	Ր	Ո	Փ	Դ	Ց	Ր	Ռ	A	Լ
Մ	Թ	Ս	Ո	Ն	Ա	Դ	Ա	Ղ	Ա	Մ	Ա	Գ	Ղ	Ա	Շ
Ք	Կ	Է	P	Վ	Ն	Ա	Ց	Ղ	Ա	Ս	Մ	Բ	Ո	Ւ	Կ
Ք	Ե	H	K	Ա	Ա	Բ	Ն	Խ	Ա	A	Ռ	Կ	Ղ	Ո	Բ
Զ	H	Ո	Պ	Ր	Խ	Լ	Ր	Ւ	Ո	Խ	Ե	Ն	Լ	Յ	Ծ
Բ	Խ	Շ	Բ	Ո	Ո	Ռ	Ղ	Ո	Ո	Զ	Ր	Ւ	K	Ո	Ա
Ժ	Ս	Բ	Ւ	Ւ	Ն	Տ	Ծ	Շ	Կ	Դ	Դ	Ո	Ւ	Մ	Ղ
Պ	Ի	Ի	Կ	Ն	Ջ	Ր	Խ	Ց	Ռ	Կ	Օ	Ս	Ն	Թ	Կ
Ն	Ս	Ռ	Ո	Գ	Կ	Ս	E	Ս	Ն	Խ	Ո	Ե	Ո	Ծ	Ա
Ղ	Ե	Պ	Ղ	Պ	Ա	Ճ	Ո	Կ	Ի	Լ	Ո	Լ	Շ	Ն	Կ
Ւ	Ռ	Ա	Ր	Տ	Ի	Ճ	Ո	Ւ	Կ	Խ	Ժ	Ա	Ի	Պ	Ա
Ս	Շ	Չ	Ա	Ո	Մ	Փ	Է	E	Յ	Վ	Ս	Ք	Ժ	Լ	Ղ
Օ	Չ	Ի	Ձ	Լ	A	Ֆ	Ո	Ճ	Ք	Օ	Լ	Ճ	E	Ո	Ա
Ե	Յ	Ա	Ա	Ա	Թ	Մ	Ա	Պ	Վ	Զ	K	Դ	Ջ	Օ	Մ
Շ	Մ	Յ	Գ	Շ	Ռ	Ֆ	Օ	Ի	Ղ	Շ	Ք	Է	Յ	Ձ	Բ

ԱՐՏԻՃՈՒԿ
ԲՐՈԿԿՈԼԻ
ԳԱԶԱՐ
ԾԱՂԿԱԿԱՂԱՄԲ
ՆԵԽՈՒՐ
ՎԱՐՈՒՆԳ
ՍՄԲՈՒԿ
ՍԽՏՈՐ
ԿՈՃԱՊՂՊԵՂ
ՍՈՒՆԿ

ՍՈԽ
ՄԱՂԱԴԱՆՈՍ
ՍԻՍԵՌ
ԴԴՈՒՄ
ԲՈՂԿ
ԱՂՑԱՆ
ՇԱԼՈՏ
ՍՊԱՆԱԽ
ԼՈԼԻԿ
ՇԱՂԳԱՄ

70 - The Media

Կ	Ր	Թ	Ո	Ւ	Թ	Յ	Ո	Ւ	Ն	Փ	Կ	Կ	Ց	P	Տ
Հ	Յ	O	Տ	Վ	Ց	P	Ի	Ց	Ի	Ա	Ա	Ա	Ձ	Ն	Ե
Կ	Ա	Ի	K	Մ	P	Ց	Դ	Է	Յ	Ս	Պ	Ր	Ղ	Ը	Ղ
Փ	Ց	Ս	O	Ւ	Յ	Ի	Ա	Ձ	Ա	Տ	Պ	Ծ	Ս	Գ	Ա
P	Ը	E	Ա	Ո	Ա	Ծ	Ռ	Թ	Վ	Ե	Պ	Ի	Զ	K	Կ
Ա	Լ	Ր	Վ	Ր	Է	Է	Փ	Գ	Թ	Ր	Ճ	Ք	Ձ	Յ	Ա
Փ	Ռ	Ւ	A	Ո	Ա	E	Ց	Ն	Գ	Ո	Վ	Ա	Զ	Դ	Ն
Պ	Ժ	Զ	Փ	Վ	Տ	Կ	Ա	Մ	Ս	Ա	Գ	Ր	Ե	Ր	P
Ա	Ա	Փ	Ց	Ա	Գ	Ե	Ա	Ձ	Ի	K	Յ	Ե	Ձ	Յ	Է
Տ	Ռ	Դ	H	Ս	Խ	Ճ	K	Կ	Ց	Ն	Ա	Ց	Ր	Ի	Ի
Կ	Ց	Ժ	E	Ն	Թ	Ն	Շ	Տ	Ա	Ծ	Շ	Տ	Ր	Չ	Թ
Ե	Ա	Գ	Գ	Ա	Ժ	Դ	Թ	Չ	Լ	Ն	Է	Ք	Տ	Ւ	Ե
Ր	Ն	Ը	Ք	Ն	Ւ	Ո	Մ	Ր	Ե	Բ	Ա	Ր	Ե	Վ	Ր
Ն	Ց	Տ	Կ	Ի	Ֆ	Բ	A	Լ	Խ	P	Ը	Ր	Շ	Զ	Թ
Ե	Պ	Ը	Դ	Ֆ	Ա	Ռ	Ե	Ւ	Տ	Ր	Ա	Յ	Ի	Ն	Ե
Ր	E	Ռ	Լ	Զ	Ա	Ն	Հ	Ա	Տ	Ա	Կ	Ա	Ն	Ֆ	Ր

ԳՈՎԱԶԴ
ՎԵՐԱԲԵՐՄՈՒՆՔԸ
ԱՌԵՒՏՐԱՅԻՆ
ԿԱՊ
ԹՎԱՅԻՆ
ԿՐԹՈՒԹՅՈՒՆ
ՓԱՍՏԵՐ
ՖԻՆԱՆՍԱՎՈՐՈՒՄ
ՊԱՏԿԵՐՆԵՐ
ԱՆՀԱՏԱԿԱՆ

ԽԵԼԱՑԻ
ՏԵՂԱԿԱՆ
ԱՄՍԱԳՐԵՐ
ՑԱՆՑ
ԹԵՐԹԵՐ
ԱՌՑԱՆՑ
ԿԱՐԾԻՔ
ՀԱՍԱՐԱԿԱԿԱՆ
ՌԱԴԻՈ

71 - Boats

Չ	Կ	Ը	Ն	Վ	Ս	Ս	Վ	Փ	Կ	Մ	Հ	Ց	Տ	Ջ	P
Ի	Ա	Ս	Ի	Ա	Դ	Խ	Ռ	Ց	Ե	Գ	A	Է	E	Յ	Դ
Ժ	Յ	Ք	Յ	Ն	Վ	Ո	Ծ	Ս	K	Հ	Յ	Մ	Ր	Է	Ժ
Ր	Մ	Ց	Ա	Ա	Ք	Ա	Դ	A	Ը	Ք	Է	Մ	Ռ	H	Օ
Ա	Ժ	Ե	Վ	Ս	Ը	Վ	Ս	Բ	Դ	Ր	Ո	Կ	Խ	Է	Վ
Շ	Ն	Տ	Ո	Ո	H	Ա	Ն	Տ	Ը	Յ	Ջ	Ա	Ճ	Խ	Կ
Տ	P	Ձ	Ծ	Բ	Ե	Ն	Ի	Հ	Ի	Գ	Ե	Յ	Ֆ	A	Ի
Լ	K	Է	Ն	Զ	Ե	Ա	Ղ	Շ	Ճ	Ծ	Ր	Ա	Հ	Պ	Ա
Ի	Ն	Բ	Մ	Ա	Կ	Տ	Ե	Օ	Կ	Հ	Փ	Կ	Լ	Ն	Ն
Ճ	Հ	Ն	Պ	K	Կ	Ս	Ա	Յ	Լ	Բ	Ո	Ա	Տ	Թ	Ո
Հ	Ի	Լ	Ա	Ճ	Ա	Ա	Ա	Լ	Ի	Ք	Ն	Ե	Ր	Խ	Ս
Ն	Ս	P	Ր	Ք	Վ	Լ	Զ	Բ	Ե	Վ	Ի	Գ	Վ	Ե	Ա
Ի	Ո	Խ	Ա	Օ	Ա	Ս	Ղ	Մ	Ո	Է	Ծ	Ե	Ց	E	Լ
Խ	Ր	Ց	Ն	Կ	Ն	Թ	Ջ	Լ	Ց	Ւ	Շ	Տ	Ի	K	Ի
Վ	Լ	Պ	Փ	Մ	Զ	Ֆ	Ց	Ե	K	Ղ	Յ	Գ	Ա	Լ	Ք
Ղ	Ք	Ը	Զ	Տ	Խ	Ա	Ր	Ի	Ս	Խ	Ս	Վ	Բ	Լ	Ը

ԽԱՐԻՍԽ
ԲՈՒՅ
ՆԱՎԱԿ
ԱՆՁՆԱԿԱԶՄ
ՇԱՐԺԻՉ
ԼԱՍՏԱՆԱՎ
ԿԱՅԱԿ
ԼԻՃ
ԿԱՅՄ
ԾՈՎԱՅԻՆ
ՕՎԿԻԱՆՈՍ
ԳԵՏ
ՊԱՐԱՆ
ՍԱՑԼԲՈԱՏ
ՆԱՎԱՍՏԻ
ԾՈՎ
ԱԼԻՔԸ
ԱԼԻՔՆԵՐ
ԶԲՈՍԱՆԱՎ

72 - Driving

Լ	Պ	Փ	Ե	Չ	Ե	Խ	Է	Ս	K	Ց	Թ	Ճ	Լ	Ց	Ա
Ը	Կ	Զ	Ֆ	Է	Տ	Թ	Կ	Տ	A	Ց	Ո	Ա	Ի	Բ	Ր
Մ	Օ	Զ	A	Փ	Ղ	Ջ	Կ	Ծ	Է	E	Ւ	Ն	Ց	Ջ	Ա
Ը	Վ	Ե	K	Փ	Ր	Գ	E	Գ	Է	Օ	Ն	Ա	Ե	Ը	Գ
Հ	Ե	Տ	Ի	Ո	Տ	Ն	Ա	Յ	Ի	Ն	Ե	Պ	Ն	Ք	Ո
Վ	Ա	Ր	Գ	Ե	Լ	Ա	Կ	Ն	Ե	Ր	Լ	Ա	Զ	K	Ւ
Թ	Բ	Ա	Փ	Ո	Խ	Ա	Դ	Ր	Ո	Ւ	Մ	Ր	Ի	Ո	Թ
Ա	Ե	Ք	Փ	Տ	H	Դ	Ե	Ք	Ղ	Ք	Ւ	Հ	Ա	Զ	Յ
Ր	Ռ	Վ	Վ	Ո	Թ	Ժ	Լ	Կ	Ի	Ց	Ո	Տ	Ո	Մ	Ո
Ո	Ն	Ա	Ա	Ֆ	Ղ	Շ	Ճ	Ա	Կ	Չ	Ժ	Ճ	Դ	Փ	Ւ
Տ	Ա	Ր	Ռ	Ը	Օ	Ո	Ա	Ն	Խ	Զ	Ր	Փ	Ը	Ն	Ն
Ո	Տ	Ո	Ե	Վ	Տ	K	Ց	Տ	Վ	Փ	Ա	Ժ	Ջ	Ա	Գ
Մ	Ա	Ր	Լ	Ժ	Ւ	Օ	Ռ	Ո	H	Տ	Շ	Գ	Ն	Խ	Ժ
Զ	Ր	Դ	Ի	Ծ	Ր	Ե	Ժ	Տ	Տ	Ռ	Ա	Տ	Թ	Վ	Ք
Ւ	Ր	Ջ	Ք	A	Ր	Ր	Ո	Վ	Հ	Ծ	Ֆ	Ն	Փ	Ի	Ո
Ղ	Մ	Ե	Ք	Ե	Ն	Ա	Ա	Ա	Է	Յ	Զ	K	Գ	Ք	Ֆ

ՎԹԱՐ
ԱՐԳԵԼԱԿՆԵՐ
ՄԵՔԵՆԱ
ՎՏԱՆԳ
ՎԱՐՈՐԴ
ՎԱՌԵԼԻՔ
ԱՎՏՈՏՆԱԿ
ԳԱԶ
ԼԻՑԵՆԶԻԱ
ՔԱՐՏԵԶ
ՄՈՏՈՐ
ՄՈՏՈՑԻԿԼ
ՀԵՏԻՈՏՆԱՅԻՆ
ՃԱՆԱՊԱՐՀ
ԱՐԱԳՈՒԹՅՈՒՆ
ՓՈՂՈՑ
ՇԱՐԺՈՒՄ
ՓՈԽԱԴՐՈՒՄ
ԲԵՌՆԱՏԱՐ
ԹՈՒՆԵԼ

73 - Biology

Բ	Ա	Կ	Տ	Ե	Ր	Ի	Ա	Ն	Ե	Ր	Ի	Ն	Յ	Ց	Ա
Է	L	E	Է	Ս	Ք	Ն	Բ	Ֆ	Շ	Մ	Յ	Ե	Ո	A	Ն
Վ	Բ	Ն	Ա	Կ	Ա	Ն	Յ	Յ	Ց	E	Ջ	Յ	Ր	K	Ա
Ո	Ս	Ե	Գ	Ը	Բ	Գ	Պ	Ա	Վ	O	Ժ	Ր	Մ	Զ	Տ
L	Ի	Գ	Վ	Շ	Ջ	Խ	K	Մ	Ր	Է	Ջ	Ո	Ո	Ց	Ո
Ո	Մ	Ո	Ժ	Շ	Ի	Ը	Ռ	Ա	P	Դ	Ա	Ն	Ն	Ա	Մ
Ւ	Բ	Թ	Ֆ	Ք	Ջ	Կ	Ա	Թ	Ն	Ա	Ս	Ո	Ւ	Ն	Ի
Ց	Ի	Ա	Մ	Ո	Ւ	Տ	Ա	Ց	Ի	Ա	A	Ղ	Դ	Փ	Ա
Ի	Ո	Պ	Ք	Պ	Կ	Ո	L	Ա	Գ	Ե	Ն	Ի	Ն	A	Ս
Ա	Չ	A	Ղ	Ր	Ֆ	Ո	Տ	Ո	Ս	Ի	Ն	Թ	Ե	Չ	Ո
Ռ	Ո	Ս	Ռ	Թ	Ո	Ս	Ի	Ն	Ա	Պ	Ս	Ե	Ի	Ն	Ղ
Ս	Ա	Չ	Ժ	H	Ը	Մ	Դ	Վ	Ս	Ս	Պ	Զ	Ւ	Ց	Ո
Ո	Կ	Է	Ո	Բ	Ք	A	Ո	Ի	Փ	Ա	Ս	Ջ	Ն	Չ	Ւ
Ս	Ֆ	Ե	Ր	Մ	Ե	Ն	Տ	Ս	Փ	Ղ	Կ	H	Է	O	Ն
Ժ	L	Փ	O	Ժ	Ս	Գ	K	Ռ	Ո	Մ	Ս	A	Մ	Ղ	Գ
Փ	Ո	Վ	Փ	Յ	H	O	Յ	Չ	Է	Մ	Ժ	Խ	Ֆ	Զ	Ծ

ԱՆԱՏՈՄԻԱ
ԲԱԿՏԵՐԻԱՆԵՐԻ
ԲՋԻՋ
ՔՐՈՄՈՍՈՄ
ԿՈԼԱԳԵՆ
ՍԱՂՄ
ՖԵՐՄԵՆՏ
ԷՎՈԼՈՒՑԻԱ
ՅՈՐՄՈՆ
ԿԱԹՆԱՍՈՒՆ
ՄՈՒՏԱՑԻԱ
ԲՆԱԿԱՆ
ՆՅԱՐԴ
ՆԵՅՐՈՆ
ՕՍՄՈՉ
ՊԱԹՈԳԵՆ
ՖՈՏՈՍԻՆԹԵՉ
ՍՈՂՈՒՆ
ՍԻՄԲԻՈՉ
ՍԻՆԱՊՍԵ

74 - Professions #2

Դ	Ե	Տ	Ե	Կ	Տ	Ի	Վ	Ղ	Ծ	Բ	Տ	Ս	Լ	Ճ	Գ
Լ	Ո	Ւ	Ս	Ա	Ն	Կ	Ա	Ր	Ի	Չ	Զ	Ս	Լ	Բ	Ր
Ա	Յ	Գ	Ե	Պ	Ա	Ն	Կ	Ե	Ն	Ս	Ա	Բ	Ա	Ն	Ա
Բ	Թ	P	Փ	Կ	Ե	Ն	Դ	Ա	Ն	Ա	Բ	Ա	Ն	Դ	Դ
Դ	Ւ	Գ	Փ	Ի	Ձ	Օ	Լ	Զ	Ց	P	Մ	Տ	Ւ	Ս	Ա
A	Թ	Ճ	Թ	Ժ	Լ	Վ	Ի	Ր	Ա	Բ	Ո	Ւ	Յ	Ժ	Ր
Ղ	Ք	Ը	Ր	Տ	Ք	Ի	Ն	Կ	Ա	Ր	Ի	Չ	Ղ	Ց	Ա
Ի	Ն	Ժ	Ե	Ն	Ե	Ր	Ս	Ո	Ք	Ն	Ճ	Ջ	Ո	Ջ	Ն
Վ	Փ	Ե	Փ	Գ	Թ	Գ	Ւ	Ո	Չ	Ա	Դ	Օ	Ք	Ջ	Ա
H	Ի	Գ	Պ	Ծ	Ն	Ը	Ա	Ս	Փ	Բ	Խ	Ս	Ր	Ը	Վ
Հ	Խ	H	Ր	Ր	Ս	Ղ	Ո	Ր	Գ	Ա	Ր	Ա	Կ	Ն	Ա
Ո	Ւ	Ս	Ո	Ւ	Ց	Ի	Չ	Հ	Ե	Վ	Ջ	Ջ	Շ	K	Ր
Լ	Ր	Ա	Գ	Ր	Ո	Ղ	Ն	Փ	H	Զ	Ղ	Ե	Ի	Ա	Շ
Գ	Յ	Ո	Ւ	Տ	Ա	Ր	Ա	Ր	Ո	Ե	Ե	Ե	Ժ	Պ	Լ
Ֆ	Ե	Ր	Մ	Ե	Ր	Հ	Լ	Կ	Ը	Լ	Ճ	Ի	Բ	Լ	Հ
Ն	Ց	Թ	Շ	Ժ	Յ	Ւ	Ո	Բ	Ա	Ն	Մ	Ա	Տ	Ա	Ֆ

ՏԻԵԶԵՐԱԳԵՏ
ԿԵՆՍԱԲԱՆ
ԱՏԱՄՆԱԲՈՒՅԺ
ԴԵՏԵԿՏԻՎ
ԻՆԺԵՆԵՐ
ՖԵՐՄԵՐ
ԱՅԳԵՊԱՆ
ՆԿԱՐԱԳՐՈՂ
ԳՅՈՒՏԱՐԱՐ
ԼՐԱԳՐՈՂ
ԳՐԱԴԱՐԱՆԱՎԱՐ
ԼԵԶՎԱԲԱՆ
ՆԿԱՐԻՉ
ՓԻԼԻՍՈՓԱ
ԼՈՒՍԱՆԿԱՐԻՉ
ԲԺԻՇԿ
ՕԴԱՉՈՒ
ՎԻՐԱԲՈՒՅԺ
ՈՒՍՈՒՑԻՉ
ԿԵՆԴԱՆԱԲԱՆ

75 - Emotions

Կ	H	Հ	Հ	Ծ	Ս	H	Օ	Ւ	Բ	Ը	Դ	Ս	Դ	A	Ւ
Ժ	Լ	Ո	P	Օ	Դ	Պ	Գ	Գ	Դ	Ա	K	Վ	E	Գ	P
Չ	Ճ	Ծ	Տ	Ս	Ի	Գ	Ն	Ա	Հ	Ք	Յ	K	Ն	Թ	Տ
Հ	Ծ	Ո	Ե	H	Ֆ	Կ	Ո	Ս	Ն	Պ	Ռ	A	H	Յ	Ռ
Շ	Ա	Ն	Ւ	Ո	Յ	Թ	Ւ	Ո	Ն	Ա	Ր	Ե	Կ	Ւ	Վ
Ն	Վ	Մ	Ծ	H	Ը	Կ	Թ	Ծ	Օ	H	Կ	Է	Ե	Ո	Յ
Ո	Ր	Ն	Ա	P	Ծ	Ռ	Յ	A	Ս	Ե	Ր	Ն	P	Ր	Կ
Ր	Ա	A	Վ	Կ	Ֆ	Յ	Ո	Բ	Ե	Գ	Ջ	K	Կ	Յ	Օ
Հ	Ր	Ե	Զ	Ճ	Ր	Ն	Ւ	Ո	Յ	Թ	Ւ	Ո	Ր	Ա	Բ
Ա	Ա	Ե	Ւ	Ղ	E	Ա	Ն	Մ	Կ	Ռ	Ռ	Ք	Ծ	Զ	Լ
Կ	Վ	Ջ	Ո	Լ	Ի	P	Ն	Հ	Վ	Ժ	Գ	E	Ք	Դ	Խ
Ա	Ա	Խ	Հ	Պ	E	Ա	Ը	Ք	Ճ	Ն	H	Ռ	Ս	Շ	Ռ
Լ	Բ	Ո	Ւ	Ր	Ա	Խ	Ո	Ւ	Թ	Յ	Ո	Ւ	Ն	Ի	Ճ
Ձ	Ա	Ն	Ձ	Ր	Ո	Ւ	Յ	Թ	Ց	Վ	Ա	Ջ	Ց	Ս	Գ
Տ	Խ	Ր	Ո	Ւ	Թ	Յ	Ո	Ւ	Ն	Վ	Ա	Փ	Ղ	Հ	Ս
Խ	Ա	Ղ	Ա	Ղ	Ո	Ւ	Թ	Յ	Ո	Ւ	Ն	Խ	Շ	Ի	Փ

ԶԱՅՐՈՒՅԹ
ԵՐԱՆՈՒԹՅՈՒՆ
ՁԱՆՁՐՈՒՅԹ
ՀԱՆԳԻՍՏ
ՀՈՒԶՎԱԾ
ՎԱԽ
ՇՆՈՐՀԱԿԱԼ
ՈՒՐԱԽՈՒԹՅՈՒՆ
ԲԱՐՈՒԹՅՈՒՆ
ՍԵՐ
ԽԱՂԱՂՈՒԹՅՈՒՆ
ՕԳՆՈՒԹՅՈՒՆ
ՏԽՐՈՒԹՅՈՒՆ
ԲԱՎԱՐԱՐՎԱԾ
ԱՆԱԿՆԿԱԼ
ՀԱՄԱԿՐԱՆՔ

76 - Mythology

Ա	Ր	Ա	Ր	Ա	Ծ	Զ	Չ	Ք	Է	Մ	Ա	Ն	Ղ	Պ	Ց
Վ	Ա	Ր	Ք	Ա	Գ	Ի	Ծ	Վ	Դ	Շ	A	P	Զ	Զ	Չ
Օ	Վ	Ր	Ե	Ժ	Ե	Փ	Շ	Ր	Ձ	Ա	Հ	K	Ւ	Ձ	Ֆ
Ե	Ր	Կ	Ի	Ն	Ք	Ս	Դ	Օ	Զ	Կ	Ի	Մ	Զ	Ա	Ռ
Ք	Ղ	Ն	E	Ն	Ւ	Ո	Յ	Թ	Ւ	Ո	Հ	Ա	Մ	Ն	Ա
Մ	Ւ	Ո	Ծ	Ղ	Ե	Տ	Ս	Կ	Ռ	Ւ	Մ	Գ	Օ	Ծ	Տ
Օ	Ա	K	Զ	Մ	L	Ձ	Կ	Շ	Հ	Յ	Չ	Յ	Ճ	Ո	Ձ
Ո	Մ	Հ	Տ	Ե	Ղ	Ա	Շ	Ֆ	Բ	Թ	Է	Ս	Ն	Ր	Փ
Ջ	Ղ	A	Կ	Պ	Ժ	Է	Բ	Ձ	K	L	Ե	Ո	Գ	Ո	Կ
Ե	Ց	Ճ	Խ	Ա	Ն	Է	E	Ի	Հ	Ր	Ե	Շ	Ւ	Տ	Ա
Խ	Ա	Ն	Դ	Ը	Ն	Ձ	Ն	Ա	Ր	Վ	L	Ո	Ո	Ժ	Յ
Ւ	Բ	Ր	Ն	E	Ճ	Ա	Շ	Ձ	P	Ի	L	Ո	Ս	Օ	Ծ
Պ	Ի	Տ	Ե	Ք	Ր	Ա	Ց	Փ	Ճ	Ղ	Ն	Ջ	Խ	Ո	Ա
Ր	Չ	Մ	Գ	Հ	Բ	Է	Ս	Ո	Ր	Ե	Հ	Թ	Չ	K	Կ
Է	H	Գ	Ե	Ք	L	P	Փ	Ս	Ւ	Ֆ	Ւ	Տ	Ո	K	H
A	L	Յ	L	Կ	Ա	Խ	Ա	Ր	Դ	Ա	Կ	Ա	Ն	Ս	Ն

ԱՐՔԵՏԻՊ
ՎԱՐՔԱԳԻԾ
ՍՏԵՂԾՈՒՄ
ԱՐԱՐԱԾ
ՄՇԱԿՈՒՅԹ
ԱՂԵՏ
ԵՐԿԻՆՔ
ՀԵՐՈՍ
ԱՆՄԱՀՈՒԹՅՈՒՆ
ԽԱՆԴԸ
ԼԱԲԻՐԻՆԹՈՍ
ԼԵԳԵՆԴ
ԿԱՅԾԱԿ
ԿԱԽԱՐԴԱԿԱՆ
ՀՐԵՇ
ՄԱՀԿԱՆԱՑՈՒ
ՎՐԵԺ
ՈՒԺ
ՈՐՈՏ
ՌԱԶՄԻԿ

77 - Agronomy

Պ	Փ	Ա	H	Ք	Ց	Լ	Ս	Ւ	Վ	Ֆ	Ռ	Շ	Խ	Խ	Խ
Ա	Տ	Ր	Ո	Ճ	Օ	Թ	Ե	Մ	Բ	Ի	Պ	Ժ	P	Ֆ	Ծ
Ր	Ե	Տ	Հ	Ւ	Օ	A	Ր	Ե	Ս	Յ	Ւ	Ռ	Բ	Չ	Օ
Ա	Ա	Ա	Ս	Ֆ	Ձ	Հ	Մ	Ճ	P	K	Ի	Բ	Օ	Ւ	Գ
Ր	Հ	Դ	Ի	Ն	Ս	Ո	Ե	Կ	Ք	Ա	Ճ	Ռ	Ր	Ռ	Պ
Տ	Ա	Ր	Է	Ձ	Ո	Ղ	Ր	Ց	Թ	Պ	Ջ	Ո	Ւ	Ր	Ւ
Ա	Մ	Ո	Կ	Բ	Ո	Ւ	Օ	Ր	Գ	Ա	Ն	Ա	Կ	Ա	Ն
Ն	Ա	Ւ	Ո	A	Ձ	Ր	Ն	H	K	Ք	Ա	Փ	Ի	K	Ե
Յ	Կ	Թ	L	Ք	Շ	Բ	Է	Դ	Չ	Գ	Կ	K	Կ	P	Ղ
Ո	Ա	Յ	Ո	Գ	Ղ	Մ	Ժ	Դ	Ձ	Ձ	Ա	A	Ֆ	Տ	Ե
Ւ	Ր	Ո	Գ	Է	Յ	Ե	Թ	Ր	Կ	Ի	Ղ	H	Ո	Ձ	Ր
Թ	Գ	Ւ	Ի	Տ	Է	Ա	Ա	Բ	Ղ	Ք	Ւ	Ս	L	Ո	Ա
Ռ	Ե	Ն	Ա	Թ	Պ	Ձ	Ք	Ց	Ւ	Կ	Ո	Ւ	Խ	E	Ջ
Գ	Ր	Ե	Ա	Ծ	Ն	Ֆ	Ձ	Ն	Ւ	Ո	Յ	Ա	Կ	Յ	Ն
Գ	Ի	Տ	Ո	Ւ	Թ	Յ	Ո	Ւ	Ն	Ս	Գ	Վ	Ճ	Ծ	Ա
Է	Ն	Ե	Ր	Գ	Ի	Ա	Օ	Ժ	Դ	Ա	Վ	Ւ	Ն	Ծ	Բ

ԷԿՈԼՈԳԻԱ
ԷՆԵՐԳԻԱ
ԷՐՈԶԻԱ
ՊԱՐԱՐՏԱՆՅՈՒԹ
ՍՆՈՒՆԴ
ԱՃ
ՕՐԳԱՆԱԿԱՆ
ԲՈՒՅՍԵՐ
ԱՐՏԱԴՐՈՒԹՅՈՒՆ
ԳՅՈՒՂԱԿԱՆ
ԳԻՏՈՒԹՅՈՒՆ
ՍԵՐՄԵՐ
ՀՈՂ
ԿԱՅՈՒՆ
ՀԱՄԱԿԱՐԳԵՐ
ԲԱՆՋԱՐԵՂԵՆ
ՋՈՒՐ

78 - Hair Types

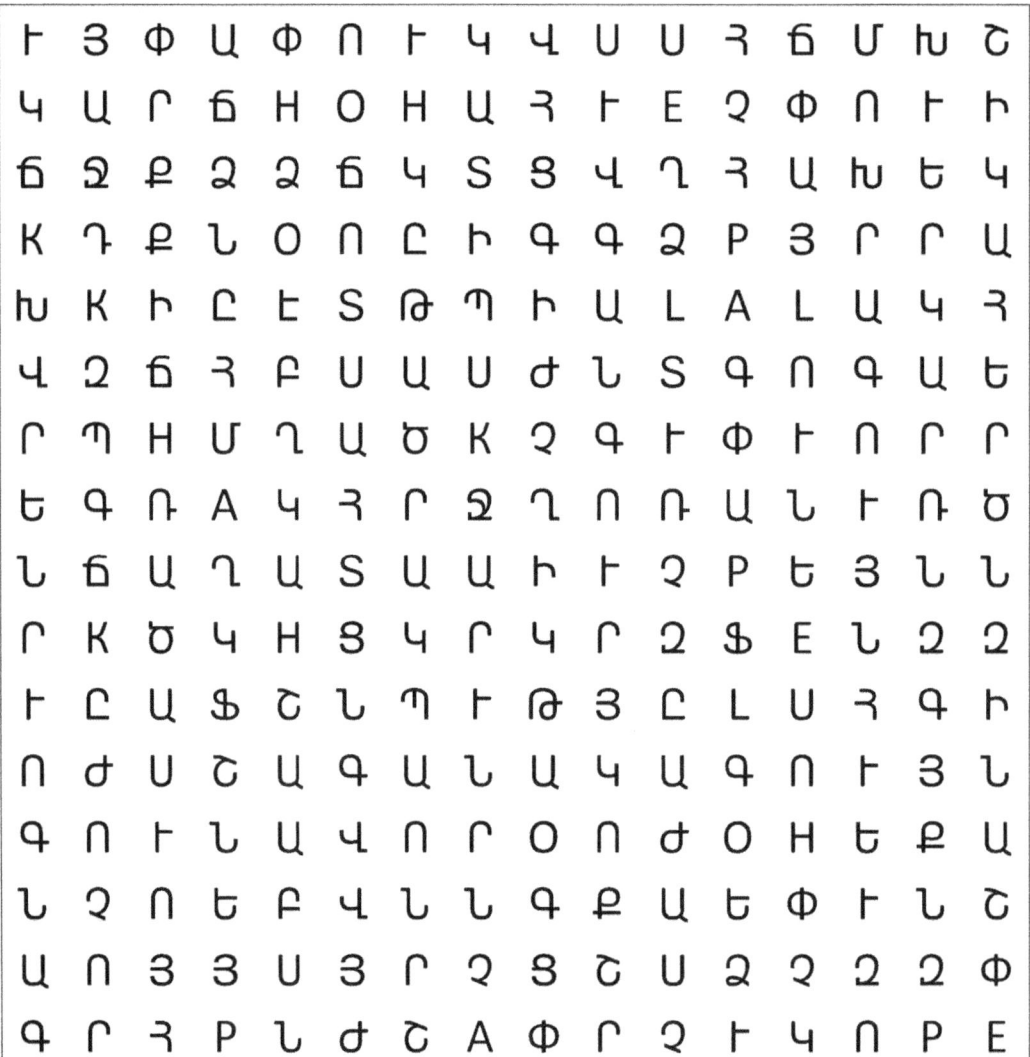

Ւ	Յ	Փ	Ա	Փ	Ո	Ւ	Կ	Վ	Ս	Ս	Հ	Ճ	Մ	Խ	Շ
Կ	Ա	Ր	Ճ	H	O	H	Ա	Հ	Ւ	E	Չ	Փ	Ո	Ւ	Ի
Ճ	Ջ	Ք	Ձ	Ձ	Ճ	Կ	Տ	Ց	Վ	Ղ	Հ	Ա	Խ	Ե	Կ
K	Դ	Ք	Ն	O	Ո	Ը	Ի	Գ	Գ	Ձ	P	Յ	Ր	Ր	Ա
Խ	K	Ի	Ը	Է	Տ	Թ	Պ	Ի	Ա	Լ	A	Լ	Ա	Կ	Հ
Վ	Ջ	Ճ	Հ	Բ	Ս	Ա	Ս	Ժ	Ն	Տ	Գ	Ո	Գ	Ա	Ե
Ր	Պ	H	Մ	Ղ	Ա	Ծ	K	Չ	Գ	Ւ	Փ	Ւ	Ո	Ր	Ր
Ե	Գ	Ռ	A	Կ	Հ	Ր	Ջ	Ղ	Ո	Ռ	Ա	Ն	Ւ	Ռ	Ծ
Ն	Ճ	Ա	Ղ	Ա	Տ	Ա	Ա	Ի	Ւ	Չ	P	Ե	Յ	Ն	Ն
Ր	K	Ծ	Կ	H	Ց	Կ	Ր	Կ	Ր	Ջ	Ֆ	E	Ն	Ջ	Ջ
Ւ	Ը	Ա	Ֆ	Շ	Ն	Պ	Ւ	Թ	Յ	Ը	Լ	Ս	Հ	Գ	Ի
Ո	Ժ	Ս	Շ	Ա	Գ	Ա	Ն	Ա	Կ	Ա	Գ	Ո	Ւ	Յ	Ն
Գ	Ո	Ւ	Ն	Ա	Վ	Ո	Ր	O	Ո	Ժ	O	H	Ե	Ք	Ա
Ն	Չ	Ո	Ե	Բ	Վ	Ն	Ն	Գ	Ք	Ա	Ե	Փ	Ւ	Ն	Շ
Ա	Ո	Յ	Յ	Ս	Յ	Ր	Չ	Ց	Շ	Ս	Ձ	Չ	Ջ	Ջ	Փ
Գ	Ր	Հ	P	Ն	Ժ	Շ	A	Փ	Ր	Չ	Ւ	Կ	Ո	P	E

ՃԱՂԱՏ
ՍԵՒ
ՇԻԿԱՀԵՐ
ՀՅՈՒՍԱԾ
ՇԱԳԱՆԱԿԱԳՈՒՅՆ
ԳՈՒՆԱՎՈՐ
ԳԱՆԳՈՒՐՆԵՐ
ԳԱՆԳՈՒՐ
ՉՈՐ
ՄՈԽՐԱԳՈՒՅՆ
ԱՌՈՂՋ
ԵՐԿԱՐ
ՓԱՅԼՈՒՆ
ԿԱՐՃ
ԱՐԾԱԹ
ՀԱՐԹ
ՓԱՓՈՒԿ
ՀԱՍՏ
ԲԱՐԱԿ
ՍՊԻՏԱԿ

79 - Diplomacy

Տ	Պ	Ա	Յ	Մ	Ա	Ն	Ա	Գ	Ի	Ր	Ը	Ւ	Կ	Դ	Ա
Ս	Կ	Ժ	Ի	Զ	Ղ	Լ	Հ	Ո	Ր	Ծ	Օ	Ր	Պ	Ի	Ր
Պ	Ց	Ի	Կ	Ա	Ն	Շ	Ա	Դ	A	Զ	Փ	Ա	Ա	Վ	Դ
K	Վ	Ս	Լ	Լ	Ե	Զ	Ո	Ւ	Ն	Ե	Ր	Տ	Ր	Ա	Ա
Ձ	Ղ	Գ	Հ	Ֆ	A	E	Ա	Ր	Լ	Հ	Մ	Ի	Լ	Ն	Ր
Դ	Ե	Ս	Պ	Ա	Ն	Ո	Ւ	Թ	Յ	Ո	Ւ	Ն	Ո	Ա	Ո
Ն	Ա	Կ	Ճ	Կ	Ա	Ո	Հ	Ն	Ժ	Գ	Ո	Ա	Ւ	Գ	Ւ
Թ	Ֆ	Պ	Ճ	Ի	Պ	Ո	Կ	Ծ	Ճ	Վ	Կ	Մ	Ծ	Ի	Թ
Պ	H	Չ	Յ	Թ	Ս	Պ	Վ	Ռ	Շ	H	Ր	Ւ	Ո	Տ	Յ
Մ	Մ	Տ	Դ	Է	Ե	Լ	Ե	P	Ը	Ֆ	Ա	Ո	Ւ	Ա	Ո
Ֆ	Ա	Ե	Մ	Ս	Դ	Զ	Ս	Փ	Ծ	Ց	Ն	Հ	Մ	Կ	Ւ
Ք	Ա	Ղ	Ա	Ք	Ա	Ց	Ի	Ա	Կ	Ա	Ն	Ճ	Ժ	Ա	Ն
Բ	Ա	Ն	Ա	Ձ	Ե	Ւ	Ը	Ձ	A	Ֆ	Ք	Ց	Լ	Ն	Վ
Խ	Ի	A	Փ	Խ	Ո	Ր	Հ	Ր	Դ	Ա	Կ	Ա	Ն	Ղ	Ո
Ք	Ա	Ղ	Ա	Ք	Ա	Ց	Ի	Ն	Ե	Ր	Ա	Տ	Օ	Ց	Ո
Ջ	Պ	Ձ	Հ	Ա	Մ	Ա	Յ	Ն	Ք	Ք	Չ	Ձ	Ծ	Մ	Հ

ԽՈՐՀՐԴԱԿԱՆ
ԴԱՇՆԱԿԻՑ
ԴԵՍՊԱՆ
ՔԱՂԱՔԱՑԻՆԵՐ
ՔԱՂԱՔԱՑԻԱԿԱՆ
ՀԱՄԱՅՆՔ
ԿՈՆՖԼԻԿՏ
ԴԻՎԱՆԱԳԻՏԱԿԱՆ
ՔՆՆԱՐԿՈՒՄ
ԴԵՍՊԱՆՈՒԹՅՈՒՆ
ԷԹԻԿԱ
ՕՏԱՐ
ՀՈՒՄԱՆԻՏԱՐ
ԱՐԴԱՐՈՒԹՅՈՒՆ
ԼԵԶՈՒՆԵՐ
ԲԱՆԱՁԵՒԸ
ԼՈՒԾՈՒՄ
ՊԱՅՄԱՆԱԳԻՐԸ

80 - Beach

Լ	Հ	Բ	Յ	Կ	Ա	Պ	Ո	Ւ	Յ	Տ	Ժ	A	Զ	Ե	Ց
Ս	Կ	Ֆ	Թ	Ց	Ժ	Թ	K	Ֆ	Ա	Չ	Ճ	Ռ	Ա	Տ	Օ
Ե	Ա	Պ	Ո	Ղ	Ն	Մ	Ճ	Փ	Ր	Հ	Բ	Ի	Վ	Փ	Վ
Ն	Ա	Ն	Ֆ	Ղ	Խ	Է	Ե	Զ	Զ	Ճ	Կ	Փ	Ա	Շ	Կ
Լ	Ց	Ի	Դ	Ֆ	Է	Ե	Ք	Ռ	Ա	Տ	Ս	Կ	Ր	P	Ի
Ֆ	Ո	Զ	Ց	Ա	A	Ւ	Մ	Յ	Կ	Ա	Ր	Ե	Ւ	Ր	Ա
Ղ	Ն	Ղ	Կ	Կ	Լ	Կ	Ճ	Տ	Ո	Ո	Ո	Ս	Պ	Ծ	Ն
Ց	Ա	Կ	Ա	Վ	Ա	Ն	Պ	P	Ւ	Բ	Պ	Ր	Թ	Ծ	Ո
Ն	Վ	Վ	Յ	Լ	Մ	Ռ	Ե	E	Ր	Լ	Ց	Բ	K	Ղ	Ս
Ծ	Ո	Ռ	Ե	Լ	Ի	Ե	Ֆ	Ր	Դ	Յ	Ճ	Ի	Ս	Տ	Դ
Ձ	Հ	Ս	Ե	Դ	Ծ	H	Ի	Գ	Չ	Ա	Ճ	Չ	Մ	Զ	Ռ
Դ	Ր	H	Ի	Ք	Է	Ց	Լ	Ք	A	Ս	Գ	Ղ	Ծ	Ժ	Ս
Ծ	Ո	Վ	Ա	Խ	Ե	Ց	Գ	Ե	Տ	Ի	Ն	Ձ	Ա	Գ	Ո
Ք	Ց	Ո	Ծ	Ա	Վ	Ո	Ծ	Փ	Վ	Վ	Կ	Ս	Ի	Ա	Զ
Ւ	Բ	Ծ	Դ	E	H	Վ	Ւ	Օ	Լ	Ֆ	P	Չ	Զ	Գ	Թ
Խ	Ն	Ծ	Գ	Ն	H	Յ	Հ	Ճ	Վ	Ն	Օ	Կ	Ձ	Ց	P

ԿԱՊՈՒՅՏ
ՆԱՎԱԿ
ԱՓ
ԾՈՎԱԽԵՑԳԵՏԻՆ
ԿՂԶԻ
ԾՈՎԱՃՈՑ
ՕՎԿԻԱՆՈՍ
ՌԵԼԻԵՖ
ՍԱՅԼԲՈԱՏ
ԱՎԱԶ
ՍԱՆԴԱԼՆԵՐ
ԾՈՎ
ԱՐԵՒ
ԼՈՂԱԼ
ՍՐԲԻՉ
ՀՈՎԱՆՈՑ
ԱՐՁԱԿՈՒՐԴ

81 - Countries #1

Ծ	Ղ	Գ	Ի	Ի	Ե	E	Ւ	Է	P	Ք	Լ	Դ	Ո	Ֆ	Ւ
Չ	K	Ս	H	Ր	Ի	Գ	Ե	Փ	Ե	Ա	Ա	Պ	Կ	Թ	Ա
Ն	Է	Տ	Ց	Ա	H	Տ	Ի	Կ	Ւ	Ն	Տ	Յ	Վ	Ք	Ա
E	Ց	Փ	Է	Ք	P	Փ	Ա	Պ	Մ	Ո	Վ	Լ	Ի	Բ	Մ
Բ	Ր	Ա	Զ	Ի	Լ	Ի	Ա	Լ	Տ	H	Ի	Ճ	H	Ա	Ճ
Ռ	Ո	Ւ	Մ	Ի	Ն	Ի	Ա	Լ	Ի	Ո	Ա	Ի	Բ	Ի	Լ
Ե	Ց	Յ	O	Ւ	Ա	O	Ի	Մ	Ա	Ա	Ս	Ս	Հ	Կ	Ն
Ռ	Վ	Լ	H	Չ	Տ	K	Դ	Մ	Վ	Գ	Թ	Պ	H	Ղ	Ի
Ա	Լ	Ե	Ւ	Ո	Ս	Ե	Ն	Ե	Վ	E	Ե	Ա	Ս	Վ	Կ
Ի	Լ	Յ	E	Ե	Ա	Մ	Ա	Ն	Ա	Պ	Վ	Ն	Բ	Ջ	Ա
Ն	Ւ	Ա	Ծ	Ֆ	Հ	Ի	Լ	Ի	Դ	K	Ի	Ի	Ե	Ը	Ր
Ա	Ո	Ր	Չ	Պ	Ե	Հ	Ն	Փ	Ա	Ջ	Ե	Ա	Դ	Ս	Ա
Մ	Տ	Ս	Բ	Թ	Լ	Ո	Ի	Ւ	Ն	H	Տ	Պ	Հ	Ր	Գ
Ր	Զ	Ի	Բ	Ձ	Ա	Ա	Ֆ	K	Ա	Ն	Ն	Ա	Բ	Պ	Ո
Ե	Ն	Ո	Ր	Վ	Ե	Գ	Ի	Ա	Կ	Ր	Ա	Յ	Վ	Լ	Ւ
Գ	Ս	A	Մ	Ա	Ր	Ո	Կ	Կ	Ո	Ո	Մ	Ծ	Փ	Ռ	Ա

ԲՐԱԶԻԼԻԱ
ԿԱՆԱԴԱ
ԵԳԻՊՏՈՍ
ՖԻՆԼԱՆԴԻԱ
ԳԵՐՄԱՆԻԱ
ԻՐԱՔ
ԻՍՐԱՅԵԼ
ԻՏԱԼԻԱ
ԼԱՏՎԻԱ
ԼԻԲԻԱ
ՄԱՐՈԿԿՈ
ՆԻԿԱՐԱԳՈՒԱ
ՆՈՐՎԵԳԻԱ
ՊԱՆԱՄԱ
ԼԵՀԱՍՏԱՆ
ՌՈՒՄԻՆԻԱ
ՍԵՆԵԳԱԼ
ԻՍՊԱՆԻԱ
ՎԵՆԵՍՈՒԵԼԱ
ՎԻԵՏՆԱՄ

82 - Immigration

Փ	Ց	Ն	Ո	Ս	Ց	Օ	Ի	Հ	Դ	Չ	Ք	Ն	Ա	Ղ	Ձ
Ա	Մ	Ւ	Ո	Տ	Ա	Տ	Ս	Ա	Հ	Թ	Թ	Չ	Դ	Ֆ	Ե
Ս	Օ	Ո	Ը	Մ	Թ	Հ	Կ	Բ	Փ	Յ	Խ	Ճ	Մ	Ք	Ր
Տ	Ի	Յ	Ը	H	Ն	Ի	Մ	Չ	Թ	A	Պ	Վ	Ի	Դ	Ե
Ա	H	Թ	Ի	Մ	Ը	Ր	Ն	Ա	Ր	Ա	Կ	Ա	Ն	Բ	Խ
Թ	Ի	Ւ	Ը	Ձ	Ծ	Ե	Կ	Ր	Ն	Յ	Ի	Ս	Ի	Յ	Ա
Ղ	Ռ	Ո	Ո	Ւ	Ր	Ն	Ա	Ը	Ո	Ն	Ւ	Շ	Ս	L	Ն
Թ	Տ	Ն	Ժ	Յ	Ո	Կ	Պ	Զ	Դ	Շ	Ե	Ռ	Տ	Ե	Ե
Ե	Ո	Գ	Ո	Ս	Գ	Ա	Ք	Ո	P	Չ	Հ	Ր	Ր	Ջ	Ր
Ր	K	Օ	Չ	Ց	Պ	Ս	Ք	Ս	Թ	Ր	Ե	Ս	Ա	Ո	Տ
Մ	Ւ	Ո	Ր	Ո	Վ	Ա	Ս	Ն	Ա	Ն	Ի	Ֆ	Ց	Ւ	Ը
Յ	Է	Խ	Ճ	Ց	Օ	Հ	Ծ	Պ	Ե	A	Կ	Պ	Ի	Տ	Դ
Ր	Ց	Ո	Զ	Ս	Խ	Ա	Է	Ծ	Ք	Ր	Խ	Ջ	Ա	Պ	Թ
Հ	Ձ	Ժ	Ժ	Պ	Զ	Ծ	Ն	Ղ	A	Խ	Օ	H	Ա	Ը	Ճ
Խ	Ժ	Է	Ֆ	Ճ	Շ	Ե	Ի	Ր	Ա	Վ	Ի	Ճ	Ա	Կ	Զ
K	H	Ի	Զ	Յ	Թ	Մ	Ւ	Ո	Ծ	Ւ	Ո	L	Ք	Զ	L

ԱԴՄԻՆԻՍՏՐԱՑԻԱ
ՄԵԾԱՀԱՍԱԿՆԵՐԻ
ՕԳՆՈՒԹՅՈՒՆ
ՀԱՍՏԱՏՈՒՄ
ՍԱՀՄԱՆՆԵՐ
ԵՐԵԽԱՆԵՐ
ԿԱՊ
ՓԱՍՏԱԹՂԹԵՐ
ՖԻՆԱՆՍԱՎՈՐՈՒՄ
ԲՆԱԿԱՐԱՆ
ԼԵԶՈՒ
ՕՐԵՆՔ
ՍՊԱ
ԳՈՐԾԸՆԹԱՑ
ԻՐԱՎԻՃԱԿ
ԼՈՒԾՈՒՄ
ՍԹՐԵՍ

83 - Adjectives #1

Ա	Ճ	Հ	Ժ	Կ	Տ	Ժ	Փ	Թ	A	Զ	Պ	Հ	Ե	Ը	Ք
Ն	Ր	Ր	Բ	Ր	Ո	Վ	Ա	Ք	Ե	Ժ	Ր	Ա	Ր	Գ	Չ
Ո	Ր	E	Փ	Խ	Չ	Պ	Յ	Ձ	Ֆ	Ք	Ջ	Վ	Ջ	Ե	Օ
Ւ	Տ	Ը	Ն	Ֆ	Ց	Լ	P	Ռ	Մ	Գ	Բ	Ա	Ա	Ղ	Ե
Շ	Ց	Ի	Կ	Ա	Կ	Ա	Ն	Ա	Մ	Ա	Ժ	Կ	Ն	Ե	Ֆ
Ա	Փ	E	Ջ	Ո	Կ	Կ	Ա	Ր	Ա	Բ	Ա	Ն	Ի	Ց	Ռ
Բ	Ջ	Ը	Ն	Ծ	Դ	Ա	Ն	Դ	Ա	Ղ	Զ	Ո	Կ	Ի	Ն
Ո	Ֆ	Օ	Ռ	Ա	Ա	Ձ	Տ	Ք	Թ	Ց	Ն	Տ	Չ	Կ	Ո
Ւ	Գ	Ո	Ե	Ն	A	Ր	Ք	Ս	Օ	Բ	Ի	Թ	Ծ	Մ	Ւ
Յ	Օ	Ր	Ձ	Ր	Ղ	Ա	Շ	Բ	Ե	Փ	Վ	Ծ	Ծ	Ի	Յ
Ր	Ս	Գ	Ա	Դ	Ս	Ց	Ջ	Ժ	Ե	Վ	Մ	Ո	Ւ	Թ	Ն
Չ	Չ	Ճ	Տ	Վ	Ե	Ա	Ր	Ո	Ւ	Ե	Ր	Ա	Կ	Զ	Ա
H	Ւ	Ծ	Ա	Ա	Ի	Բ	Ւ	E	Յ	K	Լ	Ա	E	P	Կ
H	Է	Ց	Ռ	Թ	Կ	Չ	Ո	Գ	E	Ց	Դ	Ղ	Ղ	Դ	Ա
Ի	Ժ	Ռ	Ա	Ձ	Ս	Ա	Լ	Խ	Ք	Շ	Ի	Ը	E	Ե	Ն
Է	Կ	Զ	Ո	Տ	Ի	Կ	Ր	Պ	Կ	Խ	Ւ	Ֆ	Ր	Գ	Գ

ԲԱՑԱՐՁԱԿ
ՀԱՎԱԿՆՈՏ
ԱՆՈՒՇԱԲՈՒՅՐ
ԳԵՂԱՐՎԵՍՏԱԿԱՆ
ԳՐԱՎԻՉ
ԳԵՂԵՑԻԿ
ՄՈՒԹ
ԷԿԶՈՏԻԿ
ԱՌԱՏԱՁԵՌՆ
ԵՐՋԱՆԻԿ
ԾԱՆՐ
ՕԳՏԱԿԱՐ
ԱԶՆԻՎ
ՆՈՒՅՆԱԿԱՆ
ԿԱՐԵՒՈՐ
ԺԱՄԱՆԱԿԱԿԻՑ
ԼՈՒՐՋ
ԴԱՆԴԱՂ
ԲԱՐԱԿ
ԱՐԺԵՔԱՎՈՐ

84 - Rainforest

Բ	Հ	Մ	Ւ	Ո	Ւ	Ե	Տ	Ա	Յ	Ո	Գ	Չ	Գ	Կ	Բ
Ո	Ա	Ի	Կ	Ճ	Ե	A	Ց	Ջ	Ո	Ղ	Տ	Մ	A	Ա	Ն
Ւ	Մ	Ջ	Կ	Թ	Գ	Ջ	Ը	E	Ծ	Թ	Հ	Մ	Ձ	Թ	Ո
Ս	Ա	Ա	Հ	Ա	Ր	Գ	Ա	Ն	Ք	Օ	Ց	Ա	Ն	Ն	Ւ
Ա	Յ	Տ	Ք	Ա	Մ	Պ	Ե	Ր	Ա	Ռ	Ց	Ւ	Ի	Ա	Թ
Ն	Ն	Ն	Տ	Ձ	Չ	E	Կ	Ռ	Բ	Փ	Ք	Թ	Կ	Ս	Յ
Ի	Ք	Ե	Պ	Ե	Թ	Ռ	Չ	Ո	Ւ	Ն	Ն	Ե	Ր	Ո	Ո
Կ	Ջ	Ր	Խ	Ա	Ս	Ձ	K	Է	Ո	Ջ	Ա	Թ	Օ	Ւ	Ւ
Ա	Շ	Ո	Ց	Յ	Հ	Ա	Մ	Ի	Լ	Կ	Տ	Շ	Բ	Ն	Ն
Կ	Օ	Է	Ւ	Խ	Ռ	Պ	Կ	Ի	Ն	Բ	Ս	Մ	Լ	Ն	Ե
Ա	Ջ	Ջ	Ֆ	Ն	Ա	Դ	Ա	Ն	Լ	Դ	Ա	Ա	Գ	Ե	Ղ
Ն	Ջ	Մ	Ա	Ը	Գ	Յ	Ո	Ն	Ե	P	Պ	Մ	Ւ	Ր	Է
Պ	Ծ	Ժ	Ո	Օ	Պ	Լ	Պ	Ե	Ո	Ր	Ա	Ո	Ղ	K	Ն
Ը	Շ	E	Ի	Խ	Հ	Ղ	Ի	Ֆ	Ը	Ւ	Մ	Ւ	Շ	Խ	Ջ
Ա	Ր	Ժ	Ե	Ք	Ա	Վ	Ո	Ր	Բ	Ո	Մ	Ռ	H	Ձ	Ց
Ո	Ց	Փ	Վ	Ե	Ր	Ա	Կ	Ա	Ն	Գ	Ն	Ո	Ւ	Մ	Ց

ԹՌՉՈՒՆՆԵՐ
ԲՈՒՍԱՆԻԿԱԿԱՆ
ԿԼԻՄԱ
ԱՄՊԵՐ
ՀԱՄԱՅՆՔ
ԲՆԻԿ
ՄԻՋԱՏՆԵՐ
ՋՈՒՆԳԼԻ
ԿԱԹՆԱՍՈՒՆՆԵՐ
ՄԱՄՈՒՌ
ԲՆՈՒԹՅՈՒՆ
ՊԱՀՊԱՆՈՒՄ
ԱՊԱՍՏԱՆ
ՀԱՐԳԱՆՔ
ՎԵՐԱԿԱՆԳՆՈՒՄ
ՏԵՍԱԿՆԵՐ
ԳՈՅԱՏԵՒՈՒՄ
ԱՐԺԵՔԱՎՈՐ

85 - Landscapes

Ֆ	Ո	Տ	Ս	Ե	Ւ	Ճ	Ք	Ա	Ե	Գ	Հ	Ը	Դ	Ֆ	Դ
Թ	Ձ	Ն	Փ	E	Զ	Խ	Զ	Ա	Յ	Ռ	Պ	Թ	Զ	Կ	Թ
A	Գ	Զ	Ճ	Փ	Թ	Ւ	Ե	Ր	Ր	Ս	Ի	Զ	Ա	Օ	Ե
Օ	Վ	Կ	Ի	Ա	Ն	Ո	Ս	Դ	Բ	Ա	Բ	Փ	Թ	Գ	Ր
Գ	Շ	Շ	Հ	Ղ	Տ	Բ	Ց	Ն	Լ	Վ	Ն	Ե	Ծ	Ե	Ա
Ե	Կ	Օ	Ա	Ո	Լ	Ա	Ր	Ւ	Ր	Ի	Յ	Ձ	Ր	Տ	Կ
Յ	Ղ	Ֆ	Ճ	Լ	Ի	Ր	Ա	Ո	Ի	Ո	Բ	Ճ	Ա	Գ	Ղ
Զ	Զ	Ց	A	Թ	Ճ	Հ	Ղ	Տ	Մ	Ք	Հ	Գ	Չ	Վ	Զ
Ե	Ի	Ս	Ա	Ռ	Ց	Ա	Դ	Ա	Շ	Տ	Հ	Ա	Ճ	Ո	Ի
Ր	Օ	Թ	Ժ	Ե	Վ	Ր	Ջ	Չ	Ս	Օ	Յ	Ո	Ց	Ծ	Ս
Խ	Մ	Է	Է	Լ	Փ	Է	Ե	Բ	Տ	Ը	Բ	H	Վ	Ռ	Չ
Ա	Ն	Ա	Պ	Ա	Տ	Կ	Հ	Ժ	E	Ց	Լ	Լ	K	Ի	Շ
Ջ	Ձ	Ք	Ա	Ց	Ձ	P	Ի	Լ	Դ	Ց	Ա	Կ	K	Ն	Տ
Մ	Ռ	Թ	H	H	Ղ	A	Կ	A	Վ	K	Շ	Դ	Փ	Լ	Ն
Ժ	Չ	Ծ	E	Ի	Շ	Լ	Ղ	Շ	Ձ	Թ	Ե	Հ	Ր	Ս	Գ
Խ	Ռ	Բ	H	Հ	Չ	H	Ֆ	Փ	Թ	Ֆ	P	Է	Ա	Տ	Խ

ԼՈՂԱՓ
ՔԱՐԱՆՁԱՎ
ԱՆԱՊԱՏ
ԳԵՅԶԵՐ
ՍԱՌՑԱԴԱՇՏ
ԲԼՐԻ
ԱՅՍԲԵՐԳ
ԿՂԶԻ
ԼԻՃ
ԼԵՌ
ՕԱԶԻՍ
ՕՎԿԻԱՆՈՍ
ԹԵՐԱԿՂԶԻ
ԳԵՏ
ԾՈՎ
ՃԱՀԻՃ
ՏՈՒՆԴՐԱ
ՀՈՎԻՏ
ՀՐԱԲՈՒԽ
ՋՐՎԵԺ

86 - Visual Arts

Ջ	Ր	Ա	Կ	Ն	Ա	Ս	Ւ	Ո	Լ	Հ	Փ	Կ	Փ	Ց	Տ
Լ	Ե	Մ	Ո	Մ	Կ	Ր	Ձ	Ճ	Ն	Ե	Ա	Ե	Շ	Ո	Վ
Մ	Կ	Ց	Տ	Կ	A	Ձ	Ե	Ֆ	Ռ	Ռ	Յ	Ր	Ե	Է	Ռ
Լ	Տ	Ի	Տ	Ա	Մ	Ւ	Չ	Շ	Բ	Ա	Տ	Ա	Վ	Ո	Ր
Ի	Ա	Կ	Ա	Վ	Ի	Ճ	Ա	Ղ	Ռ	Ն	Ա	Մ	Զ	Ւ	Չ
Ֆ	Պ	Ք	Ը	Շ	Մ	Ն	Գ	P	Ժ	Կ	Ծ	Ի	Շ	Է	Հ
Ղ	Լ	Թ	P	Գ	Գ	Ի	Է	Ք	Ւ	Ա	Ո	Կ	P	Կ	Գ
P	Ո	Հ	Յ	Չ	Ր	Ո	Ը	Դ	A	Ր	Ւ	Ա	Կ	Շ	Ր
Գ	Լ	Ո	Ւ	Խ	Գ	Ո	Ր	Ծ	Ո	Ց	Խ	Ռ	Կ	Ա	Ի
Ս	Ա	Օ	Ճ	Բ	Թ	H	Ն	Կ	Ա	Ր	Ի	Չ	Ա	Բ	Չ
Խ	Ի	Ա	Ֆ	Ե	Ծ	Ր	Կ	Ր	Ա	Յ	Թ	A	Վ	Լ	Ւ
Գ	Ք	Շ	Կ	Վ	Զ	Ժ	Ս	Ա	Է	Դ	Ա	Շ	Ջ	Ո	Չ
Դ	Ի	Մ	Ա	Ն	Կ	Ա	Ր	Շ	Զ	Խ	Ն	Դ	Ջ	Ն	Ե
Ռ	Ւ	Խ	Ե	Ղ	P	Ֆ	Կ	Յ	Ւ	Մ	Ը	Ա	Գ	Ժ	Հ
Ք	Ջ	Կ	Ր	Ե	H	Չ	Ն	Կ	Ա	Ր	Ը	Օ	Ք	Փ	Ջ
Թ	Շ	Ւ	Տ	Ե	A	Ճ	Խ	Վ	Ո	Ձ	Ժ	Ք	Օ	Ե	Վ

ՆԿԱՐԻՉ
ԿԵՐԱՄԻԿԱ
ԿԱՎԻՃ
ՓԱՅՏԱԾՈՒԽ
ԿԱՎ
ԿԱԶՄԸ
ՊԱՏԿԵՐ
ՖԻԼՄ
ԳԼՈՒԽԳՈՐԾՈՑ
ՆԿԱՐ
ԳՐԻՉ
ՄԱՏԻՏ
ՀԵՌԱՆԿԱՐ
ԼՈՒՍԱՆԿԱՐ
ԴԻՄԱՆԿԱՐ
ՔԱՆԴԱԿ
ՇԱԲԼՈՆ
ԼԱՔ
ՄՈՄ

87 - Plants

Օ	Ռ	P	Ե	Լ	Խ	Դ	Տ	Թ	Օ	K	Յ	Չ	Ֆ	Լ	Ւ
Ռ	Զ	Ց	Թ	Է	Ս	Ո	Ո	Բ	Մ	Ա	Բ	Լ	Ց	Ձ	Ծ
Ռ	Թ	Ւ	Ո	Յ	Ն	Ա	Տ	Ր	Ա	Ր	Ա	Պ	Օ	Ց	Գ
Ռ	Բ	Ե	Օ	Զ	Ր	Ս	Շ	E	Պ	Ժ	Ս	Մ	Կ	Ճ	Ա
Զ	Վ	Ր	Դ	Ճ	H	Ջ	Հ	Ի	Մ	Ք	Ս	Ձ	Ս	Յ	Ե
Ր	Կ	Ե	Ր	Ը	Ր	Ժ	Ռ	Ֆ	Գ	Ե	Ա	Ր	Ո	Լ	Ֆ
Ե	Յ	Տ	Հ	Օ	Ց	Թ	Փ	Ֆ	Մ	Յ	Ղ	Օ	Ծ	Է	Խ
Ծ	H	Ձ	Բ	Ժ	Ն	Շ	Ֆ	Ա	Ս	Լ	Ա	Շ	Ա	Կ	Ք
Չ	Գ	Ծ	Յ	Խ	Հ	E	Բ	Դ	Ւ	Ե	Ր	Ա	Ղ	Ե	Ձ
Գ	Տ	Պ	A	Լ	Ո	Բ	Ի	Պ	Ո	Ճ	Թ	Ր	Ի	Ծ	Ն
Լ	Պ	Բ	E	Հ	Ճ	Ժ	Շ	Ռ	Տ	Ա	Ձ	Գ	Կ	H	Թ
K	K	Ռ	Շ	Ց	Ծ	Բ	Բ	Վ	Կ	P	Օ	Ւ	K	H	Ե
Խ	Պ	Կ	Տ	Ղ	Ւ	Ո	Տ	Պ	Ա	Տ	Ա	Հ	Ա	Ժ	Ր
Ա	Ն	Տ	Ա	Ռ	Ց	Ւ	Ն	Ն	Կ	Ա	Ր	Մ	Ա	Տ	Զ
Ա	K	Գ	Ֆ	Չ	Ա	Շ	Ք	Ւ	Կ	Ա	Լ	Յ	Դ	Ւ	Բ
Թ	Շ	Ի	Ս	Ժ	Ե	Ծ	Ռ	Ի	Մ	Ա	Մ	Ո	Ւ	Ռ	Ջ

ԲԱՄԲՈՈ
ԼՈԲԻ
ՀԱՏԱՊՏՈՒՂ
ԲՈՒՇ
ԿԱԿՏՈՒՍ
ՊԱՐԱՐՏԱՆՅՈՒԹ
ՖԼՈՐԱ
ԾԱՂԻԿ
ՍԱՂԱՐԹ
ԱՆՏԱՌ

ԱՅԳԻ
ԽՈՏ
ԱՃԵԼ
ՏԵՐԵՒ
ՄԱՄՈՒՌ
ԹԵՐ
ԱՐՄԱՏ
ՀԻՄՔ
ԱՐԵՒ
ԾԱՌ

88 - Boxing

Կ	Գ	Ր	Ր	Բ	Ղ	Դ	Գ	Օ	Ը	Ի	Ֆ	Կ	Խ	Մ	Բ
Է	Ր	Ձ	L	Գ	Ն	Ա	Զ	A	Ա	Ե	Ծ	Ի	Օ	Ի	Ռ
Է	Ժ	Ե	Խ	Կ	Ի	Տ	Ր	Ա	Մ	Գ	Ա	Ր	Ա	Ա	Ո
Մ	Ւ	Ո	Ն	Գ	Ն	Ա	Կ	Ա	Ր	Ե	Վ	Ց	Խ	Վ	Ւ
Հ	Ո	K	Զ	Ն	A	Վ	Ա	Պ	Ղ	Զ	Ս	Ձ	Դ	Ո	Ն
Ք	Մ	L	Է	Օ	Ա	Ո	Զ	Չ	Ց	Ղ	Ա	Ք	Հ	Ր	Ց
E	Ժ	Տ	Թ	Ի	Չ	Ր	Կ	Կ	Ւ	Ս	Պ	Ճ	Ա	Ե	Ք
Տ	Ն	Ւ	Ո	Յ	Կ	Ն	Ա	Ջ	Պ	P	Ս	E	Կ	Ն	Ը
L	Ս	Չ	Ջ	Ւ	Զ	Ծ	Տ	Պ	Ո	Դ	Վ	Ռ	Ա	Ղ	Օ
Շ	Ց	Ռ	Մ	Դ	Թ	Ք	Մ	Ա	Ր	Մ	Ի	Ն	Ռ	Ո	Բ
Օ	H	Կ	Ի	Փ	Ճ	Յ	Ք	L	Ժ	Ծ	P	Ո	Ա	Ց	Ճ
Ք	Ո	Շ	Ձ	Գ	Օ	Զ	Ո	Դ	Դ	Ջ	Ճ	Ր	Կ	Ա	Փ
Պ	Օ	Ֆ	K	Ւ	Ա	Է	Վ	Ւ	Ն	Դ	Շ	Ր	Ո	Ն	Ռ
Յ	Ւ	L	Չ	H	Ճ	Շ	Ւ	Ա	Ն	Ա	Տ	Վ	Ր	Ռ	Մ
Ռ	K	Ն	Կ	Ն	Բ	Վ	E	Թ	Է	Ջ	A	E	Դ	Ե	Ֆ
Շ	Ի	Ղ	Ֆ	Ո	Կ	Ո	Ւ	Ս	Ձ	E	Ս	Կ	Ց	Ձ	Ք

ԶԱՆԳ
ՄԱՐՄԻՆ
ԿԶԱԿ
ԱՆԿՅՈՒՆ
ՍՊԱՍՎԱԾ
ՄԱՐՏԻԿ
ԲՌՈՒՆՑՔ
ՖՈԿՈՒՍ
ՁԵՌՆԱՑՈՂՆԵՐ
ՀԱԿԱՌԱԿՈՐԴ
ՄԻԱՎՈՐ
ԱՐԱԳ
ՎԵՐԱԿԱՆԳՆՈՒՄ
ԴԱՏԱՎՈՐ
ՊԱՐԱՆՆԵՐ
ՀՄՏՈՒԹՅՈՒՆ
ՈՒԺ

89 - Countries #2

Ռ	Զ	Շ	Ր	Ք	P	Ջ	Ղ	Ն	Յ	Ռ	Ն	Ւ	Հ	Պ	Յ
Ծ	Ո	Ա	Պ	Վ	P	Թ	Ւ	Է	Ռ	Չ	Ի	Գ	Ո	Ա	Է
Տ	Ն	Ւ	Ճ	Ք	Ֆ	Թ	Ն	Հ	Է	K	Գ	A	Ւ	Կ	Ջ
Տ	Ծ	Թ	Ս	Ա	Ի	Ր	Ե	Բ	Ի	Լ	Ե	P	Ն	Ի	Վ
Ձ	Ղ	Ղ	Լ	Ա	Պ	Ե	Ն	Թ	Ե	Յ	Ր	Ձ	Ա	Ս	Ֆ
Ւ	Ե	Ն	Ն	Ի	Ս	Ո	Ա	Լ	Ս	Ժ	Ի	Թ	Ս	Տ	Օ
Շ	Կ	Շ	Օ	Պ	Ե	Տ	Ն	Ձ	H	Ր	Ա	Ա	Տ	Ա	Հ
Մ	Մ	Ե	Պ	Վ	Գ	Յ	Ա	Ի	Ն	Ա	Դ	Լ	Ա	Ն	Է
Յ	Օ	Գ	Ա	Ո	Ւ	Օ	Ճ	Ն	Ա	Կ	Ա	Բ	Ն	Հ	Ս
K	Ճ	Ո	Ի	Թ	Ի	Ա	Հ	Ջ	Դ	Ի	Գ	Ա	Ա	Տ	Ո
Ր	Ձ	H	Թ	Ե	Է	Դ	H	Ա	Ւ	Ս	Ա	Ն	Ն	Ւ	Մ
Լ	Ի	Բ	Ա	Ն	Ա	Ն	E	Մ	Ո	Ք	Լ	Ի	Զ	Ջ	Ա
Օ	K	Ճ	Մ	Ծ	P	Ա	Ի	Ա	Ս	Ե	A	Ա	Ր	Լ	Լ
Ջ	H	Ձ	Տ	Բ	Ո	Գ	Ղ	Յ	Վ	Մ	Ե	A	Ո	Ի	Ի
Ն	K	Վ	Տ	Խ	Օ	Ւ	Տ	Կ	Օ	Ծ	Ֆ	Ո	Ց	Ց	Ս
Ո	Ձ	Մ	Ձ	Դ	Ը	Ո	Ր	Ա	Ն	Ի	Ա	Ր	Կ	Ւ	Ո

ԱԼԲԱՆԻԱ
ԴԱՆԻԱ
ԵԹՈՎՊԻԱ
ՀՈՒՆԱՍՏԱՆ
ՀԱԻԹԻ
ՋԱՄԱՅԿԱ
ՃԱՊՈՆԻԱ
ԼԱՈՍ
ԼԻԲԱՆԱՆ
ԼԻԲԵՐԻԱ
ՄԵՔՍԻԿԱ
ՆԵՊԱԼ
ՆԻԳԵՐԻԱ
ՊԱԿԻՍՏԱՆ
ՌՈՒՍԱՍՏԱՆ
ՍՈՄԱԼԻ
ՍՈՒԴԱՆ
ՍԻՐԻԱ
ՈՒԳԱՆԴԱ
ՈՒԿՐԱԻՆԱ

90 - Adjectives #2

Ք	Տ	A	O	Փ	Պ	Է	Ղ	Դ	Շ	Լ	P	H	Ա	E	H
Լ	Ճ	Է	Շ	Ժ	Խ	Ի	Ա	H	Ր	Յ	Ֆ	Չ	Թ	Ս	Լ
Բ	Ն	Ա	Կ	Ա	Ն	Ր	Ն	Ի	Լ	Ա	Հ	Ր	Ո	Ն	Շ
Տ	Լ	A	Ք	Ր	Շ	Յ	Հ	O	Վ	Ծ	Մ	Ք	E	Ր	Դ
Պ	Ա	Տ	Ա	Ս	Խ	Ա	Ն	Ա	Տ	Ո	Ւ	Ա	Ե	Լ	Ա
Լ	Մ	Վ	Ո	Չ	Ը	Վ	Ն	Ա	Չ	Մ	Ն	P	Տ	Կ	Ղ
Է	Ր	Ա	Հ	Կ	Ն	Ո	Ր	Ռ	Ն	Ֆ	Կ	H	Պ	Ի	Ի
Զ	Ո	Վ	Պ	Ռ	Ն	Ւ	Ի	Ո	Բ	Ր	Ա	Ա	Ս	Ն	Կ
Ժ	Ն	Ե	Ա	Ք	Մ	Ք	Ք	Ղ	K	E	Ր	Ճ	Ս	Տ	Ւ
Կ	Լ	Ր	Ր	Ե	Վ	Շ	Ր	Ջ	Ի	Ց	Ա	Տ	Ո	Յ	Ճ
Ա	Ք	Ա	Տ	Ո	Է	Շ	Ք	Ե	Ն	Ե	Գ	Ը	Վ	Ա	Մ
Կ	H	Կ	Ս	Լ	P	H	Ա	A	Ի	Ձ	Ր	Ֆ	Ա	Հ	A
Վ	Ք	Ա	Ե	P	Յ	Բ	Տ	Ֆ	Ք	Փ	Ա	Ղ	Ծ	Ճ	Ձ
Ր	Ւ	Ն	K	Ք	Վ	Ղ	Ե	Ժ	Ւ	Ո	Կ	E	Շ	Բ	Խ
Է	Դ	Բ	Բ	Ֆ	Ֆ	Դ	Հ	Յ	Ի	K	Ա	Դ	H	Ղ	Ի
Ա	Ր	Դ	Յ	Ո	Ւ	Ն	Ա	Վ	Ե	Տ	Ն	Դ	K	Ժ	Ո

ՎԱՎԵՐԱԿԱՆ
ՆԿԱՐԱԳՐԱԿԱՆ
ԴՐԱՄԱՏԻԿ
ՉՈՐ
ՀԱՅՏՆԻ
ՇՆՈՐՀԱԼԻ
ԱՌՈՂՋ
ՏԱՔ
ՍՈՎԱԾ
ՀԵՏԱՔՐՔԻՐ
ԲՆԱԿԱՆ
ՆՈՐ
ՆՈՐՄԱԼ
ԱՐԴՅՈՒՆԱՎԵՏ
ՀՊԱՐՏ
ՊԱՏԱՍԽԱՆԱՏՈՒ
ԱՂԻ
ՔՆԿՈՏ
ՈՒԺԵՂ
ՎԱՅՐԻ

91 - Psychology

Կ	Ս	Թ	Ֆ	Ծ	Ի	Գ	Ա	Ք	Ր	Ա	Վ	Հ	Մ	Չ	Խ
Կ	H	Յ	Մ	Ւ	Ո	Լ	Ա	Կ	Ն	Ը	Օ	Ն	Տ	Ռ	Ն
A	Թ	Ո	Խ	Յ	Ճ	Տ	Կ	Ղ	Ը	P	Ս	Մ	Ք	Ն	Դ
Ս	Ձ	Հ	Ւ	Ո	Պ	Յ	Ո	Հ	Ա	Զ	Ռ	Թ	Ե	Ղ	Ի
Ա	Ե	K	Ա	Ն	Ռ	H	Ն	Ե	Մ	Փ	Ծ	Ս	Ր	Ի	Ր
Ջ	Ա	Ն	H	Ա	Ծ	Ա	Ֆ	Ր	Ն	Փ	Ա	Զ	Ը	Է	Ի
Դ	Ն	Ա	Ս	Կ	Ժ	Տ	Լ	Ա	Շ	Կ	Ի	Ր	Է	Գ	Ո
Ե	Գ	Կ	Ց	Ա	Ո	Ջ	Ի	Ջ	Ա	A	Պ	Ո	Ն	Ր	Ո
Ց	Ի	Ա	H	Կ	Ց	Գ	Կ	Ն	Ն	Ղ	Ա	Փ	Վ	Ե	Ը
Ո	Տ	Տ	E	Ի	Ղ	Ի	Տ	Ե	Ա	Ց	Ր	Գ	Ֆ	Ց	Ր
Ւ	Ա	Ա	Ն	Ն	Վ	Խ	Ա	Ր	Կ	Բ	Ե	Ւ	Պ	Չ	Ր
Թ	Կ	Հ	Ս	Ի	Ր	Չ	Խ	Մ	Ո	Բ	Թ	Չ	Ձ	Ր	Է
Յ	Ի	Ա	Բ	Լ	Պ	Չ	Օ	Յ	Ւ	Է	H	Ժ	Ժ	Օ	Ի
Ո	Ց	Ն	Զ	Կ	Տ	Յ	Ե	Ւ	Մ	Յ	Դ	H	Ճ	Դ	Չ
Ւ	Ե	Գ	Ի	Ր	Ա	Կ	Ա	Ն	Ո	Ւ	Թ	Յ	Ո	Ւ	Ն
Ն	Ւ	Ո	Յ	Թ	Ւ	Ո	Կ	Ն	Ա	Մ	Փ	Բ	P	Ի	Ը

ՆՇԱՆԱԿՈՒՄ
ԳՆԱՀԱՏԱԿԱՆ
ՎԱՐՔԱԳԻԾ
ՄԱՆԿՈՒԹՅՈՒՆ
ԿԼԻՆԻԿԱԿԱՆ
ԿՈՆՖԼԻԿՏ
ԵՐԱԶՆԵՐ
ԷԳՈ
ՓՈՐՁ
ԳԱՂԱՓԱՐՆԵՐ
ԱԶԴԵՑՈՒԹՅՈՒՆ
ԸՆԿԱԼՈՒՄ
ԽՆԴԻՐ
ԻՐԱԿԱՆՈՒԹՅՈՒՆ
ՍԵՆՍԱՑԻԱ
ԹԵՐԱՊԻԱ
ՄՏՔԵՐԸ
ԱՆԳԻՏԱԿԻՑ

92 - Math

Ա	Թ	Ո	Ւ	Ղ	Ղ	Ա	Ն	Կ	Յ	Ո	Ւ	Ն	Ի	K	Թ
Ս	Վ	Ա	Ի	Ր	Տ	Ե	Մ	Ի	Ս	Ի	P	Է	Ի	Ծ	Շ
Տ	Ա	Ն	Ի	Տ	Ն	Ե	Ն	Ո	Պ	Ս	Ք	Է	Ց	Ռ	Կ
Ի	Բ	Կ	Ի	Է	Օ	A	Ա	Յ	Կ	Ւ	Ա	Ժ	Կ	Յ	Է
Ճ	Ա	Յ	Յ	Ճ	Մ	Վ	Զ	Ն	Ն	Ո	Գ	Ի	Լ	Ո	Պ
Ա	Ն	Ո	Ծ	Ծ	Ի	Ն	Ւ	Ո	Յ	Կ	Ն	Ա	Ռ	Ե	Զ
Ն	Ո	Ւ	Ծ	Ի	Հ	Ա	Վ	Ա	Ս	Ա	Ր	Ո	Ւ	Մ	Ո
Ն	Ւ	Ն	Ս	Գ	Դ	Կ	Պ	Ղ	Օ	Ռ	Ե	Հ	Ք	Ս	Ւ
Ե	Թ	Ն	Տ	Ա	Պ	Ա	Ջ	Ր	Շ	Ա	Վ	Գ	K	Գ	Գ
Ր	Յ	Ե	E	Մ	Մ	Դ	Ծ	Ա	Ի	Ք	Թ	Կ	Դ	Բ	Ա
Լ	Ո	Ր	Հ	Ա	Չ	Ր	Ժ	Մ	Ա	Մ	Ը	Ց	E	Կ	Հ
E	Ւ	Ռ	Ս	Ր	Զ	Ո	Ե	Ւ	Ո	Ջ	Ե	Ղ	Յ	Չ	Ե
Ք	Ն	Ֆ	Օ	Տ	H	Ն	Ղ	Ո	Վ	Օ	Թ	Տ	Տ	Ա	Ռ
Ժ	Յ	K	Ա	Ը	Ծ	Ս	H	Գ	Բ	A	K	Լ	Ր	Տ	Դ
Յ	Փ	Ք	Վ	Ը	Լ	Ա	Վ	Ա	Ծ	Ք	Օ	Օ	Ա	Ղ	Փ
Բ	A	P	Ռ	Պ	Ւ	Տ	Ր	Ո	Լ	Ո	Լ	Ս	Հ	Վ	Է

ԱՆԿՅՈՒՆՆԵՐ
ԹՎԱԲԱՆՈՒԹՅՈՒՆ
ՇՐՋԱՊԱՏ
ՏԱՍՆՈՐԴԱԿԱՆ
ԱՍՏԻՃԱՆՆԵՐ
ՏՐԱՄԱԳԻԾ
ՀԱՎԱՍԱՐՈՒՄ
ԷՔՍՊՈՆԵՆՏ
ՄԱՍ
ԹՎԵՐ
ԶՈՒԳԱՀԵՌ
ՊՐԻՄԵՏՐ
ՊՈԼԻԳՈՆ
ՈՒՂՂԱՆԿՅՈՒՆԻ
ՈԼՈՐՏ
ՔԱՌԱԿՈՒՍԻ
ԳՈՒՄԱՐ
ՍԻՄԵՏՐԻԱ
ԵՌԱՆԿՅՈՒՆԻ
ԾԱՎԱԼԸ

93 - Water

Ո	Պ	Պ	Տ	Ի	Յ	Մ	Ջ	Թ	H	K	Խ	Ն	K	Ծ	Ն
Գ	Ռ	Հ	Ը	Ն	Զ	Ո	Ռ	Ձ	Ե	Ց	Ե	Ւ	Զ	Ս	Ճ
Ո	Զ	Ո	Պ	Ծ	Յ	Ւ	Տ	Վ	Ղ	Ս	Ձ	Ո	Ղ	Ո	Խ
Լ	Տ	Ն	Գ	Ռ	Ղ	Ս	Ղ	Կ	Գ	Ծ	Գ	Յ	Ւ	Ո	Զ
Ո	Թ	Դ	H	Ո	Շ	Ո	Ժ	Կ	Ի	Ր	Ո	Թ	Ո	Փ	Ք
Ր	Ն	Ղ	P	Դ	Ւ	Ն	Ո	Ձ	Դ	Վ	Ց	Ւ	Ց	Ւ	Ի
Շ	Ո	Ֆ	Պ	Հ	Ւ	Մ	Ջ	Զ	Խ	Ա	Ս	Ո	Ն	Ե	Ն
Ի	Ռ	Ւ	Ր	Փ	Ւ	Գ	Ր	Ո	Յ	H	Օ	Վ	Ց	Ր	Ա
Ա	Ք	Ր	Ե	Չ	Ժ	Ց	Հ	Ը	Ճ	P	Ռ	Ա	Ձ	Ձ	Մ
Ց	Բ	Խ	Ն	A	Ձ	Տ	Ե	Գ	Յ	Զ	Ւ	Ն	E	Ն	Ա
Ո	Ր	Ե	Ք	Յ	Վ	Չ	Ղ	P	Թ	Շ	Ն	Ո	H	Ա	Ն
Ւ	Գ	Ղ	Ի	A	Ս	Ծ	Ե	Ճ	H	Ա	Ծ	Խ	Յ	Ծ	Ռ
Մ	A	Զ	Լ	Ն	Ր	Ո	Ղ	Ը	A	Ջ	Ք	Բ	Հ	A	Ա
Ս	Ո	Ն	Ա	Ի	Կ	Վ	Օ	Ր	Գ	Ե	Յ	Զ	Ե	Ր	Ս
Ն	Ջ	Ց	Հ	Խ	Ճ	Ճ	Ք	Տ	Ս	Բ	P	Ա	Ը	Մ	Ս
Ս	Ա	Ռ	Ո	Ւ	Յ	Ց	Մ	Ը	E	Բ	K	K	Ե	Տ	Ր

ԳՈԼՈՐՇԻԱՑՈՒՄ
ՋՐՀԵՂԵՂ
ՍԱՌՆԱՄԱՆԻՔ
ԳԵՅԶԵՐ
ԽՈՆԱՎՈՒԹՅՈՒՆ
ՓՈԹՈՐԻԿ
ՍԱՌՈՒՅՑ
ՈՌՈԳՈՒՄ
ԼԻՃ
ՄՈՒՍՈՆ
ՕՎԿԻԱՆՈՍ
ԱՆՁՐԵՒ
ԳԵՏ
ՑՆՑՈՒՂ
ՁՅՈՒՆ
ԶՈՒՅԳ
ԱԼԻՔՆԵՐ

94 - Business

Գ	Ո	P	Շ	Չ	Ա	Շ	Խ	Ա	Տ	Ա	Կ	Ի	Ց	Ռ	E
Պ	Ո	Ն	Հ	Ղ	Ո	Փ	Ս	Շ	Թ	Ն	Մ	L	E	Ր	Պ
Գ	Գ	Ր	Մ	Ե	Ն	Ե	Ջ	Ե	Ր	Ւ	Ա	Ղ	Ե	Ե	Ժ
Ճ	Ո	Պ	Ծ	Զ	Չ	Բ	Ը	Հ	Խ	Ո	Պ	L	O	Ն	A
Ք	Դ	Ր	Ա	Ա	Վ	Զ	Ա	Բ	Մ	Յ	Ր	Ջ	Թ	Մ	Ր
Ն	A	Զ	Ծ	Կ	Ր	Տ	Է	Ր	Ը	Թ	Ա	Զ	Պ	Ւ	Գ
Զ	Դ	Ք	Ռ	Ա	Ճ	Ա	Վ	Գ	Ժ	Ւ	Ն	Ռ	H	Ո	Պ
L	Ձ	Վ	Ռ	Յ	Տ	Հ	Ն	Ֆ	Խ	Ո	Ք	Ե	Ժ	Ր	Ա
Ը	Փ	Կ	Պ	Ն	Զ	Ո	Տ	Ի	Ա	Ր	Ւ	Ց	P	Դ	Շ
Կ	Ա	Ր	Ի	Ե	Ր	Ա	Ւ	Ն	Ն	Ե	Ր	Յ	Ջ	Ր	Ա
Մ	Ն	Ե	Ա	Ս	Ի	Ծ	Ո	Ա	Ո	Կ	Ռ	Ռ	Թ	Ե	Հ
Բ	Թ	Կ	A	Ա	E	Չ	Մ	Ն	Ւ	Ն	Ո	L	Ծ	Ն	Ո
Հ	Ճ	Ր	Փ	Ր	Վ	O	Ա	Ս	Թ	Ը	Ա	Շ	Ո	Ծ	Ւ
Ժ	L	Ա	Վ	Գ	Ճ	Ի	Կ	Ն	Ց	Ն	Դ	Ռ	Ք	Բ	Յ
Ճ	Ի	Հ	Ց	Ճ	Շ	Ռ	Ե	Ե	Ջ	Ւ	Ո	Յ	Բ	Փ	Թ
Վ	Հ	Ռ	Զ	Խ	Մ	Ա	Ր	Ր	Ն	Է	Բ	Ա	Դ	Ծ	Ւ

ԲՅՈՒՋԵ
ԿԱՐԻԵՐԱ
ԸՆԿԵՐՈՒԹՅՈՒՆ
ԱՐԺԵՔ
ԱՐԺՈՒՅԹ
ԶԵՂՉ
ԱՇԽԱՏԱԿԻՑ
ԳՈՐԾԱՏՈՒ
ԳՈՐԾԱՐԱՆ
ՖԻՆԱՆՍՆԵՐ
ԵԿԱՄՈՒՏ
ՆԵՐԴՐՈՒՄՆԵՐ
ՄԵՆԵՋԵՐ
ԱՊՐԱՆՔ
ՓՈՂ
ԳՐԱՍԵՆՅԱԿ
ՇԱՀՈՒՅԹ
ՎԱՃԱՌՔ
ԽԱՆՈՒԹ
ՀԱՐԿԵՐ

95 - Geography

Բ	Վ	Լ	Ղ	Խ	Ն	Ս	Մ	Խ	Ի	Մ	H	K	Ե	E	E
Տ	Ա	Չ	Ա	Է	Ի	Ք	Չ	E	H	Ե	Զ	Ս	H	Պ	E
Ա	Ր	Ր	Ժ	Յ	Է	Տ	Մ	Ճ	Խ	Ր	Ք	Ա	Ղ	Ա	Ք
Ր	Ա	Ո	Ձ	Չ	Ն	Ւ	Դ	Ռ	Գ	Ի	Ռ	Լ	Ծ	Կ	Թ
Ա	Հ	Ի	Ց	Ր	Վ	Ո	Ծ	Ե	Ե	Դ	Ղ	Տ	Գ	Ի	Ե
Ծ	Ե	Ր	Շ	Կ	Ո	Մ	Ւ	Ֆ	Տ	Ի	Ւ	Ա	Բ	Ս	Ր
Ա	Ղ	Ֆ	Ի	Ղ	Փ	Ւ	Ֆ	Թ	Մ	Ա	Լ	Գ	Ղ	Ա	Կ
Շ	Ք	Ի	Ր	Բ	Ս	Ե	Թ	E	Յ	Ն	Կ	Ի	Ի	Գ	Ի
Ր	Պ	Կ	K	Պ	Ի	Ր	Պ	Յ	Ց	Ո	Պ	Խ	Տ	Ո	Ր
Ջ	H	Չ	K	Թ	Ս	Ա	Բ	Ւ	Ո	Բ	Ւ	Ք	Ա	Ւ	Ւ
Ա	Լ	Ֆ	Ռ	Զ	Ւ	Ւ	Կ	Բ	P	Ւ	Ս	Ն	Ր	Ն	Լ
Ն	Ե	Ե	Օ	Ե	Ո	Ո	Ջ	Ղ	Պ	Մ	Ն	Թ	Ա	Դ	Զ
A	Ռ	P	Կ	Տ	Յ	Ջ	Ջ	Ծ	Զ	Մ	Ց	Ը	Ծ	Ր	Ս
Ա	Շ	Խ	Ա	Ր	Հ	Ա	Մ	Ա	Ս	Ի	Ջ	Ֆ	Ք	Ց	Ժ
Ջ	Լ	Ց	Պ	Ա	Չ	Շ	Չ	Օ	Վ	Կ	Ի	Ա	Ն	Ո	Ս
Շ	Ց	Խ	A	Ք	Ա	Շ	Խ	Ա	Ր	Հ	Հ	Վ	Դ	Ք	Ճ

ԲԱՐՁՐՈՒԹՅՈՒՆԸ
ԱՏԼԱՍ
ՔԱՂԱՔ
ԱՇԽԱՐՀԱՄԱՍ
ԵՐԿԻՐ
ԿԻՍԱԳՈՒՆԴ
ԿՂԶԻ
ԼԱՅՆՈՒԹՅՈՒՆ
ՔԱՐՏԵԶ
ՄԵՐԻԴԻԱՆ
ԼԵՌ
ՀՅՈՒՍԻՍ
ՕՎԿԻԱՆՈՍ
ՏԱՐԱԾԱՇՐՋԱՆ
ԳԵՏ
ԾՈՎ
ՀԱՐԱՎ
ՏԱՐԱԾՔ
ԱՐԵՒՄՈՒՏՔ
ԱՇԽԱՐՀ

96 - Vacation #1

Ճ	Ե	Ր	Թ	Ո	Ւ	Ղ	Ի	Օ	Վ	Է	Ց	Ւ	Ն	Ճ	Ա
Օ	Լ	Ջ	Ք	Ա	Լ	Է	Վ	Հ	Վ	Հ	Ղ	Ե	Ք	Դ	Ր
Ճ	Ն	Կ	Ա	Ս	Ւ	Ո	Յ	Ա	Պ	Է	Ս	Օ	Է	Շ	Շ
Ց	Տ	Փ	Ղ	Վ	Դ	Ս	Ղ	Լ	Ե	Ը	Ն	H	H	Է	Ա
Մ	Ե	Կ	Ն	Ո	Ւ	Մ	Յ	Ա	Վ	Մ	Ա	Ր	Տ	Լ	Վ
Գ	Ն	Ա	Լ	H	Լ	Ո	Գ	Ղ	Լ	Դ	Ր	Հ	Ս	Ի	Ա
Ք	Ճ	H	Չ	K	Ւ	Տ	Օ	Ք	Լ	Ո	Ա	Ո	Ի	Ճ	Խ
Շ	Ե	Ա	Կ	Շ	Ի	Հ	Ի	Ց	Ն	H	Գ	Վ	Ր	Ա	Մ
Ն	H	Ա	Ֆ	Յ	Ֆ	Պ	Ճ	Ն	Լ	Թ	Ն	Ա	Ւ	Ր	Բ
Մ	Ե	Ք	Ե	Ն	Ա	Ռ	Ո	Ա	Ք	Ճ	Ա	Ն	Ո	Ժ	Ի
Թ	Ո	Ւ	Լ	Ա	Ց	Ո	Ւ	Մ	Մ	Ն	Թ	Ո	Տ	Ո	Ճ
Ա	Մ	Ա	Ք	Ս	Ա	Յ	Ի	Ն	Ֆ	Պ	Ա	Ց	Շ	Ւ	Օ
Ց	Մ	Կ	Գ	Օ	Ռ	Ը	Մ	Գ	Մ	Ք	Ր	Թ	Բ	Յ	Ք
Դ	Փ	Փ	Դ	Պ	Բ	Տ	Յ	Ս	Ե	Բ	Մ	Ո	Ի	Թ	Խ
Օ	Գ	Ճ	Ը	E	Լ	Գ	Ղ	Ռ	Հ	Ժ	H	Վ	Ւ	Ռ	Շ
Բ	Պ	Յ	Տ	Է	Փ	Ը	Ն	Ե	Ֆ	Ր	Ջ	Ր	Ժ	Կ	Ք

ԻՆՔՆԱԹԻՌ
ՊԱՅՈՒՍԱԿ
ՄԵՔԵՆԱ
ԱՐԺՈՒՅԹ
ՄԱՔՍԱՅԻՆ
ՄԵԿՆՈՒՄ
ԱՐՇԱՎԱԽՄԲԻ
ԵՐԹՈՒՂԻ
ԼԻՃ
ԹԱՆԳԱՐԱՆ
ԹՈՒԼԱՑՈՒՄ
ՃԱՄՊՐՈՒԿ
ՏՈՄՍ
ԳՆԱԼ
ԼՈՂԱԼ
ՏՈՒՐԻՍՏ
ՏՐԱՄՎԱՅ
ՀՈՎԱՆՈՑ

97 - Jazz

Ն	Ռ	Ը	Ժ	P	H	Ր	Ե	Ն	Տ	Շ	Ի	Ժ	Ա	Ր	Ե
Վ	Ի	Ղ	Ա	Խ	Ձ	Ը	Է	Ւ	Ծ	Ո	Մ	Ե	Է	Ջ	Խ
Ա	Թ	Ց	Ն	Շ	Ո	Զ	Ջ	Ո	Ա	Լ	Պ	Մ	Ւ	Չ	Դ
Գ	Մ	Հ	Ր	Ր	Ը	Տ	Ա	Յ	Զ	Գ	Ր	Ե	Ձ	Ֆ	Շ
Ա	Հ	Ա	Մ	Ե	Ր	Գ	Ն	Թ	Դ	Բ	Ո	Ա	Ը	Ց	Գ
Խ	Ղ	K	E	Ղ	Շ	Ո	Շ	Ւ	Ե	Խ	Վ	Կ	Ֆ	Ս	H
Ո	Ն	Կ	Ա	Ր	Ի	Չ	Ա	Ո	Ց	Շ	Ի	Ի	Ր	Բ	Հ
Ւ	Ֆ	Ջ	Ճ	H	Ն	Հ	Ն	Տ	Ո	Մ	Զ	Ն	Ո	Ր	P
Մ	Կ	Զ	Զ	P	Տ	Ճ	Փ	Շ	Ւ	P	Ա	Խ	Տ	Ծ	Գ
Բ	Է	Ա	Ժ	Ի	Յ	Ք	Ա	Ժ	Թ	Ն	Ց	Ե	Ի	Ջ	P
Զ	Շ	Ը	Զ	Ը	Ա	Ը	Լ	Ա	Յ	Ժ	Ի	Տ	Զ	Ս	Ա
Ճ	Ւ	Ո	Ճ	Մ	Հ	Ս	Բ	Ր	Ո	Ե	Ա	Ց	Ո	Ց	Ւ
Կ	Ի	Յ	Բ	Վ	Ը	Ֆ	Ո	Ե	Ւ	H	Ս	Ք	Պ	Վ	H
Հ	Ի	Ն	Խ	P	Լ	Ճ	Մ	Չ	Ն	Դ	Դ	Զ	Մ	Ո	Հ
Տ	Ժ	Է	Ե	Հ	Լ	Ի	Ղ	Ղ	Ջ	Տ	Ի	Ց	Ո	Լ	E
Տ	Ա	Ղ	Ա	Ն	Դ	Ձ	Պ	Ը	Ա	Ջ	Փ	K	Կ	Վ	Չ

ԱԼԲՈՄ
ՆԿԱՐԻՉ
ԿՈՄՊՈԶԻՏՈՐ
ԿԱԶՄԸ
ՀԱՄԵՐԳ
ՀԱՅՏՆԻ
ԷՋԱՆՇԱՆ
ԺԱՆՐ
ԻՄՊՐՈՎԻԶԱՑԻԱ
ԱԶԴԵՑՈՒԹՅՈՒՆ
ԵՐԱԺՇՏՈՒԹՅՈՒՆ
ԵՐԱԺԻՇՏՆԵՐ
ՆՈՐ
ՀԻՆ
ՆՎԱԳԱԽՈՒՄԲ
ՌԻԹՄ
ԵՐԳ
ՈՃ
ՏԱՂԱՆԴ
ՏԵԽՆԻԿԱ

98 - Nature

Ս	P	Ր	Մ	Ն	Ա	Կ	Ա	Ս	Ն	Ե	Կ	Տ	Ռ	E	Գ
Ա	Ո	Ե	Ռ	Ա	Տ	Ն	Ա	Ն	Ի	Ք	Մ	Զ	O	Ք	Ե
Ռ	Փ	Ն	Լ	Ի	Ռ	P	Ա	Լ	Ր	Ղ	Ե	Գ	H	Ֆ	Ղ
Ց	Ձ	Ի	Թ	Ե	Ը	Ա	Վ	Պ	Յ	Խ	Ղ	Ո	O	H	Ե
Ա	Ե	Ն	Փ	Ք	Ռ	Ր	Խ	Բ	Ա	Բ	Ո	H	Է	Ձ	Ց
Դ	Ց	Ա	Տ	Լ	Ւ	Ն	P	Ո	Վ	Տ	Ւ	Ձ	Ր	H	Կ
Ա	Ռ	Դ	Ը	Ն	A	Ը	Ե	Ճ	Ւ	Ղ	Ն	Տ	Ե	Գ	Ո
Ճ	Ւ	Ն	Ո	Յ	H	Պ	Ռ	Ր	A	Ղ	Ե	Ս	Բ	Ն	Ւ
Տ	Ծ	Ե	P	Է	Ն	Ձ	H	Թ	Տ	Յ	Ր	Ի	Է	Զ	Թ
Ա	Ր	Կ	Տ	Ի	Կ	Ա	Թ	Ժ	Չ	Ս	Կ	Գ	Ր	Ճ	Յ
Ա	Ր	Ե	Ւ	Ա	Դ	Ա	Ր	Ձ	Ա	Յ	Ի	Ն	Ո	Խ	Ո
O	Ս	Զ	Մ	Է	Ղ	Ռ	Ա	Ր	Ե	Պ	Մ	Ա	Զ	Ա	Ւ
Ո	Ք	Վ	Ն	H	Ք	Ղ	Ղ	Գ	Ի	Ծ	Ա	Հ	Ի	Ղ	Ն
Զ	Ֆ	Պ	Ո	E	Գ	H	Ա	Ե	Է	Հ	Ն	Ֆ	Ա	Ա	Ֆ
Է	Է	K	Ֆ	Պ	Հ	Դ	Ս	P	Տ	Ե	Ի	Թ	Տ	Ղ	Ր
Ի	Ղ	Գ	Փ	Կ	Բ	Ս	O	Ց	Ծ	Փ	Դ	P	Չ	O	Հ

ԿԵՆԴԱՆԻՆԵՐ
ԱՐԿՏԻԿԱ
ԳԵՂԵՑԿՈՒԹՅՈՒՆ
ՄԵՂՈՒՆԵՐ
ԱՄՊԵՐ
ԱՆԱՊԱՏ
ԴԻՆԱՄԻԿ
ԷՐՈԶԻԱ
ՄԱՌԱԽՈՒՂ
ՍԱՂԱՐԹ
ԱՆՏԱՌ
ՍԱՌՑԱԴԱՇՏ
ԼԵՌՆԵՐ
ԽԱՂԱՂ
ԳԵՏ
ՀԱՆԳԻՍՏ
ԱՐԵՒԱԴԱՐՁԱՅԻՆ
ԿԵՆՍԱԿԱՆ
ՎԱՅՐԻ

99 - Championship

Հ	Ն	Խ	Մ	Չ	Ռ	Գ	H	Պ	Ի	Ա	Ե	Պ	Վ	Ւ	Ի
Ա	Չ	Ա	Գ	Ի	Լ	Հ	Չ	Զ	Ւ	Ռ	Մ	Ե	Դ	Ա	Լ
Ղ	Բ	Ղ	Ղ	Զ	Ո	Խ	Ե	Ւ	Խ	Ա	H	Ղ	Է	Տ	Ա
Թ	Ճ	Ե	Ծ	Ր	P	Թ	Մ	Ե	Ռ	Ջ	Վ	Շ	Ի	Ֆ	Ե
Ա	A	Ր	Ի	Ա	Պ	Ս	Պ	Ի	Լ	Ն	P	Ն	Օ	Ձ	Է
Ն	Մ	Ա	K	Մ	Տ	Ն	Ի	Ս	Թ	Ո	Է	Չ	H	Յ	Վ
Ա	Բ	Շ	Ց	Հ	Տ	Ե	Ո	Յ	Ա	Ւ	Լ	Ե	Ա	Ռ	Ր
Կ	Խ	Ա	Ւ	P	Ք	Ր	Ն	Մ	Գ	Թ	Գ	Լ	P	Զ	Թ
Չ	Ւ	Ց	Լ	Ղ	Ւ	Կ	Ո	Ր	E	Յ	Ծ	Մ	Ա	Բ	Յ
Ք	Ա	Ր	H	Ձ	Չ	Ա	Բ	Պ	Ս	Ո	H	Բ	Ջ	Ա	Ց
Ղ	Ր	Մ	Ղ	Ֆ	Խ	Յ	Ե	E	Ս	Ւ	Փ	Ս	Պ	Գ	Է
Ճ	Թ	Տ	Ն	Ե	Շ	Ա	Ե	Շ	Ձ	Ն	K	Ղ	Ս	Կ	Փ
Ո	Յ	Ֆ	Ի	Ի	Ք	Ց	Ե	Զ	Ր	Ա	Փ	Ա	Կ	Ի	Չ
Գ	Ր	Հ	Հ	Ն	Ձ	Ո	Դ	Ա	Տ	Ա	Վ	Ո	Ր	Ր	Գ
Ս	Դ	Օ	Ւ	Ձ	Ք	Ւ	Մ	Ո	Տ	Ի	Վ	Ա	Ց	Ի	Ա
Օ	Շ	Թ	Ձ	Ի	Կ	Մ	Ձ	Ը	Ն	Ջ	Ձ	Ի	Մ	Թ	Ւ

ՉԵՄՊԻՈՆ
ԱՌԱՋՆՈՒԹՅՈՒՆ
ՄԱՐԶԻՉ
ԵԶՐԱՓԱԿԻՉ
ԽԱՂԵՐ
ԴԱՏԱՎՈՐ
ԼԻԳԱ
ՄԵԴԱԼ
ՄՈՏԻՎԱՑԻԱ
ՆԵՐԿԱՅԱՑՈՒՄ
ՔՐՏԻՆՔ
ՍՊՈՐՏ
ԹԻՄ
ՇՆՉԵԼ
ՄՐՑԱՇԱՐ
ՀԱՂԹԱՆԱԿ

100 - Vacation #2

H	Ռ	Վ	Ձ	Ք	Ո	Ե	Յ	Փ	Ք	Լ	Ն	Բ	Ք	Ա	Զ
Ծ	Ճ	Ա	Մ	Բ	Ո	Ր	Դ	Ո	Ւ	Թ	Ի	Ւ	Ն	Ե	Օ
Ց	Ո	Ն	Ա	Ր	Ւ	Ո	Յ	Հ	Հ	Ճ	Փ	Տ	Ո	Խ	Դ
Խ	Ա	Վ	Փ	Ա	Ղ	Ո	Լ	Ի	Հ	Վ	Փ	Բ	Տ	Ը	Ա
Վ	Լ	Յ	Ճ	Ո	Վ	Ի	Զ	Ա	K	Ւ	Մ	K	Ա	Ռ	Ն
Ը	Օ	Հ	Վ	Ղ	Խ	Վ	P	Կ	Ր	Զ	Թ	Փ	Լ	Ս	Ա
E	Խ	Շ	Օ	Ր	Վ	Ա	Շ	Ր	Ա	Ն	Կ	Է	Վ	Ղ	Վ
Ա	Զ	Ե	Տ	Ր	Ա	Ք	Դ	Հ	Ի	Հ	E	H	Ծ	Կ	Ա
Ն	Ֆ	Ն	Ա	Ե	Պ	Ց	Շ	Ր	Ե	Ս	A	Օ	Ռ	Ղ	Կ
Ձ	Հ	Լ	Ր	Ն	Ւ	Ա	Յ	Ֆ	Ո	Ր	Ք	Տ	Ե	Զ	Ա
Ն	Ա	Ր	Վ	Ռ	Տ	Ն	E	Ժ	Ւ	Ւ	Ի	Ա	Ս	Ի	Յ
Ա	Ս	E	Ջ	Ե	Ք	Գ	Պ	Օ	Վ	Է	Մ	Ր	Տ	H	Ա
Գ	H	Շ	Հ	Լ	Գ	A	Ղ	Ի	K	Լ	A	Ա	Ո	Ե	Ն
Ի	A	Ֆ	Ք	Ո	Ձ	Հ	Ո	Ի	Ր	Փ	Ջ	Կ	Ր	Զ	Տ
Ր	Գ	P	Գ	Ն	Պ	Մ	Վ	Թ	Ձ	Յ	E	Ա	Ա	Ն	Յ
Ծ	Կ	Ա	Ֆ	Ը	Պ	K	H	Պ	Ց	Ի	Զ	Ն	Ն	Թ	Ր

ՕԴԱՆԱՎԱԿԱՅԱՆ
ԼՈՂԱՓ
ԱՐՇԱՎ
ՕՏԱՐ
ՕՏԱՐԱԿԱՆ
ՏՈՆ
ՀՅՈՒՐԱՆՈՑ
ԿՂԶԻ
ՃԱՄԲՈՐԴՈՒԹԻՒՆ
ՔԱՐՏԵԶ
ԼԵՌՆԵՐ
ԱՆՁՆԱԳԻՐ
ՌԵՍՏՈՐԱՆ
ԾՈՎ
ՏԱՔՍԻ
ՎՐԱՆ
ԳՆԱՑՔ
ՓՈԽԱԴՐՈՒՄ
ՎԻԶԱ

1 - Antiques

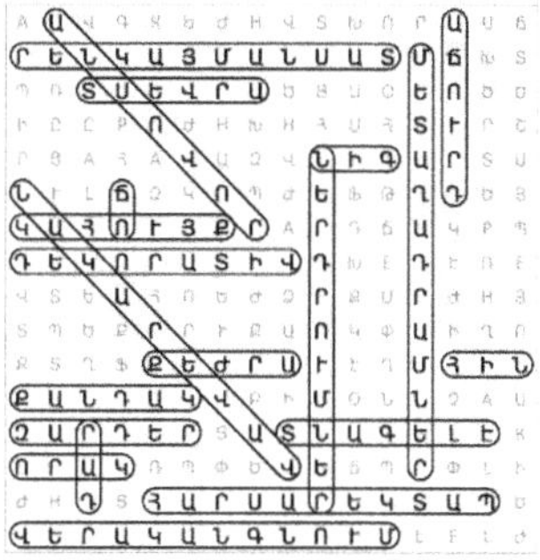

2 - Food #1

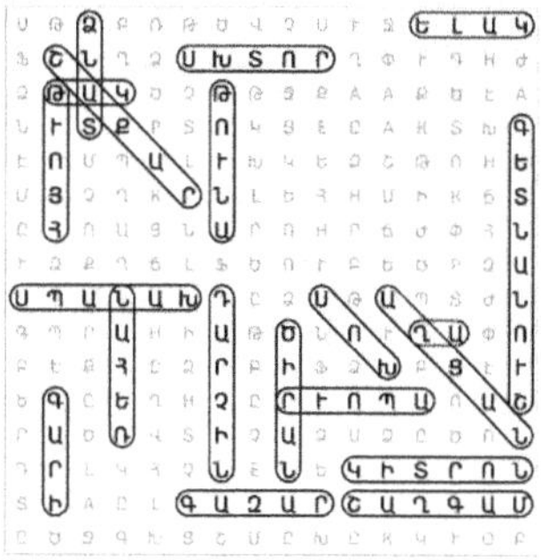

3 - Measurements

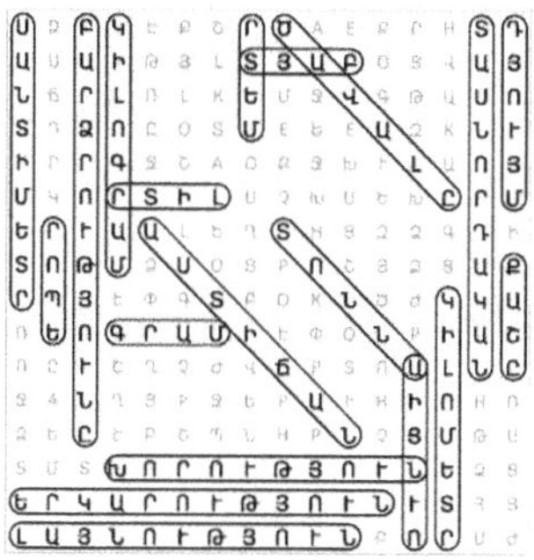

4 - Farm #2

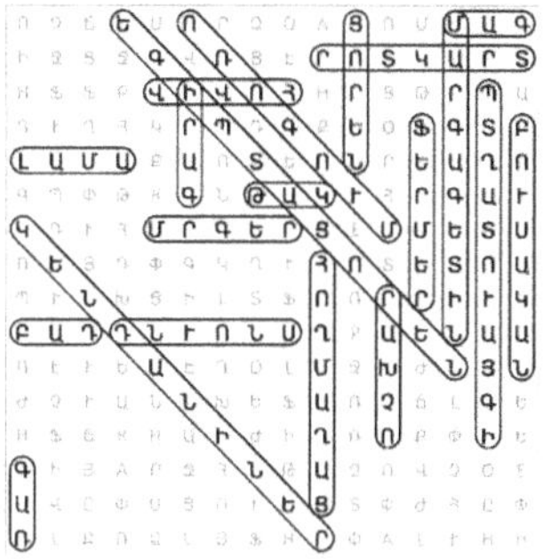

5 - Books

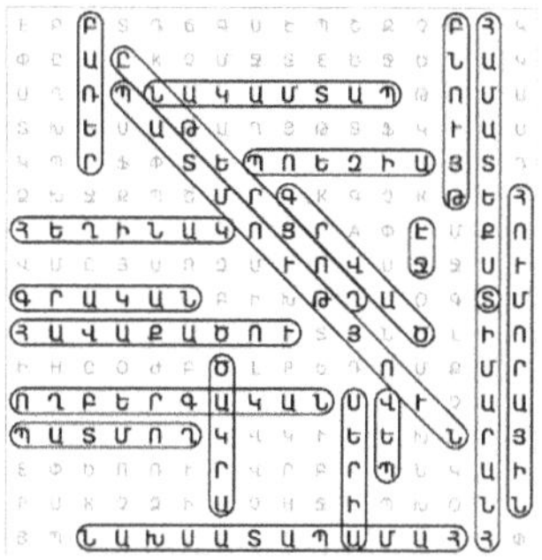

6 - Meditation

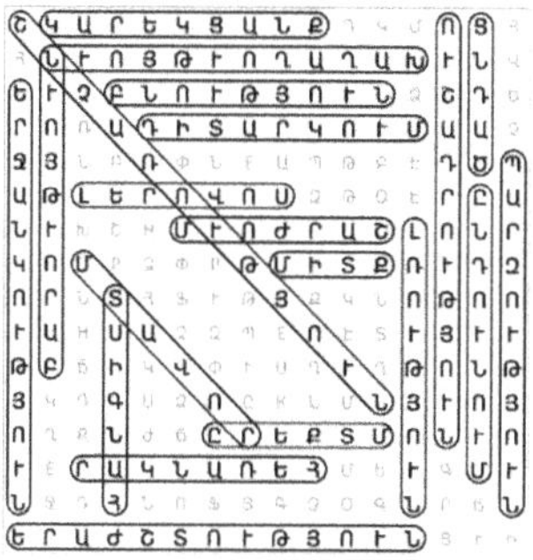

7 - Days and Months

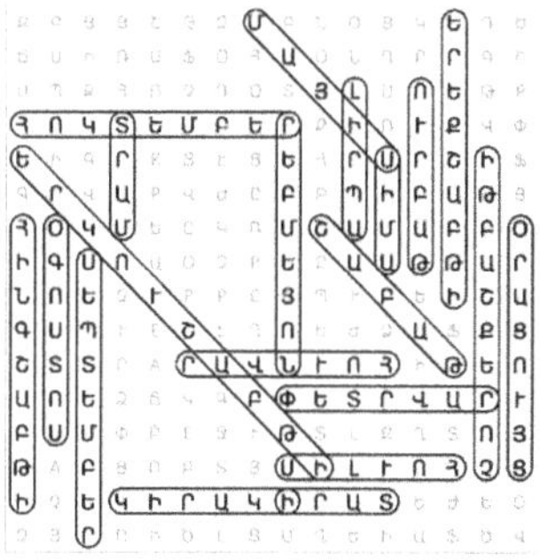

8 - Energy

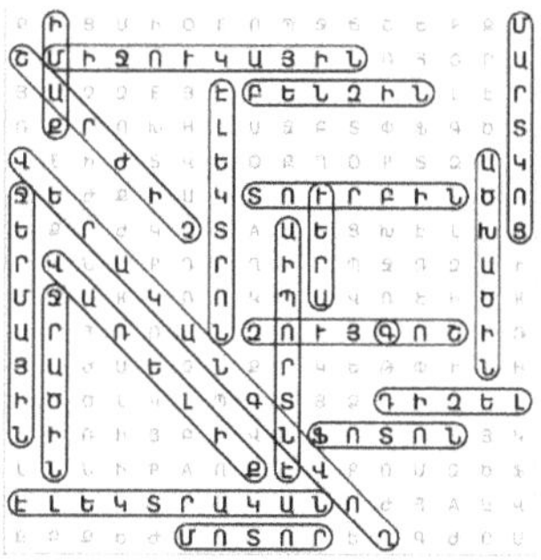

9 - Archeology

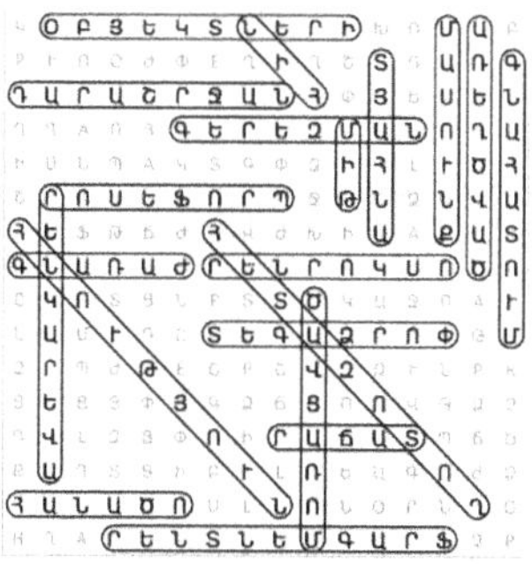

10 - Food #2

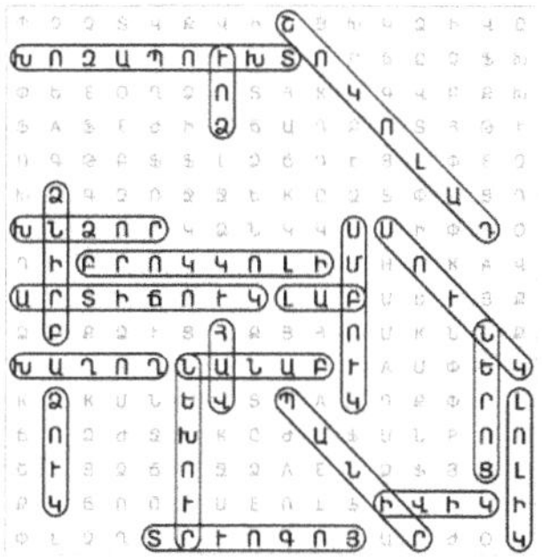

11 - Chemistry

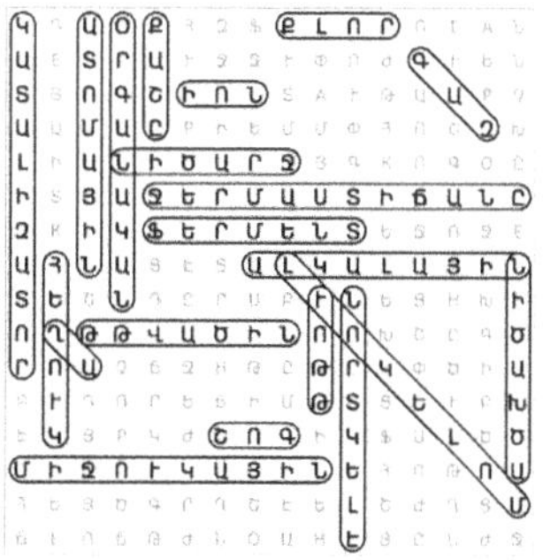

12 - Music

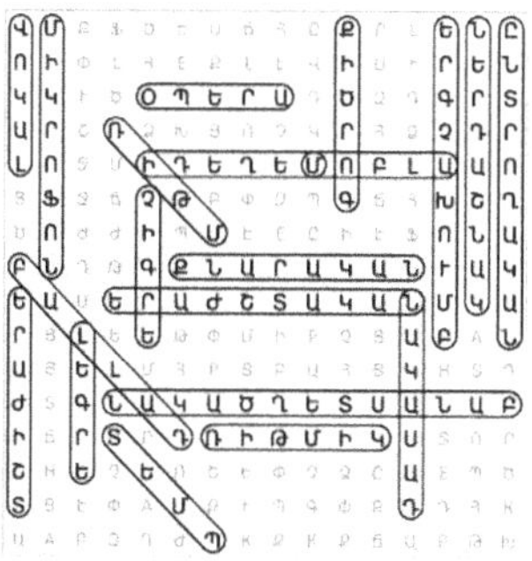

13 - Family

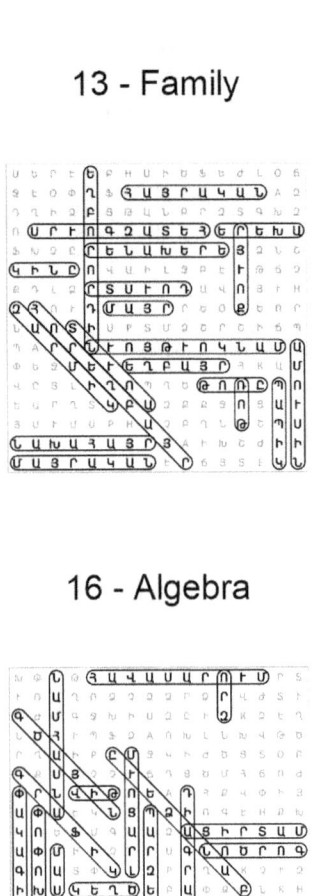

14 - Farm #1

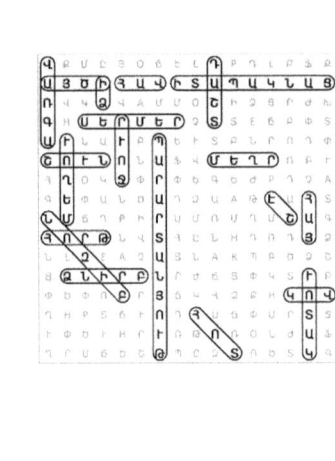

15 - Camping

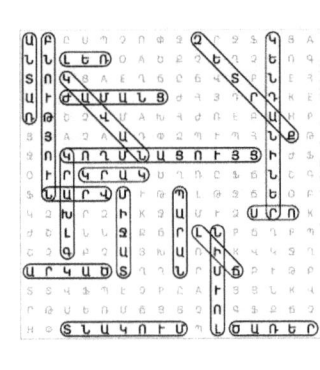

16 - Algebra

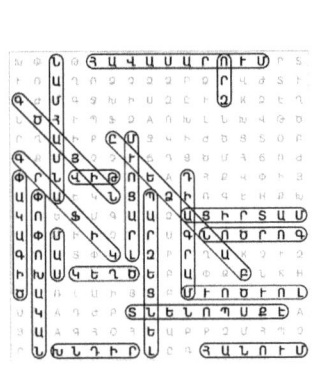

17 - Numbers

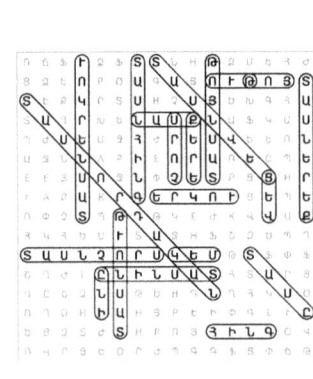

18 - Spices

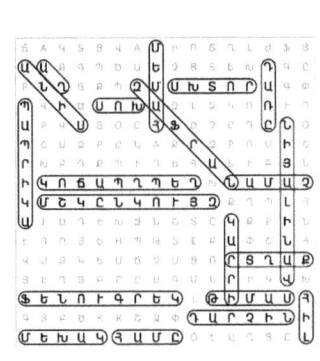

19 - Universe

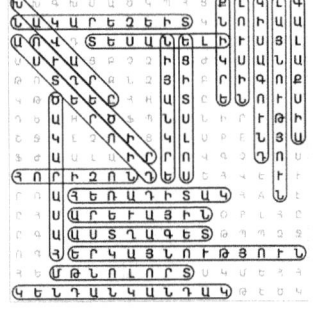

20 - Mammals

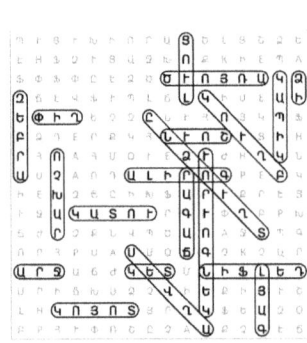

21 - Restaurant #1

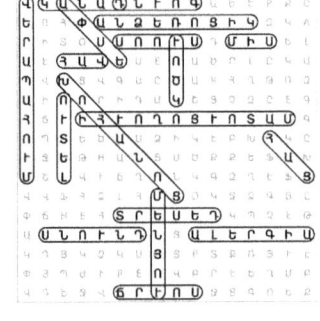

22 - Bees

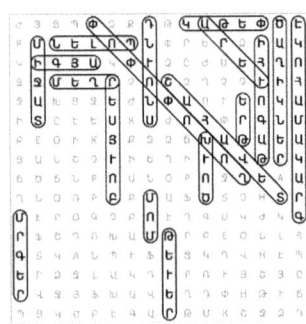

23 - Photography

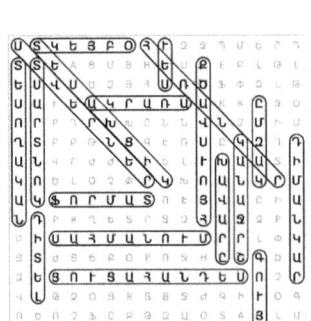

24 - Sports

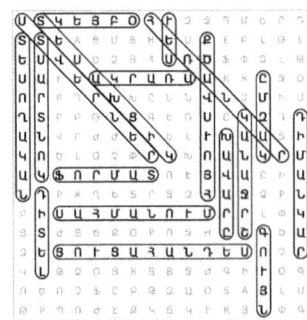

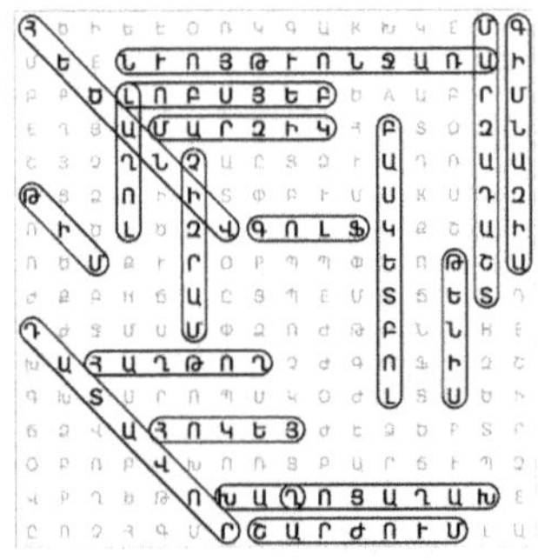

25 - Weather

26 - Sport

27 - Restaurant #2

28 - Geology

29 - House

30 - Physics

31 - Dance

32 - Coffee

33 - Shapes

34 - Science

35 - Beauty

36 - Clothes

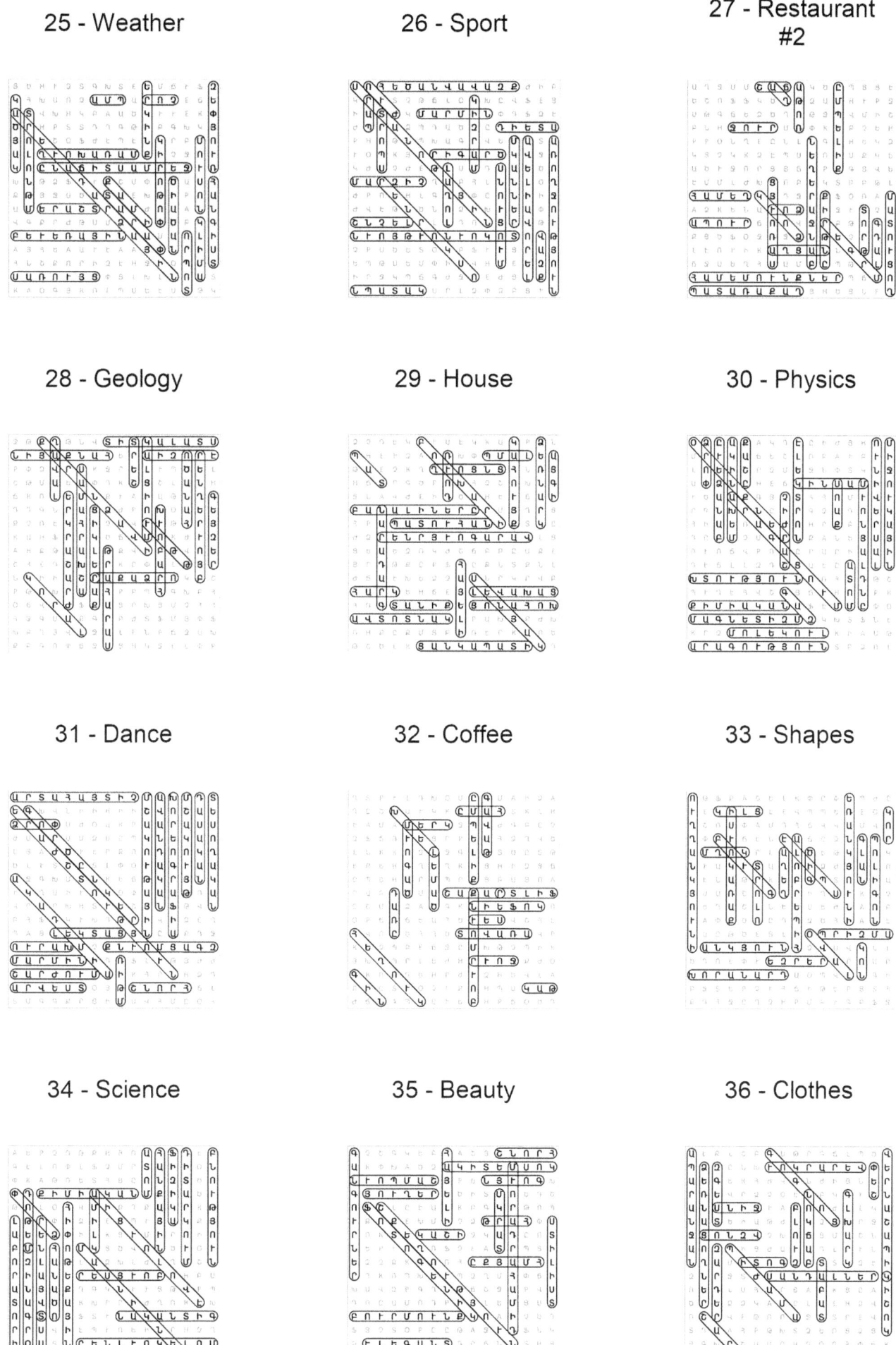

37 - Astronomy

38 - Health and Wellness #2

39 - Disease

40 - Time

41 - Buildings

42 - Gardening

43 - Herbalism

44 - Vehicles

45 - Health and Wellness #1

46 - Town

47 - Antarctica

48 - Ballet

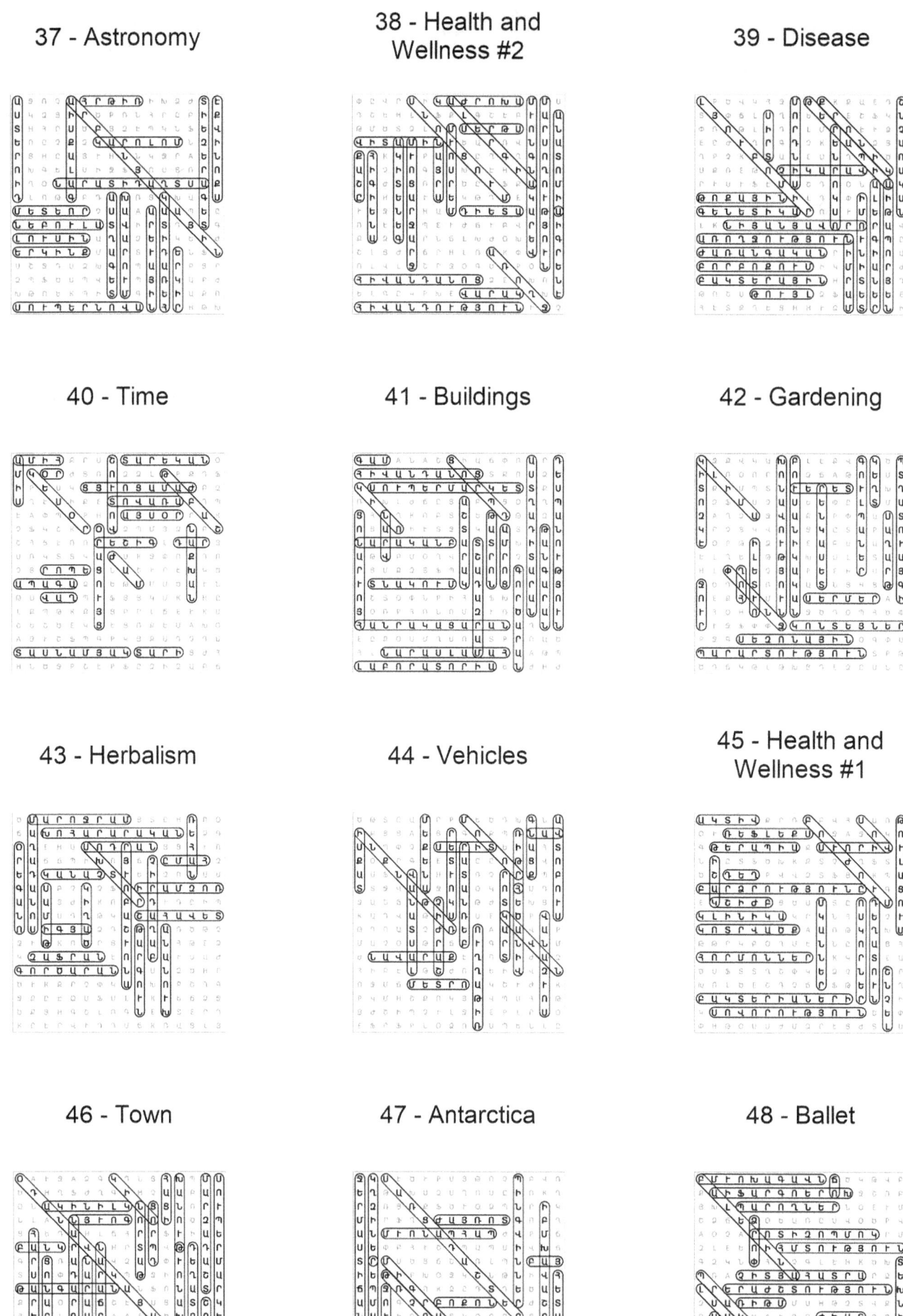

49 - Fashion

50 - Human Body

51 - Musical Instruments

52 - Fruit

53 - Virtues #1

54 - Engineering

55 - Kitchen

56 - Art Supplies

57 - Science Fiction

58 - Geometry

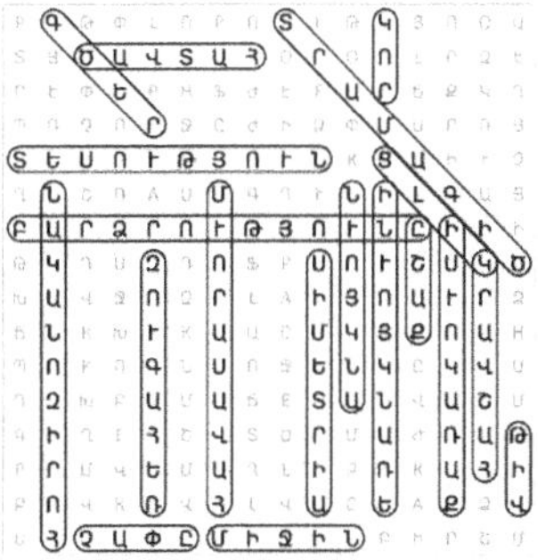

59 - Airplanes

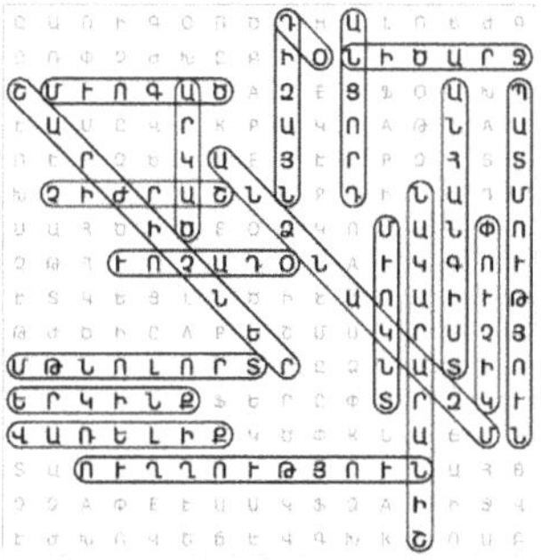

60 - Ocean

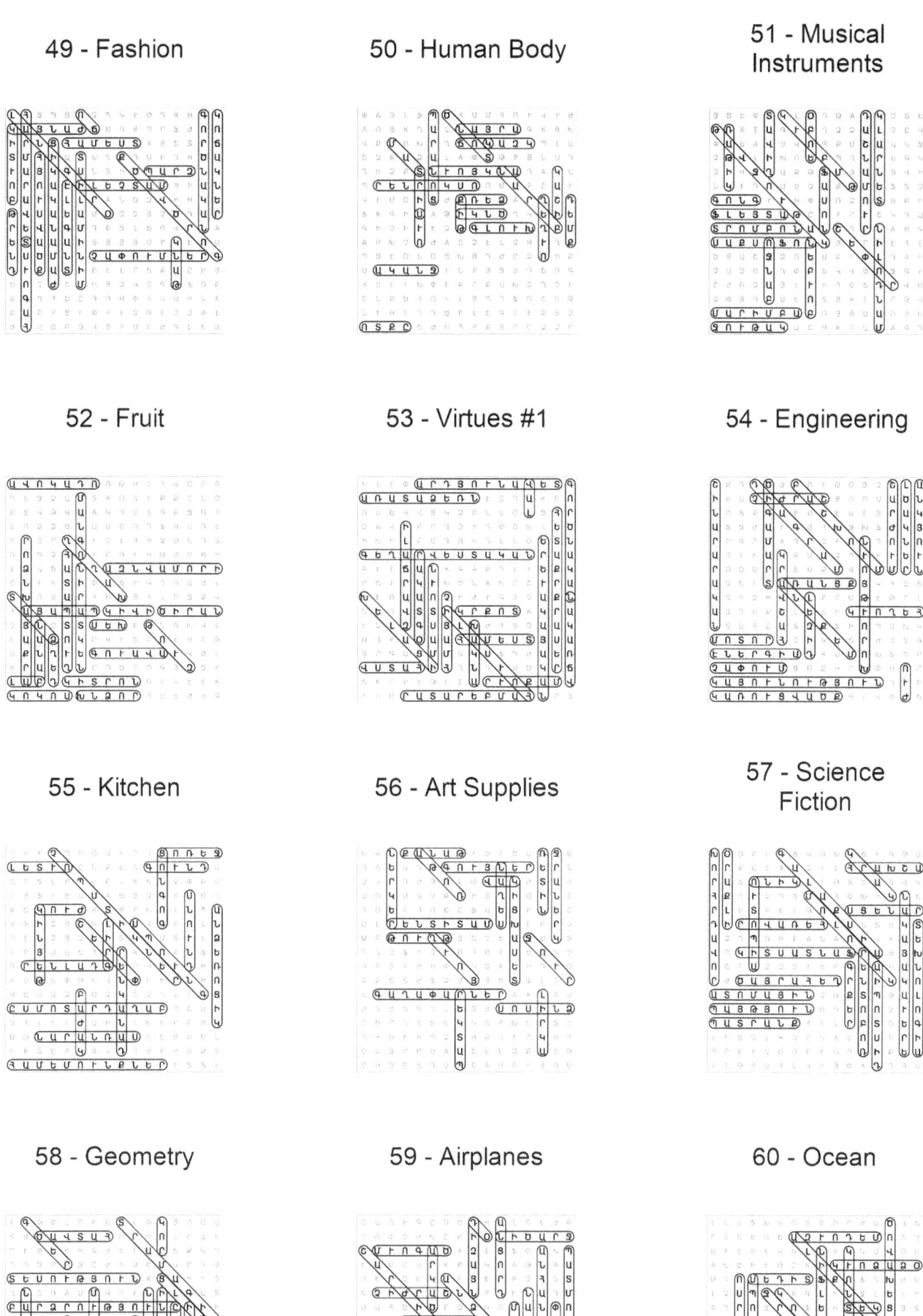

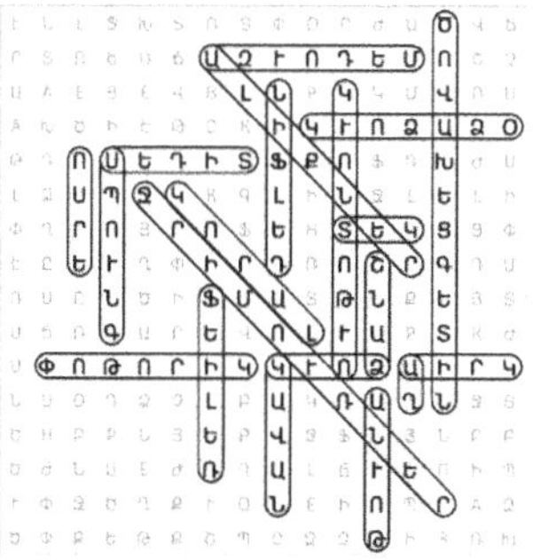

61 - Force and Gravity

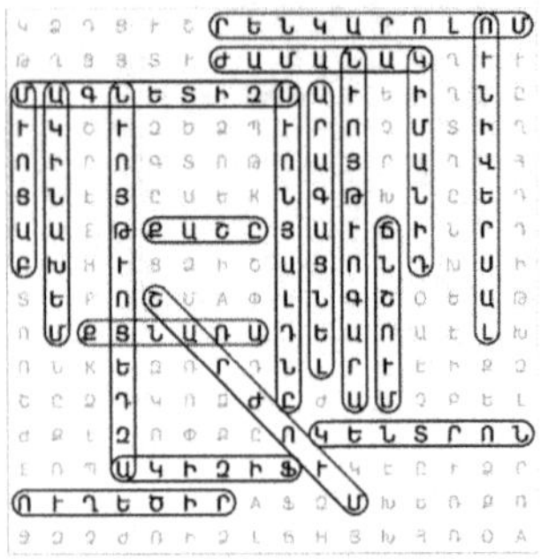

62 - Birds

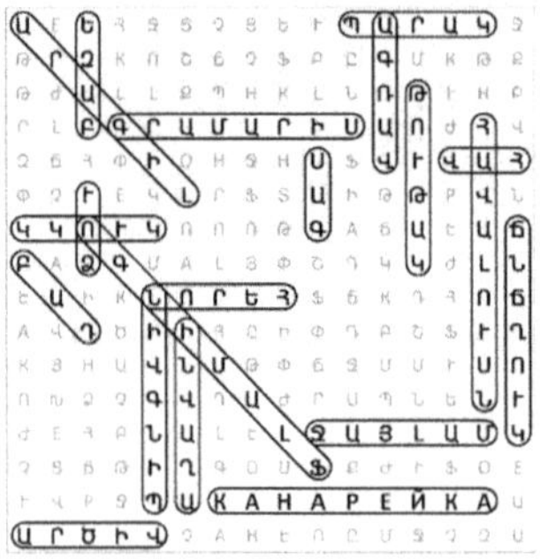

63 - Art

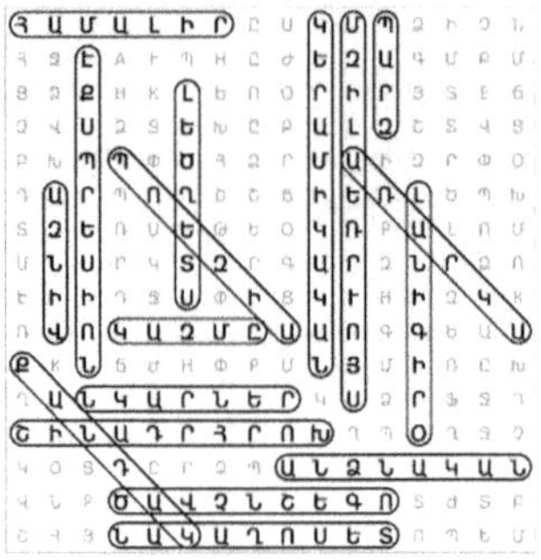

64 - Nutrition

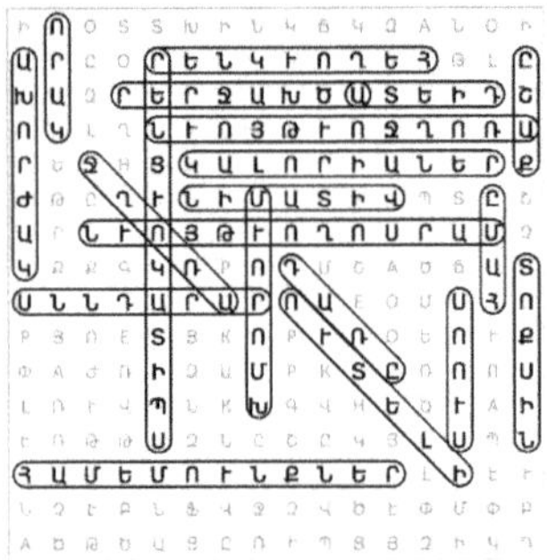

65 - Hiking

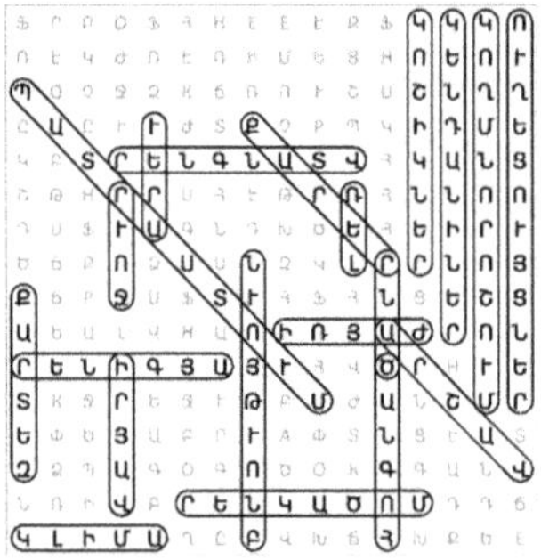

66 - Professions #1

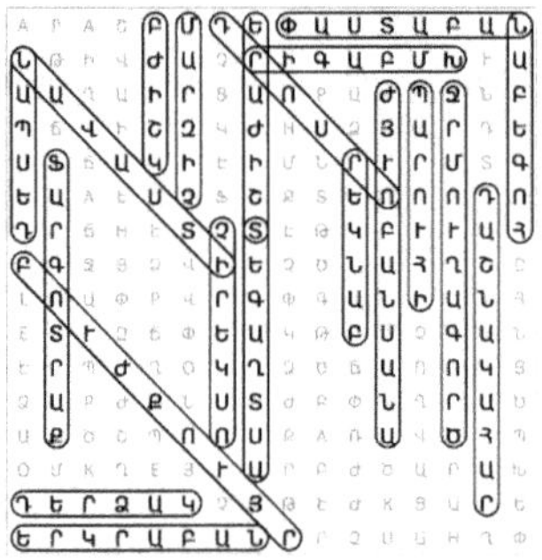

67 - Barbecues

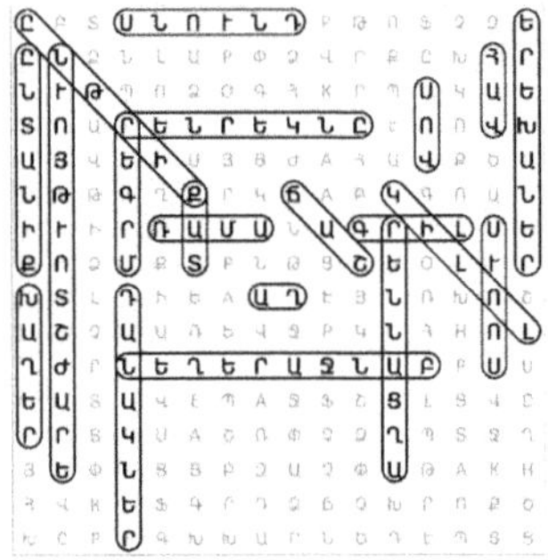

68 - Chocolate

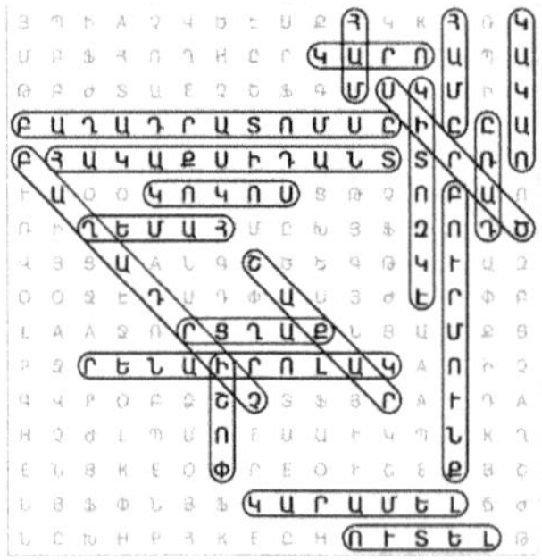

69 - Vegetables

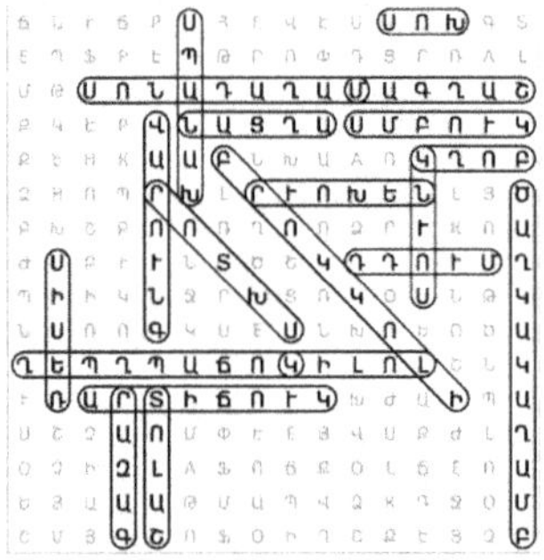

70 - The Media

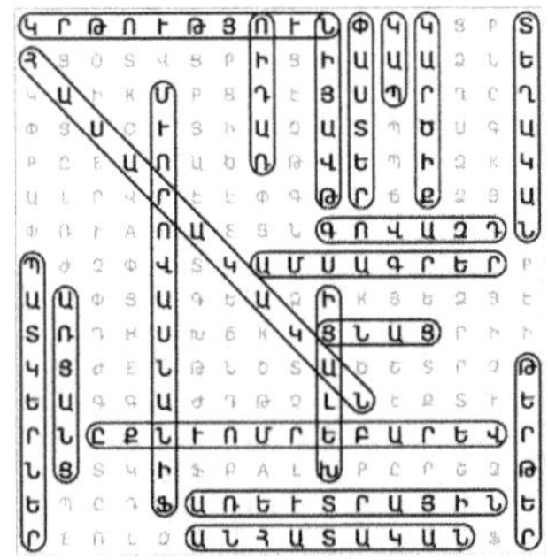

71 - Boats

72 - Driving

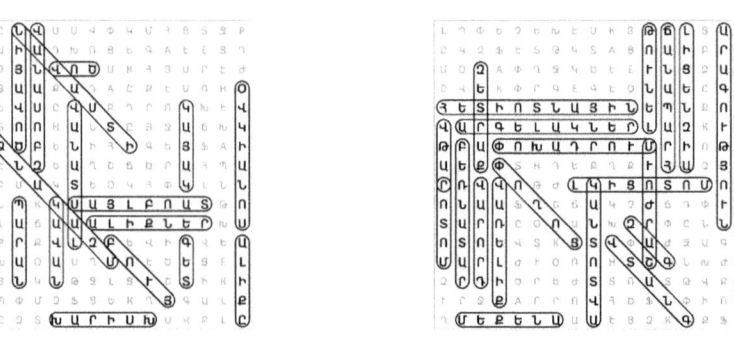

73 - Biology

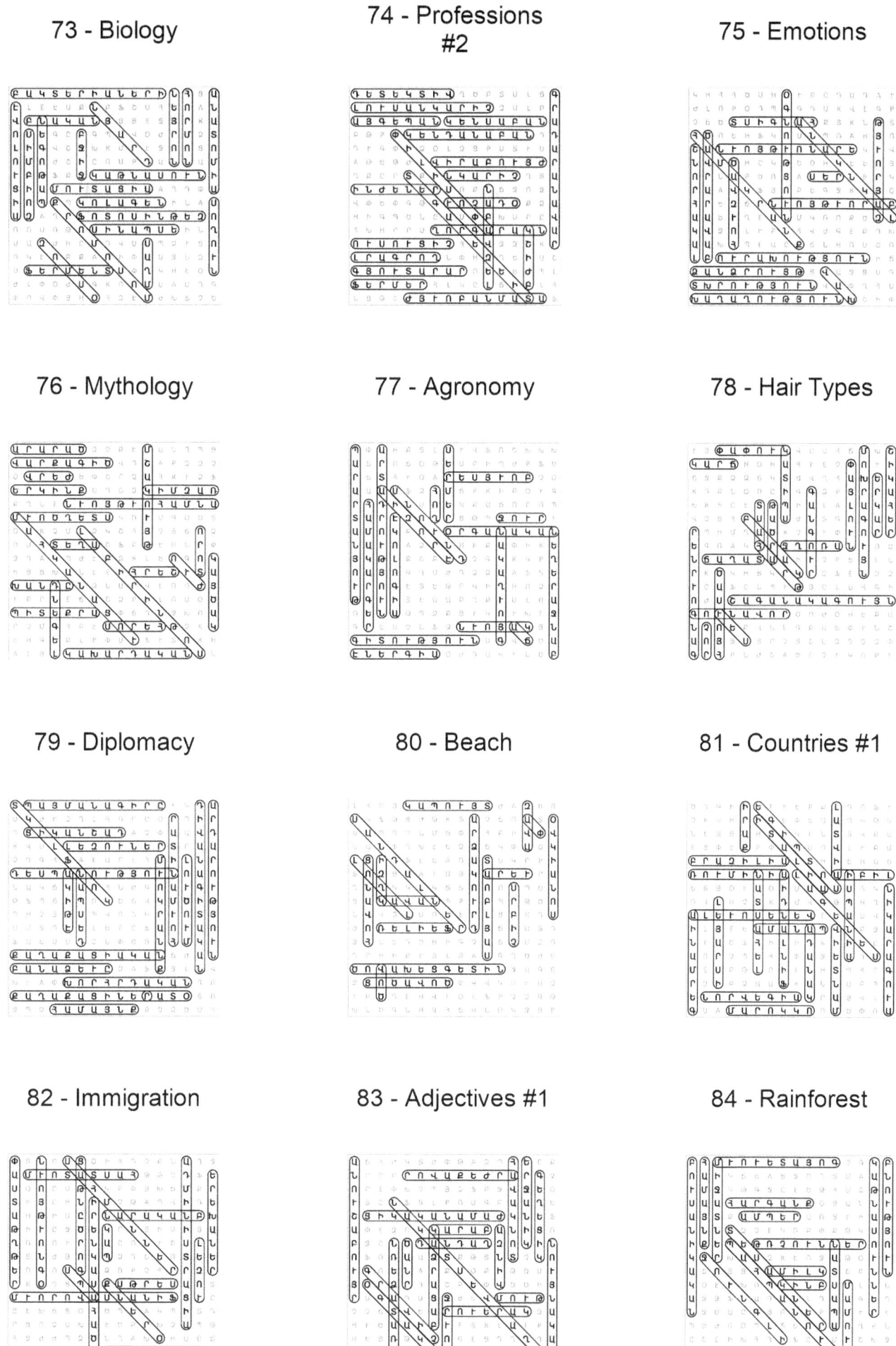

74 - Professions #2

75 - Emotions

76 - Mythology

77 - Agronomy

78 - Hair Types

79 - Diplomacy

80 - Beach

81 - Countries #1

82 - Immigration

83 - Adjectives #1

84 - Rainforest

85 - Landscapes

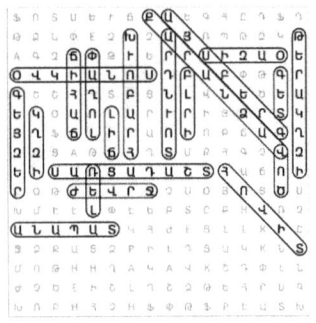

86 - Visual Arts

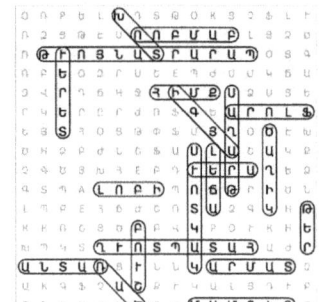

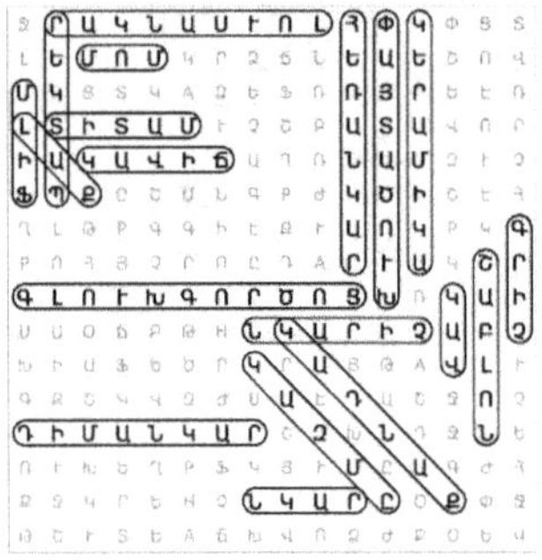

87 - Plants

88 - Boxing

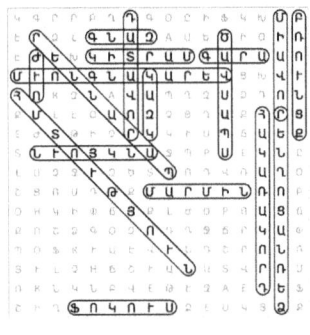

89 - Countries #2

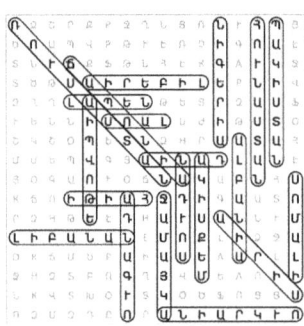

90 - Adjectives #2

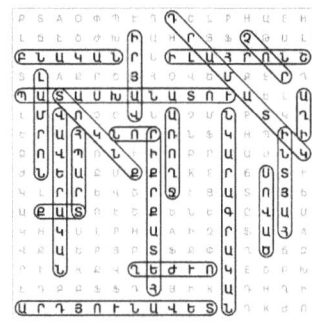

91 - Psychology

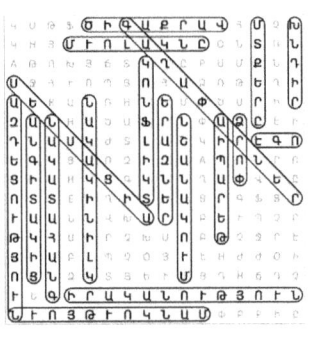

92 - Math

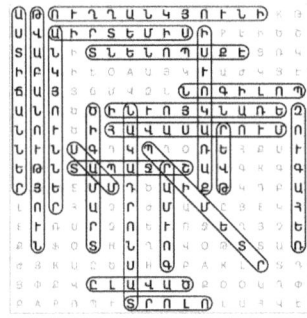

93 - Water

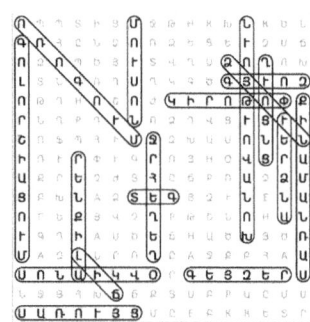

94 - Business

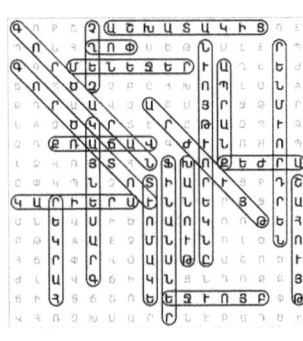

95 - Geography

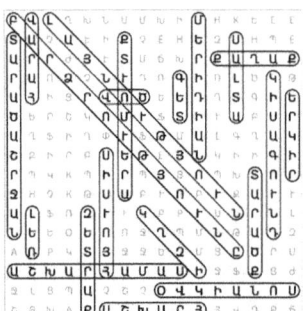

96 - Vacation #1

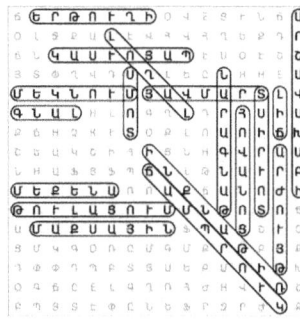

97 - Jazz

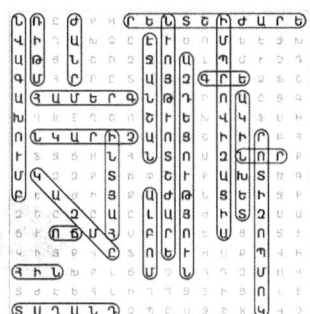

98 - Nature

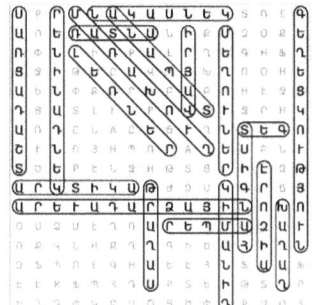

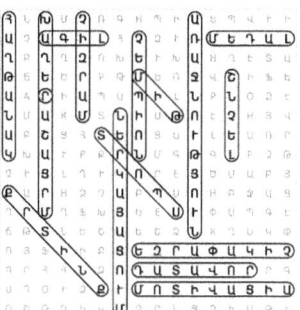

99 - Championship

100 - Vacation #2

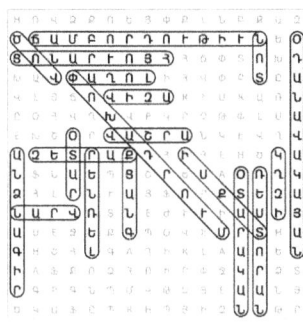

Dictionary

Adjectives #1

Ածականներ #1

Absolute	Բացարձակ
Ambitious	Հավակնոտ
Aromatic	Անուշաբույր
Artistic	Գեղարվեստական
Attractive	Գրավիչ
Beautiful	Գեղեցիկ
Dark	Մութ
Exotic	Էկզոտիկ
Generous	Առատաձեռն
Happy	Երջանիկ
Heavy	Ծանր
Helpful	Օգտակար
Honest	Ազնիվ
Identical	Նույնական
Important	Կարեւոր
Modern	Ժամանակակից
Serious	Լուրջ
Slow	Դանդաղ
Thin	Բարակ
Valuable	Արժեքավոր

Adjectives #2

Ածականներ #2

Authentic	Վավերական
Descriptive	Նկարագրական
Dramatic	Դրամատիկ
Dry	Չոր
Famous	Հայտնի
Gifted	Տնորհալի
Healthy	Առողջ
Hot	Տաք
Hungry	Սոված
Interesting	Հետաքրքիր
Natural	Բնական
New	Նոր
Normal	Նորմալ
Productive	Արդյունավետ
Proud	Հպարտ
Responsible	Պատասխանատու
Salty	Աղի
Sleepy	Քնկոտ
Strong	Ուժեղ
Wild	Վայրի

Agronomy

Ագրոնոմիա

Ecology	Էկոլոգիա
Energy	Էներգիա
Erosion	Էրոզիա
Fertilizer	Պարարտանյութ
Food	Սնունդ
Growth	Աճ
Organic	Օրգանական
Plants	Բույսեր
Production	Արտադրություն
Rural	Գյուղական
Science	Գիտություն
Seeds	Սերմեր
Soil	Հող
Sustainable	Կայուն
Systems	Համակարգեր
Vegetables	Բանջարեղեն
Water	Ջուր

Airplanes

Ինքնաթիռներ

Adventure	Արկած
Air	Օդ
Atmosphere	Մթնոլորտ
Balloon	Փուչիկ
Construction	Շինարարական
Crew	Անձնակազմ
Descent	Ծագում
Design	Դիզայն
Direction	Ուղղություն
Engine	Շարժիչ
Fuel	Վառելիք
Height	Բարձրությունը
History	Պատմություն
Hydrogen	Ջրածին
Landing	Տնկում
Passenger	Անցորդ
Pilot	Օդաչու
Propellers	Շարժիչներ
Sky	Երկինք
Turbulence	Անհանգիստ

Algebra

Հանրահաշիվ

Addition	Լրացում
Diagram	Դիագրամ
Equation	Հավասարում
Exponent	Էքսպոնենտ
Factor	Գործոն
False	Կեղծ
Formula	Բանաձեւը
Fraction	Մաս
Graph	Գրաֆիկ
Infinite	Անսահման
Linear	Գծային
Matrix	Մատրիցա
Number	Թիվ
Parenthesis	Փակագիծ
Problem	Խնդիր
Simplify	Պարզեցնել
Solution	Լուծում
Subtraction	Հանում
Variable	Փոփոխական
Zero	Զրո

Antarctica

Անտարկտիկա

Bay	Բայ
Birds	Թռչուններ
Clouds	Ամպեր
Conservation	Պահպանում
Continent	Աշխարհամաս
Cove	Բոքոն
Expedition	Արշավախմբի
Glaciers	Սառցադաշտեր
Ice	Սառույց
Islands	Կղզիներ
Migration	Միգրացիայի
Minerals	Հանքային
Penguins	Պինգվիններ
Peninsula	Թերակղզի
Researcher	Հետազոտող
Rocky	Ժայռոտ
Scientific	Գիտական
Temperature	Ջերմաստիճանը
Topography	Տեղագրություն
Water	Ջուր

Antiques

Հնաոճ Իրեր

Art	Արվեստ
Auction	Աճուրդ
Authentic	Վավերական
Century	Դար
Coins	Մետաղադրամներ
Decades	Տասնամյակներ
Decorative	Դեկորատիվ
Elegant	Էլեգանտ
Furniture	Կահույք
Gallery	Պատկերասրահ
Investment	Ներդրումներ
Jewelry	Զարդեր
Old	Հին
Price	Գին
Quality	Որակ
Restoration	Վերականգնում
Sculpture	Քանդակ
Style	Ոճ
Unusual	Անսովոր
Value	Արժէք

Archeology

Հնագիտություն

Ancient	Հին
Antiquity	Հնություն
Bones	Ոսկորներ
Descendant	Ժառանգ
Era	Դարաշրջան
Evaluation	Գնահատում
Expert	Փորձագետ
Forgotten	Մոռացված
Fossil	Հանածո
Fragments	Ֆրագմենտներ
Mystery	Առեղծված
Objects	Օբյեկտների
Professor	Պրոֆեսոր
Relic	Մասունք
Researcher	Հետազոտող
Ruins	Ավերակներ
Team	Թիմ
Temple	Տաճար
Tomb	Գերեզման
Unknown	Անհայտ

Art

Արվեստ

Ceramic	Կերամիկական
Complex	Համալիր
Composition	Կազմը
Create	Ստեղծել
Expression	Էքսպրեսիոն
Honest	Ազնիվ
Inspired	Ոգեշնչված
Original	Օրիգինալ
Paintings	Նկարներ
Personal	Անձնական
Poetry	Պոեզիա
Sculpture	Քանդակ
Simple	Պարզ
Subject	Առարկա
Surrealism	Սյուրռեալիզմ
Symbol	Խորհրդանիշ
Visual	Տեսողական

Art Supplies

Արվեստի Պարագաներ

Acrylic	Ակրիլ
Camera	Տեսախցիկ
Chair	Աթոռ
Clay	Կավ
Colors	Գույներ
Easel	Պատկեր
Eraser	Ռետին
Glue	Սոսինձ
Ideas	Գաղափարներ
Ink	Թանաք
Oil	Յուղ
Paints	Ներկեր
Paper	Թուղթ
Pencils	Մատիտներ
Table	Սեղան
Water	Ջուր
Watercolors	Ջրաներկ

Astronomy

Աստղագիտություն

Asteroid	Աստերոիդ
Astronaut	Տիեզերագետ
Astronomer	Աստղագետ
Earth	Երկիր
Eclipse	Խավարում
Equinox	Էքվինոքս
Galaxy	Գալաքսիա
Meteor	Մետեոր
Moon	Լուսին
Nebula	Նեբուլա
Observatory	Աստղադիտարան
Planet	Մոլորակ
Radiation	Ճառագայթում
Rocket	Հրթիռ
Satellite	Արբանյակային
Sky	Երկինք
Solar	Արեւային
Supernova	Սուպերնովա
Telescope	Հեռադիտակ
Zodiac	Կենդանկանդակ

Ballet

Բալետ

Artistic	Գեղարվեստական
Audience	Լսարան
Ballerina	Բալերինա
Choreography	Խորեոգրաֆիա
Composer	Կոմպոզիտոր
Dancers	Պարողներ
Expressive	Արտահայտիչ
Gesture	Ժեստ
Intensity	Ինտենսիվացնել
Muscles	Մկաններ
Music	Երաժշտություն
Orchestra	Նվագախումբ
Practice	Պրակտիկա
Rehearsal	Փորձ
Rhythm	Ռիթմ
Skill	Հմտություն
Solo	Սոլո
Style	Ոճ
Technique	Տեխնիկա

Barbecues

Խորոված

Chicken	Հավ
Children	Երեխաներ
Dinner	Ընթրիք
Family	Ընտանիք
Food	Սնունդ
Friends	Ընկերներ
Fruit	Մրգեր
Games	Խաղեր
Grill	Գրիլ
Hot	Տաք
Hunger	Սով
Knives	Դանակներ
Lunch	Ճաշ
Music	Երաժշտություն
Salads	Աղցաններ
Salt	Աղ
Sauce	Սոուս
Summer	Ամառ
Tomatoes	Լոլիկ
Vegetables	Բանջարեղեն

Beach

Լողափ

Blue	Կապույտ
Boat	Նավակ
Coast	Ափ
Crab	Ծովախեցգետին
Island	Կղզի
Lagoon	Ծովածոց
Ocean	Օվկիանոս
Reef	Ռելիեֆ
Sailboat	Սայլբոատ
Sand	Ավազ
Sandals	Սանդալներ
Sea	Ծով
Sun	Արեւ
To Swim	Լողալ
Towel	Սրբիչ
Umbrella	Հովանոց
Vacation	Արձակուրդ

Beauty

Գեղեցկություն

Charm	Հմայք
Color	Գույն
Cosmetics	Կոսմետիկա
Curls	Գանգուրներ
Elegance	Շքեղություն
Elegant	Էլեգանտ
Fragrance	Բուրմունք
Grace	Շնորհ
Makeup	Դիմահարդարում
Mirror	Հայելի
Oils	Յուղեր
Photogenic	Ֆոտոգենիկ
Scissors	Մկրատ
Shampoo	Շամպուն
Skin	Կաշի
Smooth	Հարթ
Stylist	Ստիլիստ

Bees

Մեղուները

Beneficial	Շահավետ
Ecosystem	Էկոհամակարգ
Flowers	Ծաղիկներ
Food	Սնունդ
Fruit	Մրգեր
Garden	Այգի
Hive	Փեթակ
Honey	Մեղր
Insect	Միջատ
Plants	Բույսեր
Pollen	Պոլեն
Pollinator	Փոփոխող
Queen	Թագուհի
Smoke	Ծուխ
Sun	Արեւ
Swarm	Երթ
Wax	Մոմ
Wings	Թեւեր

Biology

Կենսաբանություն

Anatomy	Անատոմիա
Bacteria	Բակտերիաների
Cell	Բջիջ
Chromosome	Քրոմոսոմ
Collagen	Կոլագեն
Embryo	Սաղմ
Enzyme	Ֆերմենտ
Evolution	Էվոլուցիա
Hormone	Հորմոն
Mammal	Կաթնասուն
Mutation	Մուտացիա
Natural	Բնական
Nerve	Նյարդ
Neuron	Նեյրոն
Osmosis	Օսմոզ
Pathogen	Պաթոգեն
Photosynthesis	Ֆոտոսինթեզ
Reptile	Սողուն
Symbiosis	Սիմբիոզ
Synapse	Սինապսե

Birds

Թռչուններ

Canary	Канарейка
Chicken	Հավ
Crow	Ագռավ
Cuckoo	Կկուկ
Duck	Բադ
Eagle	Արծիվ
Egg	Ձու
Flamingo	Ֆլամինգո
Goose	Սագ
Hawk	Բազե
Heron	Հերոն
Ostrich	Ջայլամ
Parrot	Թութակ
Peacock	Սիրամարգ
Pelican	Հավալուսն
Penguin	Պինգվին
Pigeon	Աղավնի
Sparrow	Ճնճղուկ
Stork	Արագիլ
Swan	Կարապ

Boats

Նավակներ

Anchor	Խարիսխ
Buoy	Բույ
Canoe	Նավակ
Crew	Անձնակազմ
Engine	Շարժիչ
Ferry	Լաստանավ
Kayak	Կայակ
Lake	Լիճ
Mast	Կայմ
Nautical	Ծովային
Ocean	Օվկիանոս
River	Գետ
Rope	Պարան
Sailboat	Սայլբոատ
Sailor	Նավաստի
Sea	Ծով
Tide	Ալիքը
Waves	Ալիքներ
Yacht	Զբոսանավ

Books

Գրքեր

Adventure	Արկած
Author	Հեղինակ
Character	Բնույթ
Collection	Հավաքածու
Context	Համատեքստ
Historical	Պատմական
Humorous	Հումորային
Inventive	Հնարամիտ
Literary	Գրական
Narrator	Պատմող
Novel	Վեպ
Page	Էջ
Poetry	Պոեզիա
Reader	Ընթերցող
Relevant	Համապատասխան
Series	Սերիա
Story	Պատմություն
Tragic	Ողբերգական
Words	Բառեր
Written	Գրված

Boxing

Բռնցքամարտի

Bell	Զանգ
Body	Մարմին
Chin	Կզակ
Elbow	Անկյուն
Exhausted	Սպառված
Fighter	Մարտիկ
Fist	Բռունցք
Focus	Ֆոկուս
Gloves	Ձեռնոցներ
Opponent	Հակառակորդ
Points	Միավոր
Quick	Արագ
Recovery	Վերականգնում
Referee	Դատավոր
Ropes	Պարաններ
Skill	Հմտություն
Strength	Ուժ

Buildings

Շենքեր

Apartment	Բնակարան
Barn	Գոմ
Cabin	Տնակում
Castle	Ամրոց
Cinema	Կինո
Embassy	Դեսպանություն
Factory	Գործարան
Hospital	Հիվանդանոց
Hostel	Հանրակացարան
Hotel	Հյուրանոց
Laboratory	Լաբորատորիա
Museum	Թանգարան
Observatory	Աստղադիտարան
School	Դպրոց
Stadium	Մարզադաշտ
Supermarket	Սուպերմարկետ
Tent	Վրան
Theater	Թատրոն
Tower	Աշտարակ
University	Համալսարան

Business

Բիզնես

Budget	Բյուջե
Career	Կարիերա
Company	Ընկերություն
Cost	Արժեք
Currency	Արժույթ
Discount	Զեղչ
Employee	Աշխատակից
Employer	Գործատու
Factory	Գործարան
Finance	Ֆինանսներ
Income	Եկամուտ
Investment	Ներդրումներ
Manager	Մենեջեր
Merchandise	Ապրանք
Money	Փող
Office	Գրասենյակ
Profit	Շահույթ
Sale	Վաճառք
Shop	Խանութ
Taxes	Հարկեր

Camping

Արշավ

Adventure	Արկած
Animals	Կենդանիներ
Cabin	Տնակում
Canoe	Նավակ
Compass	Կողմնացույց
Fire	Կրակ
Forest	Անտառ
Fun	Ժամանց
Hat	Գլխարկ
Hunting	Որս
Insect	Միջատ
Lake	Լիճ
Map	Քարտեզ
Moon	Լուսին
Mountain	Լեռ
Nature	Բնություն
Rope	Պարան
Tent	Վրան
Trees	Ծառեր

Championship

Առաջնություն

Champion	Չեմպիոն
Championship	Առաջնություն
Coach	Մարզիչ
Endurance	Տոկունություն
Finalist	Եզրափակիչ
Games	Խաղեր
Judge	Դատավոր
League	Լիգա
Medal	Մեդալ
Motivation	Մոտիվացիա
Performance	Ներկայացում
Perspiration	Քրտինք
Sports	Սպորտ
Team	Թիմ
To Breathe	Շնչել
Tournament	Մրցաշար
Victory	Հաղթանակ

Chemistry

Քիմիա

Acid	Թթու
Alkaline	Ալկալային
Atomic	Ատոմային
Carbon	Ածխածին
Catalyst	Կատալիզատոր
Chlorine	Քլոր
Electron	Էլեկտրոն
Enzyme	Ֆերմենտ
Gas	Գազ
Heat	Շոգ
Hydrogen	Ջրածին
Ion	Իոն
Liquid	Հեղուկ
Molecule	Մոլեկուլ
Nuclear	Միջուկային
Organic	Օրգանական
Oxygen	Թթվածին
Salt	Աղ
Temperature	Ջերմաստիճանը
Weight	Քաշը

Chocolate

Շոկոլադ

Antioxidant	Հակաքսիդանտ
Aroma	Բուրմունք
Bitter	Դառը
Cacao	Կակաո
Calories	Կալորիաներ
Caramel	Կարամել
Coconut	Կոկոս
Delicious	Համեղ
Exotic	Էկզոտիկ
Favorite	Սիրած
Flavor	Համը
Ingredient	Բաղադրիչ
Powder	Փոշի
Quality	Որակ
Recipe	Բաղադրատոմսը
Sugar	Շաքար
Sweet	Քաղցր
Taste	Համ
To Eat	Ուտել

Clothes

Հագուստ

Apron	Գոգնոց
Belt	Գոտի
Blouse	Բլուզ
Bracelet	Ապարանջան
Coat	Վերարկու
Dress	Զգեստ
Gloves	Ձեռնոցներ
Hat	Գլխարկ
Jacket	Բաճկոն
Jeans	Ջինս
Jewelry	Զարդեր
Necklace	Վզնոց
Pajamas	Պիժամա
Pants	Տաբատ
Sandals	Սանդալներ
Scarf	Շարֆ
Shirt	Վերնաշապիկ
Shoe	Կոշիկ
Skirt	Փեշ
Sweater	Սվիտեր

Coffee

Սուրճ

Aroma	Բուրմունք
Beverage	Ըմպելիք
Bitter	Դառը
Black	Սեւ
Caffeine	Կոֆեին
Cream	Կրեմ
Cup	Գավաթ
Filter	Ֆիլտր
Flavor	Համը
Grind	Ծամել
Liquid	Հեղուկ
Milk	Կաթ
Morning	Առավոտ
Origin	Ծագում
Price	Գին
Sugar	Շաքար
To Drink	Խմել
Water	Ջուր

Countries #1

Երկրներ #1

Brazil	Բրազիլիա
Canada	Կանադա
Egypt	Եգիպտոս
Finland	Ֆինլանդիա
Germany	Գերմանիա
Iraq	Իրաք
Israel	Իսրայել
Italy	Իտալիա
Latvia	Լատվիա
Libya	Լիբիա
Morocco	Մարոկկո
Nicaragua	Նիկարագուա
Norway	Նորվեգիա
Panama	Պանամա
Poland	Լեհաստան
Romania	Ռումինիա
Senegal	Սենեգալ
Spain	Իսպանիա
Venezuela	Վենեսուելա
Vietnam	Վիետնամ

Countries #2
Երկրներ #2

Albania	Ալբանիա
Denmark	Դանիա
Ethiopia	Եթովպիա
Greece	Հունաստան
Haiti	Հաիթի
Jamaica	Ջամայկա
Japan	Ճապոնիա
Laos	Լաոս
Lebanon	Լիբանան
Liberia	Լիբերիա
Mexico	Մեքսիկա
Nepal	Նեպալ
Nigeria	Նիգերիա
Pakistan	Պակիստան
Russia	Ռուսաստան
Somalia	Սոմալի
Sudan	Սուդան
Syria	Սիրիա
Uganda	Ուգանդա
Ukraine	Ուկրաինա

Dance
Պար

Academy	Ակադեմիա
Art	Արվեստ
Body	Մարմին
Choreography	Խորեոգրաֆիա
Classical	Դասական
Cultural	Մշակութային
Culture	Մշակույթ
Emotion	Զգացմունք
Expressive	Արտահայտիչ
Grace	Շնորհ
Joyful	Ուրախ
Jump	Ցատկել
Movement	Շարժում
Music	Երաժշտություն
Partner	Գործընկեր
Rehearsal	Փորձ
Rhythm	Ռիթմ
Traditional	Ավանդական
Visual	Տեսողական

Days and Months
Օրեր և Ամիսներ

April	Ապրիլ
August	Օգոստոս
Calendar	Օրացույց
February	Փետրվար
Friday	Ուրբաթ
January	Հունվար
July	Հուլիս
March	Մարտ
May	Մայիս
Monday	Երկուշաբթի
Month	Ամիս
November	Նոյեմբեր
October	Հոկտեմբեր
Saturday	Շաբաթ
September	Սեպտեմբեր
Sunday	Կիրակի
Thursday	Հինգշաբթի
Tuesday	Երեքշաբթի
Wednesday	Չորեքշաբթի
Year	Տարի

Diplomacy
Դիվանագիտություն

Adviser	Խորհրդական
Ally	Դաշնակից
Ambassador	Դեսպան
Citizens	Քաղաքացիներ
Civic	Քաղաքացիական
Community	Համայնք
Conflict	Կոնֆլիկտ
Diplomatic	Դիվանագիտական
Discussion	Քննարկում
Embassy	Դեսպանություն
Ethics	Էթիկա
Foreign	Օտար
Humanitarian	Հումանիտար
Justice	Արդարություն
Languages	Լեզուներ
Resolution	Բանաձեւը
Solution	Լուծում
Treaty	Պայմանագիրը

Disease
Հիվանդություն

Abdominal	Որովայնային
Allergies	Ալերգիաներ
Bacterial	Բակտերիային
Body	Մարմին
Bones	Ոսկորներ
Chronic	Քրոնիկ
Contagious	Վարակիչ
Genetic	Գենետիկա
Health	Առողջություն
Heart	Սիրտ
Hereditary	Ժառանգական
Immunity	Իմունիտետ
Inflammation	Բորբոքում
Lumbar	Լյուբոմիր
Neuropathy	Նեյրոպաթիա
Pulmonary	Թոքային
Respiratory	Շնչառական
Syndrome	Սինդրոմ
Therapy	Թերապիա
Weak	Թույլ

Driving
Վարորդական

Accident	Վթար
Brakes	Արգելակներ
Car	Մեքենա
Danger	Վտանգ
Driver	Վարորդ
Fuel	Վառելիք
Garage	Ավտոտնակ
Gas	Գազ
License	Լիցենզիա
Map	Քարտեզ
Motor	Մոտոր
Motorcycle	Մոտոցիկլ
Pedestrian	Հետիոտնային
Road	Ճանապարհ
Speed	Արագություն
Street	Փողոց
Traffic	Շարժում
Transportation	Փոխադրում
Truck	Բեռնատար
Tunnel	Թունել

Emotions

Զգացմունքներ

Anger	Զայրույթ
Bliss	Երանություն
Boredom	Ձանձրույթ
Calm	Հանգիստ
Excited	Հուզված
Fear	Վախ
Grateful	Շնորհակալ
Joy	Ուրախություն
Kindness	Բարություն
Love	Սեր
Peace	Խաղաղություն
Relief	Օգնություն
Sadness	Տխրություն
Satisfied	Բավարարված
Surprise	Անակնկալ
Sympathy	Համակրանք
Tenderness	Քնքշություն
Tranquility	Հանգստություն

Energy

Էներգիա

Battery	Մարտկոց
Carbon	Ածխածին
Diesel	Դիզել
Electric	Էլեկտրական
Electron	Էլեկտրոն
Engine	Շարժիչ
Entropy	Էնտրոպիա
Fuel	Վառելիք
Gasoline	Բենզին
Heat	Շոգ
Hydrogen	Ջրածին
Motor	Մոտոր
Nuclear	Միջուկային
Photon	Ֆոտոն
Renewable	Վերականգնվող
Steam	Զույգ
Sun	Արեւ
Thermal	Ջերմային
Turbine	Տուրբին
Wind	Քամի

Engineering

Ճարտարագիտություն

Angle	Անկյուն
Axis	Առանցք
Calculation	Հաշվարկ
Construction	Շինարարական
Depth	Խորություն
Diagram	Դիագրամ
Diameter	Տրամագիծ
Diesel	Դիզել
Distribution	Բաշխում
Energy	Էներգիա
Engine	Շարժիչ
Levers	Լծակներ
Liquid	Հեղուկ
Machine	Մեքենա
Measurement	Չափում
Motor	Մոտոր
Propulsion	Շարժում
Stability	Կայունություն
Strength	Ուժ
Structure	Կառուցվածք

Family

Ընտանեկան

Ancestor	Նախահայր
Aunt	Աունտ
Brother	Եղբայր
Child	Երեխա
Childhood	Մանկություն
Children	Երեխաներ
Cousin	Զարմիկ
Daughter	Դուստր
Grandchild	Թոռը
Grandfather	Պապիկ
Grandson	Թոռ
Husband	Ամուսին
Maternal	Մայրական
Mother	Մայր
Nephew	Եղբորորդին
Niece	Հետազգուրս
Paternal	Հայրական
Sister	Քույր
Uncle	Հորեղբայր
Wife	Կինը

Farm #1

Ֆերմա #1

Bee	Մեղու
Bison	Բիզոն
Calf	Հորթ
Cat	Կատու
Chicken	Հավ
Cow	Կով
Crow	Ագռավ
Dog	Շուն
Donkey	Էշ
Fence	Ցանկապատի
Fertilizer	Պարարտանյութ
Field	Դաշտ
Flock	Հոտ
Goat	Այծի
Hay	Հայ
Honey	Մեղր
Horse	Ձի
Rice	Բրինձ
Seeds	Սերմեր
Water	Ջուր

Farm #2

Ֆերմա #2

Animals	Կենդանիներ
Barley	Գարի
Barn	Գոմ
Corn	Եգիպտացորեն
Duck	Բադ
Farmer	Ֆերմեր
Food	Սնունդ
Fruit	Մրգեր
Irrigation	Ոռոգում
Lamb	Գառ
Llama	Լամա
Meadow	Մարգագետին
Milk	Կաթ
Orchard	Պտղատու Այգի
Sheep	Ոչխար
Shepherd	Հովիվ
Tractor	Տրակտոր
Vegetable	Բուսական
Wheat	Ցորեն
Windmill	Հողմաղաց

Fashion

Նորաձեւություն

Affordable	Մատչելի
Boutique	Բուտիկ
Buttons	Կոճակներ
Clothing	Հագուստ
Comfortable	Հարմարավետ
Elegant	Էլեգանտ
Expensive	Թանկ
Fabric	Գործվածք
Lace	Ժանյակ
Measurements	Չափումներ
Minimalist	Մինիմալիստ
Modern	Ժամանակակից
Modest	Համեստ
Original	Օրիգինալ
Practical	Գործնական
Simple	Պարզ
Style	Ոճ
Texture	Հյուսվածք
Trend	Թրենդ

Food #1

Սնունդ #1

Apricot	Ծիրան
Barley	Գարի
Basil	Ռեհան
Carrot	Գազար
Cinnamon	Դարչին
Garlic	Սխտոր
Juice	Հյութ
Lemon	Կիտրոն
Milk	Կաթ
Onion	Սոխ
Peanut	Գետնանուշ
Pear	Տանձ
Salad	Աղցան
Salt	Աղ
Soup	Ապուր
Spinach	Սպանախ
Strawberry	Ելակ
Sugar	Շաքար
Tuna	Թունա
Turnip	Շաղգամ

Food #2

Սնունդ #2

Apple	Խնձոր
Artichoke	Արտիճուկ
Banana	Բանան
Broccoli	Բրոկկոլի
Celery	Նեխուր
Cheese	Պանիր
Cherry	Բալ
Chicken	Հավ
Chocolate	Շոկոլադ
Egg	Ձու
Eggplant	Սմբուկ
Fish	Ձուկ
Grape	Խաղող
Ham	Խոզապուխտ
Kiwi	Կիվի
Mushroom	Սունկ
Rice	Բրինձ
Tomato	Լոլիկ
Wheat	Ցորեն
Yogurt	Յոգուրտ

Force and Gravity

Ուժ եւ Ծանրություն

Axis	Առանցք
Center	Կենտրոն
Discovery	Բացում
Dynamic	Դինամիկ
Expansion	Ընդլայնում
Impact	Ազդեցություն
Magnetism	Մագնետիզմ
Mechanics	Մեխանիկա
Motion	Շարժում
Orbit	Ուղեծիր
Physics	Ֆիզիկա
Planets	Մոլորակներ
Pressure	Ճնշում
Speed	Արագություն
Time	Ժամանակ
To Accelerate	Արագացնել
Universal	Ունիվերսալ
Weight	Քաշը

Fruit

Մրգեր

Apple	Խնձոր
Apricot	Ծիրան
Avocado	Ավոկադո
Banana	Բանան
Berry	Հատապտուղ
Cherry	Բալ
Coconut	Կոկոս
Fig	Թուզ
Grape	Խաղող
Guava	Գուավա
Kiwi	Կիվի
Lemon	Կիտրոն
Mango	Մանգո
Melon	Սեխ
Nectarine	Նեկտարին
Papaya	Պապայա
Peach	Դեղձ
Pear	Տանձ
Pineapple	Արքայախնձոր
Raspberry	Ազնվամորի

Gardening

Այգեգործություն

Botanical	Բուսաբանական
Bouquet	Փունջ
Climate	Կլիմա
Compost	Պարարտություն
Container	Կոնտեյներ
Dirt	Կեղտ
Edible	Ուտելի
Exotic	Էկզոտիկ
Foliage	Սաղարթ
Hose	Գուլպաներ
Leaf	Տերեւ
Moisture	Խոնավություն
Orchard	Պտղատու Այգի
Seasonal	Սեզոնային
Seeds	Սերմեր
Soil	Հող
Species	Տեսակներ
Water	Ջուր

Geography
Աշխարհագրություն

Altitude	Բարձրությունը
Atlas	Ատլաս
City	Քաղաք
Continent	Աշխարհամաս
Country	Երկիր
Hemisphere	Կիսագունդ
Island	Կղզի
Latitude	Լայնություն
Map	Քարտեզ
Meridian	Մերիդիան
Mountain	Լեռ
North	Հյուսիս
Ocean	Օվկիանոս
Region	Տարածաշրջան
River	Գետ
Sea	Ծով
South	Հարավ
Territory	Տարածք
West	Արեւմուտք
World	Աշխարհ

Geology
Երկրաբանություն

Acid	Թթու
Calcium	Կալցիում
Cavern	Քարանձավի
Continent	Աշխարհամաս
Coral	Կորալ
Crystals	Բյուրեղներ
Cycles	Ցիկլեր
Earthquake	Երկրաշարժ
Erosion	Էրոզիա
Fossil	Հանածո
Geyser	Գեյզեր
Lava	Լավա
Layer	Շերտ
Minerals	Հանքային
Plateau	Սարահարթ
Quartz	Որձաքար
Salt	Աղ
Stalactite	Ստալակտիտ
Stone	Քար
Volcano	Հրաբուխ

Geometry
Երկրաչափություն

Angle	Անկյուն
Calculation	Հաշվարկ
Circle	Ցլիկ
Curve	Կոր
Diameter	Տրամագիծ
Dimension	Չափը
Equation	Հավասարում
Height	Բարձրությունը
Horizontal	Հորիզոնական
Lines	Գծեր
Mass	Քաշը
Median	Միջին
Number	Թիվ
Parallel	Զուգահեռ
Segment	Հատված
Square	Քառակուսի
Symmetry	Սիմետրիա
Theory	Տեսություն
Triangle	Եռանկյունի
Vertical	Ուղղահայաց

Hair Types
Մազերի Տեսակները

Bald	Ճաղատ
Black	Սեւ
Blond	Շիկահեր
Braided	Հյուսած
Brown	Շագանակագույն
Colored	Գունավոր
Curls	Գանգուրներ
Curly	Գանգուր
Dry	Չոր
Gray	Մոխրագույն
Healthy	Առողջ
Long	Երկար
Shiny	Փայլուն
Short	Կարճ
Silver	Արծաթ
Smooth	Հարթ
Soft	Փափուկ
Thick	Հաստ
Thin	Բարակ
White	Սպիտակ

Health and Wellness #1
Առողջություն և Առողջությ

Active	Ակտիվ
Bacteria	Բակտերիաների
Bones	Ոսկորներ
Clinic	Կլինիկա
Doctor	Բժիշկ
Fracture	Կոտրվածք
Habit	Սովորություն
Height	Բարձրությունը
Hormones	Հորմոններ
Hunger	Սով
Medicine	Դեղ
Muscles	Մկաններ
Pharmacy	Դեղատուն
Reflex	Ռեֆլեքս
Relaxation	Թուլացում
Skin	Կաշի
Therapy	Թերապիա
To Breathe	Շնչել
Treatment	Բուժում
Virus	Վիրուս

Health and Wellness #2
Առողջություն և Առողջությ

Allergy	Ալերգիա
Anatomy	Անատոմիա
Appetite	Ախորժակ
Blood	Արյան
Dehydration	Ջրաջրացում
Diet	Դիետա
Digestion	Մարսողություն
Disease	Հիվանդություն
Energy	Էներգիա
Genetics	Գենետիկա
Healthy	Առողջ
Hospital	Հիվանդանոց
Hygiene	Հիգիենա
Infection	Վարակ
Massage	Մերսում
Nutrition	Սնուցում
Recovery	Վերականգնում
Stress	Սթրես
Vitamin	Վիտամին
Weight	Քաշը

Herbalism

Բուսաբուժություն

Aromatic	Անուշաբույր
Basil	Ռեհան
Beneficial	Շահավետ
Culinary	Խոհարարական
Fennel	Սամիթ
Flavor	Համը
Flower	Ծաղիկ
Garden	Այգի
Garlic	Սխտոր
Green	Կանաչ
Ingredient	Բաղադրիչ
Lavender	Նարդոս
Marjoram	Մարջորամ
Mint	Անանուխ
Oregano	Օրեգանո
Parsley	Մաղադանոս
Plant	Գործարան
Rosemary	Ռոզմարի
Saffron	Զաֆրան
Tarragon	Թարգուն

Hiking

Հետիոտն

Animals	Կենդանիներ
Boots	Կոշիկներ
Camping	Արշավ
Cliff	Ժայռի
Climate	Կլիմա
Guides	Ուղեցույցներ
Hazards	Վտանգներ
Heavy	Ծանր
Map	Քարտեզ
Mosquitoes	Մոծակներ
Mountain	Լեռ
Nature	Բնություն
Orientation	Կողմնորոշում
Parks	Այգիներ
Preparation	Պատրաստում
Stones	Քարեր
Sun	Արեւ
Tired	Հոգնած
Water	Ջուր
Wild	Վայրի

House

Տուն

Attic	Ձեռնարկ
Broom	Ցախավել
Curtains	Վարագույրներ
Door	Դուռ
Fence	Ցանկապատի
Fireplace	Բուխարի
Floor	Հարկ
Furniture	Կահույք
Garage	Ավտոտնակ
Garden	Այգի
Keys	Բանալիները
Kitchen	Խոհանոց
Lamp	Լամպ
Library	Գրադարան
Mirror	Հայելի
Roof	Տանիք
Room	Սենյակ
Shower	Ցնցուղ
Wall	Պատ
Window	Պատուհան

Human Body

Մարդու Մարմին

Ankle	Կոճ
Blood	Արյան
Bones	Ոսկորներ
Brain	Ուղեղ
Chin	Կզակ
Ear	Ականջ
Elbow	Անկյուն
Face	Դեմք
Finger	Մատ
Hand	Ձեռք
Head	Գլուխ
Heart	Սիրտ
Jaw	Ծնոտ
Knee	Ծնկի
Leg	Ոտքը
Mouth	Բերան
Neck	Պարանոց
Nose	Քիթ
Shoulder	Ուս
Skin	Կաշի

Immigration

Ներգաղթի

Administration	Ադմինիստրացիա
Adults	Մեծահասակների
Aid	Օգնություն
Approval	Հաստատում
Borders	Սահմաններ
Children	Երեխաներ
Communication	Կապ
Deadline	Վերջնաժամկետ
Documents	Փաստաթղթեր
Funding	Ֆինանսավորում
Housing	Բնակարան
Language	Լեզու
Law	Օրենք
Officer	Սպա
Process	Գործընթաց
Situation	Իրավիճակ
Solution	Լուծում
Stress	Սթրես

Jazz

Ջազ

Album	Ալբոմ
Artist	Նկարիչ
Composer	Կոմպոզիտոր
Composition	Կազմը
Concert	Համերգ
Famous	Հայտնի
Favorites	Էջանշան
Genre	Ժանր
Improvisation	Իմպրովիզացիա
Influences	Ազդեցություն
Music	Երաժշտություն
Musicians	Երաժիշտներ
New	Նոր
Old	Հին
Orchestra	Նվագախումբ
Rhythm	Ռիթմ
Song	Երգ
Style	Ոճ
Talent	Տաղանդ
Technique	Տեխնիկա

Kitchen

Խոհանոց

Apron	Գոգնոց
Bowl	Գունդ
Chopsticks	Ձոպստիկներ
Cups	Բաժակ
Food	Սնունդ
Grill	Գրիլ
Jug	Կուժ
Kettle	Թեյնիկ
Knives	Դանակներ
Ladle	Շերեփ
Napkin	Անձեռոցիկ
Oven	Ջեռոց
Recipe	Բաղադրատոմսը
Refrigerator	Սառնարան
Spices	Համեմունքներ
Sponge	Սպունգ
Spoons	Գդալներ
To Eat	Ուտել

Landscapes

Բնանկարներ

Beach	Լողափ
Cave	Քարանձավ
Desert	Անապատ
Geyser	Գեյզեր
Glacier	Սառցադաշտ
Hill	Բլրի
Iceberg	Այսբերգ
Island	Կղզի
Lake	Լիճ
Mountain	Լեռ
Oasis	Օազիս
Ocean	Օվկիանոս
Peninsula	Թերակղզի
River	Գետ
Sea	Ծով
Swamp	Ճահիճ
Tundra	Տունդրա
Valley	Հովիտ
Volcano	Հրաբուխ
Waterfall	Ջրվեժ

Mammals

Կաթնասուններ

Bear	Արջ
Beaver	Կուղբ
Bull	Ցուլ
Cat	Կատու
Coyote	Կոյոտ
Dog	Շուն
Dolphin	Դելֆին
Elephant	Փիղ
Fox	Աղվես
Giraffe	Ընձուղտ
Gorilla	Գորիլա
Horse	Ձի
Kangaroo	Կենգուրու
Lion	Առյուծ
Monkey	Կապիկ
Rabbit	Ճագար
Sheep	Ոչխար
Whale	Կետ
Wolf	Գայլ
Zebra	Զեբրա

Math

Մաթեմատիկա

Angles	Անկյուններ
Arithmetic	Թվաբանություն
Circumference	Շրջապատ
Decimal	Տասնորդական
Degrees	Աստիճաններ
Diameter	Տրամագիծ
Equation	Հավասարում
Exponent	Էքսպոնենտ
Fraction	Մաս
Numbers	Թվեր
Parallel	Զուգահեռ
Perimeter	Պրիմետր
Polygon	Պոլիգոն
Rectangle	Ուղղանկյունի
Sphere	Ոլորտ
Square	Քառակուսի
Sum	Գումար
Symmetry	Սիմետրիա
Triangle	Եռանկյունի
Volume	Ծավալը

Measurements

Չափումներ

Byte	Բայտ
Centimeter	Սանտիմետր
Decimal	Տասնորդական
Degree	Աստիճան
Depth	Խորություն
Gram	Գրամ
Height	Բարձրությունը
Inch	Դյույմ
Kilogram	Կիլոգրամ
Kilometer	Կիլոմետր
Length	Երկարություն
Liter	Լիտր
Meter	Մետր
Minute	Րոպե
Ounce	Ունցիա
Ton	Տոննա
Volume	Ծավալը
Weight	Քաշը
Width	Լայնություն

Meditation

Մեդիտացիա

Acceptance	Ընդունում
Attention	Ուշադրություն
Awake	Ցնդած
Breathing	Շնչառություն
Calm	Հանգիստ
Clarity	Պարզություն
Compassion	Կարեկցանք
Happiness	Երջանկություն
Kindness	Բարություն
Mental	Մտավոր
Mind	Միտք
Movement	Շարժում
Music	Երաժշտություն
Nature	Բնություն
Observation	Դիտարկում
Peace	Խաղաղություն
Perspective	Հեռանկար
Silence	Լռություն
Thoughts	Մտքերը
To Learn	Սովորել

Music

Երաժշտություն

Album	Ալբոմ
Ballad	Բալլադ
Chorus	Երգչախումբ
Classical	Դասական
Eclectic	Ընտրողական
Harmonic	Ներդաշնակ
Instrument	Գործիք
Lyrical	Քնարական
Melody	Մեղեդի
Microphone	Միկրոֆոն
Musical	Երաժշտական
Musician	Երաժիշտ
Opera	Օպերա
Poetic	Բանաստեղծական
Rhythm	Ռիթմ
Rhythmic	Ռիթմիկ
Sing	Երգել
Singer	Երգիչ
Tempo	Տեմպ
Vocal	Վոկալ

Musical Instruments

Երաժշտական Գործիքներ

Banjo	Բանջո
Bassoon	Ֆասոն
Cello	Թավջութակ
Clarinet	Կլարնետ
Drum	Թմբուկ
Flute	Ֆլեյտա
Gong	Գոնգ
Guitar	Կիթառ
Harp	Տավիղ
Mandolin	Մանդոլին
Marimba	Մարիմբա
Oboe	Օբոե
Piano	Դաշնամուր
Saxophone	Սաքսոֆոն
Tambourine	Բուբեն
Trombone	Տրոմբոն
Trumpet	Շեփոր
Violin	Ջութակ

Mythology

Առասպելաբանություն

Archetype	Արքետիպ
Behavior	Վարքագիծ
Creation	Ստեղծում
Creature	Արարած
Culture	Մշակույթ
Disaster	Աղետ
Heaven	Երկինք
Hero	Հերոս
Immortality	Անմահություն
Jealousy	Խանդը
Labyrinth	Լաբիրինթոս
Legend	Լեգենդ
Lightning	Կայծակ
Magical	Կախարդական
Monster	Հրեշ
Mortal	Մահկանացու
Revenge	Վրեժ
Strength	Ուժ
Thunder	Որոտ
Warrior	Ռազմիկ

Nature

Բնություն

Animals	Կենդանիներ
Arctic	Արկտիկա
Beauty	Գեղեցկություն
Bees	Մեղուներ
Clouds	Ամպեր
Desert	Անապատ
Dynamic	Դինամիկ
Erosion	Էրոզիա
Fog	Մառախուղ
Foliage	Սաղարթ
Forest	Անտառ
Glacier	Սառցադաշտ
Mountains	Լեռներ
Peaceful	Խաղաղ
River	Գետ
Serene	Հանգիստ
Tropical	Արեւադարձային
Vital	Կենսական
Wild	Վայրի

Numbers

Թվերներ

Decimal	Տասնորդական
Eight	Ութ
Eighteen	Տասնութ
Fifteen	Տասնհինգ
Five	Հինգ
Four	Չորս
Fourteen	Տասնչորս
Nine	Ինը
Nineteen	Տասնինը
One	Մեկ
Seven	Յոթ
Seventeen	Տասնյոթ
Six	Վեց
Sixteen	Տասնվեց
Ten	Տասը
Thirteen	Տասներեք
Three	Երեք
Twelve	Տասներկու
Twenty	Քսան
Two	Երկու

Nutrition

Սնուցում

Appetite	Ախորժակ
Bitter	Դառը
Calories	Կալորիաներ
Carbohydrates	Ածխաջրեր
Diet	Դիետա
Digestion	Մարսողություն
Edible	Ուտելի
Fermentation	Խմորում
Flavor	Համը
Health	Առողջություն
Healthy	Առողջ
Liquids	Հեղուկներ
Nutrient	Սննդարար
Proteins	Սպիտակուցներ
Quality	Որակ
Sauce	Սոուս
Spices	Համեմունքներ
Toxin	Տոքսին
Vitamin	Վիտամին
Weight	Քաշը

Ocean

Օվկիանոս

Algae	Ջրիմուռներ
Boat	Նավակ
Coral	Կորալ
Dolphin	Դելփին
Eel	Օձաձուկ
Fish	Ձուկ
Jellyfish	Մեդուզա
Octopus	Ութոտնուկ
Oyster	Ոսրե
Reef	Ռելիեփ
Salt	Աղ
Shark	Շնաձ
Shrimp	Ծովախեցգետին
Sponge	Սպունգ
Storm	Փոթորիկ
Tides	Տիդես
Tuna	Թունա
Turtle	Կրիա
Waves	Ալիքներ
Whale	Կետ

Photography

Լուսանկարչություն

Black	Սեւ
Camera	Տեսախցիկ
Color	Գույն
Composition	Կազմը
Contrast	Կոնտրաստ
Darkness	Խավարը
Definition	Սահմանում
Exhibition	Ցուցահանդես
Format	Ֆորմատ
Frame	Շրջանակ
Object	Օբյեկտ
Perspective	Հեռանկար
Portrait	Դիմանկար
Shadows	Ստվերներ
Subject	Առարկա
Texture	Հյուսվածք
View	Դիտել
Visual	Տեսողական

Physics

Ֆիզիկա

Acceleration	Արագացում
Atom	Ատոմ
Chaos	Քաոս
Chemical	Քիմիական
Density	Խտություն
Electron	Էլեկտրոն
Engine	Շարժիչ
Expansion	Ընդլայնում
Experiment	Փորձ
Formula	Բանաձեւը
Gas	Գազ
Laws	Օրենքներ
Magnetism	Մագնետիզմ
Mass	Քաշը
Mechanics	Մեխանիկա
Molecule	Մոլեկուլ
Nuclear	Միջուկային
Particle	Մասնիկ
Universal	Ունիվերսալ
Velocity	Արագություն

Plants

Բույսեր

Bamboo	Բամբոո
Bean	Լոբի
Berry	Հատապտուղ
Bush	Բուշ
Cactus	Կակտուս
Fertilizer	Պարարտանյութ
Flora	Ֆլորա
Flower	Ծաղիկ
Foliage	Սաղարթ
Forest	Անտառ
Garden	Այգի
Grass	Խոտ
Grow	Աճել
Leaf	Տերեւ
Moss	Մամուռ
Petal	Թեր
Root	Արմատ
Stem	Հիմք
Sun	Արեւ
Tree	Ծառ

Professions #1

Մասնագիտություններ #1

Ambassador	Դեսպան
Astronomer	Աստղագետ
Attorney	Փաստաբան
Banker	Բանկեր
Cartographer	Քարտոգրաֆ
Coach	Մարզիչ
Dancer	Պարուհի
Doctor	Բժիշկ
Editor	Խմբագիր
Geologist	Երկրաբան
Hunter	Որսորդ
Jeweler	Ոսկերիչ
Musician	Երաժիշտ
Nurse	Բուժքույր
Pianist	Դաշնակահար
Plumber	Ջրմուղագործ
Psychologist	Հոգեբան
Sailor	Նավաստի
Tailor	Դերձակ
Veterinarian	Անասնաբույժ

Professions #2

Մասնագիտություններ #2

Astronaut	Տիեզերագետ
Biologist	Կենսաբան
Dentist	Ատամնաբույժ
Detective	Դետեկտիվ
Engineer	Ինժեներ
Farmer	Ֆերմեր
Gardener	Այգեպան
Illustrator	Նկարագրող
Inventor	Գյուտարար
Journalist	Լրագրող
Librarian	Գրադարանավար
Linguist	Լեզվաբան
Painter	Նկարիչ
Philosopher	Փիլիսոփա
Photographer	Լուսանկարիչ
Physician	Բժիշկ
Pilot	Օդաչու
Surgeon	Վիրաբույժ
Teacher	Ուսուցիչ
Zoologist	Կենդանաբան

Psychology

Հոգեբանություն

Appointment	Նշանակում
Assessment	Գնահատական
Behavior	Վարքագիծ
Childhood	Մանկություն
Clinical	Կլինիկական
Conflict	Կոնֆլիկտ
Dreams	Երազներ
Ego	Էգո
Experiences	Փորձ
Ideas	Գաղափարներ
Influences	Ազդեցություն
Perception	Ընկալում
Problem	Խնդիր
Reality	Իրականություն
Sensation	Սենսացիա
Therapy	Թերապիա
Thoughts	Մտքերը
Unconscious	Անգիտակից

Rainforest

Արեւադարձային Անտառ

Birds	Թռչուններ
Botanical	Բուսանիկական
Climate	Կլիմա
Clouds	Ամպեր
Community	Համայնք
Indigenous	Բնիկ
Insects	Միջատներ
Jungle	Ջունգլի
Mammals	Կաթնասուններ
Moss	Մամուռ
Nature	Բնություն
Preservation	Պահպանում
Refuge	Ապաստան
Respect	Հարգանք
Restoration	Վերականգնում
Species	Տեսակներ
Survival	Գոյատեւում
Valuable	Արժեքավոր

Restaurant #1

Ռեստորան #1

Allergy	Ալերգիա
Bowl	Գունդ
Bread	Հաց
Chicken	Հավ
Coffee	Սուրճ
Dessert	Դեսերտ
Food	Սնունդ
Kitchen	Խոհանոց
Knife	Դանակ
Meat	Միս
Menu	Մենյու
Napkin	Անձեռոցիկ
Plate	Ափսե
Reservation	Վերապահում
Sauce	Սոուս
Spicy	Կծու
To Eat	Ուտել
Waitress	Մատուցողուհի

Restaurant #2

Ռեստորան #2

Beverage	Ըմպելիք
Cake	Տորթ
Chair	Աթոռ
Delicious	Համեղ
Dinner	Ընթրիք
Eggs	Ձու
Fish	Ձուկ
Fork	Պատառաքաղ
Fruit	Մրգեր
Ice	Սառույց
Lunch	Ճաշ
Salad	Աղցան
Salt	Աղ
Soup	Ապուր
Spices	Համեմունքներ
Spoon	Գդալ
Vegetables	Բանջարեղեն
Waiter	Մատուցող
Water	Ջուր

Science

Գիտություն

Atom	Ատոմ
Chemical	Քիմիական
Climate	Կլիմա
Data	Տվյալներ
Evolution	Էվոլուցիա
Experiment	Փորձ
Fact	Փաստ
Fossil	Հանածո
Hypothesis	Հիփոթեքային
Laboratory	Լաբորատորիա
Method	Մեթոդ
Minerals	Հանքային
Molecules	Մոլեկուլներ
Nature	Բնություն
Observation	Դիտարկում
Organism	Օրգանիզմ
Particles	Մասնիկներ
Physics	Ֆիզիկա
Plants	Բույսեր
Scientist	Գիտնական

Science Fiction

Գիտական Գեղարվեստական

Atomic	Ատոմային
Books	Գրքեր
Cinema	Կինո
Distant	Հեռավոր
Dystopia	Դիստոպիա
Explosion	Պայթյուն
Extreme	Ծայրահեղ
Fantastic	Ֆանտաստիկ
Fire	Կրակ
Galaxy	Գալաքսիա
Illusion	Պատրանք
Imaginary	Երեւակայական
Mysterious	Խորհրդավոր
Oracle	Օրաքլի
Planet	Մոլորակ
Robots	Ռոբոտներ
Scenario	Սցենար
Technology	Տեխնոլոգիա
Utopia	Ուտոպիա
World	Աշխարհ

Shapes

Ձեւավորում

Arc	Աղեղ
Circle	Ցլիկ
Cone	Կոն
Corner	Անկյուն
Cube	Խորանարդ
Curve	Կոր
Cylinder	Գլան
Edges	Եզրեր
Ellipse	Էլիպս
Hyperbola	Հիպերբոլա
Line	Գիծ
Oval	Օվալ
Polygon	Պոլիգոն
Prism	Պրիզմա
Pyramid	Բուրգ
Rectangle	Ուղղանկյունի
Side	Կողմ
Sphere	Ոլորտ
Square	Քառակուսի
Triangle	Եռանկյունի

Spices

Համեմունքներ

Anise	Անիս
Bitter	Դառը
Cardamom	Հիլ
Cinnamon	Դարչին
Clove	Մեխակ
Coriander	Համեմ
Cumin	Զաման
Curry	Կարրի
Fennel	Սամիթ
Fenugreek	Ֆենուգրեկ
Flavor	Համը
Garlic	Սխտոր
Ginger	Կոճապղպեղ
Nutmeg	Մշկընկույզ
Onion	Սոխ
Paprika	Պապրիկա
Saffron	Զաֆրան
Salt	Աղ
Sweet	Քաղցր
Vanilla	Վանիլային

Sport

Սպորտ

Athlete	Մարզիկ
Body	Մարմին
Bones	Ոսկորներ
Cardiovascular	Սրտանոթային
Coach	Մարզիչ
Cycling	Հեծանվավազք
Dancing	Պար
Diet	Դիետա
Endurance	Տոկունություն
Goal	Նպատակ
Health	Առողջություն
Jogging	Վազք
Maximize	Ավելիավորել
Muscles	Մկաններ
Nutrition	Սնուցում
Program	Ծրագիր
Sports	Սպորտ
Strength	Ուժ
To Breathe	Շնչել
To Swim	Լողալ

Sports

Սպորտաձեւեր

Athlete	Մարզիկ
Baseball	Բեյսբոլ
Basketball	Բասկետբոլ
Bicycle	Հեծանիվ
Championship	Առաջնություն
Coach	Մարզիչ
Game	Խաղ
Golf	Գոլֆ
Gymnasium	Գիմնազիա
Hockey	Հոկեյ
Movement	Շարժում
Player	Խաղացող
Referee	Դատավոր
Stadium	Մարզադաշտ
Team	Թիմ
Tennis	Թենիս
To Swim	Լողալ
Winner	Հաղթող

The Media

Զլմ-Ները

Advertisements	Գովազդ
Attitudes	Վերաբերմունքը
Commercial	Առեւտրային
Communication	Կապ
Digital	Թվային
Education	Կրթություն
Facts	Փաստեր
Funding	Ֆինանսավորում
Images	Պատկերներ
Individual	Անհատական
Intellectual	Խելացի
Local	Տեղական
Magazines	Ամսագրեր
Network	Ցանց
Newspapers	Թերթեր
Online	Առցանց
Opinion	Կարծիք
Public	Հասարակական
Radio	Ռադիո

Time

Ժամանակ

Annual	Տարեկան
Before	Նախքան
Calendar	Օրացույց
Century	Դար
Clock	Ժամացույց
Day	Օր
Decade	Տասնամյակ
Early	Վաղ
Future	Ապագա
Hour	Ժամ
Minute	Րոպե
Month	Ամիս
Morning	Առավոտ
Night	Գիշեր
Noon	Կեսօր
Now	Հիմա
Soon	Շուտով
Today	Այսօր
Week	Շաբաթ
Year	Տարի

Town
Քաղաք

Airport	Օդանավակայան
Bakery	Հացի
Bank	Բանկ
Bookstore	Գրախանութ
Cafe	Սրճարան
Cinema	Կինո
Clinic	Կլինիկա
Florist	Գույն
Gallery	Պատկերասրահ
Hotel	Հյուրանոց
Library	Գրադարան
Market	Շուկա
Museum	Թանգարան
Pharmacy	Դեղատուն
School	Դպրոց
Stadium	Մարզադաշտ
Store	Խանութ
Supermarket	Սուպերմարկետ
Theater	Թատրոն
University	Համալսարան

Universe
Տիեզերքի

Asteroid	Աստերոիդ
Astronomer	Աստղագետ
Atmosphere	Մթնոլորտ
Celestial	Երկնային
Cosmic	Տիեզերական
Darkness	Խավարը
Equator	Հասարակած
Galaxy	Գալաքսիա
Hemisphere	Կիսագունդ
Horizon	Հորիզոն
Latitude	Լայնություն
Longitude	Երկայնություն
Moon	Լուսին
Orbit	Ուղեծիր
Sky	Երկինք
Solar	Արեւային
Solstice	Սոլստիցե
Telescope	Հեռադիտակ
Visible	Տեսանելի
Zodiac	Կենդանկանդակ

Vacation #1
Արձակուրդ #1

Airplane	Ինքնաթիռ
Backpack	Պայուսակ
Car	Մեքենա
Currency	Արժույթ
Customs	Մաքսային
Departure	Մեկնում
Expedition	Արշավախմբի
Itinerary	Երթուղի
Lake	Լիճ
Museum	Թանգարան
Relaxation	Թուլացում
Suitcase	Ճամպրուկ
Ticket	Տոմս
To Go	Գնալ
To Swim	Լողալ
Tourist	Տուրիստ
Tram	Տրամվայ
Umbrella	Հովանոց

Vacation #2
Արձակուրդ #2

Airport	Օդանավակայան
Beach	Լողափ
Camping	Արշավ
Foreign	Օտար
Foreigner	Օտարական
Holiday	Տոն
Hotel	Հյուրանոց
Island	Կղզի
Journey	Ճամփորդութիւն
Map	Քարտեզ
Mountains	Լեռներ
Passport	Անձնագիր
Restaurant	Ռեստորան
Sea	Ծով
Taxi	Տաքսի
Tent	Վրան
Train	Գնացք
Transportation	Փոխադրում
Visa	Վիզա

Vegetables
Բանջարեղեն

Artichoke	Արտիճուկ
Broccoli	Բրոկկոլի
Carrot	Գազար
Cauliflower	Ծաղկակաղամբ
Celery	Նեխուր
Cucumber	Վարունգ
Eggplant	Սմբուկ
Garlic	Սխտոր
Ginger	Կոճապղպեղ
Mushroom	Սունկ
Onion	Սոխ
Parsley	Մաղադանոս
Pea	Սիսեռ
Pumpkin	Դդում
Radish	Բողկ
Salad	Աղցան
Shallot	Շալոտ
Spinach	Սպանախ
Tomato	Լոլիկ
Turnip	Շաղգամ

Vehicles
Տրանսպորտային Միջոցներ

Airplane	Ինքնաթիռ
Bicycle	Հեծանիվ
Boat	Նավակ
Bus	Ավտոբուս
Car	Մեքենա
Caravan	Քարավան
Engine	Շարժիչ
Ferry	Լաստանավ
Helicopter	Ուղղաթիռ
Motor	Մոտոր
Rocket	Հրթիռ
Scooter	Սկուտեր
Submarine	Սուզանավ
Subway	Մետրո
Taxi	Տաքսի
Tires	Տիրես
Tractor	Տրակտոր
Train	Գնացք
Truck	Բեռնատար
Van	Վան

Virtues #1

Առաքինություններ #1

Artistic	Գեղարվեստական
Charming	Հմայիչ
Clean	Մաքուր
Confident	Վստահ
Curious	Հետաքրքրասեր
Decisive	Վճռական
Efficient	Արդյունավետ
Funny	Զվարճալի
Generous	Առատաձեռն
Good	Լավ
Helpful	Օգտակար
Imaginative	Երեւակայական
Independent	Անկախ
Intelligent	Խելացի
Modest	Համեստ
Passionate	Կրքոտ
Patient	Համբերատար
Practical	Գործնական
Reliable	Հուսալի
Wise	Իմաստուն

Visual Arts

Տեսողական Արվեստ

Artist	Նկարիչ
Ceramics	Կերամիկա
Chalk	Կավիճ
Charcoal	Փայտածուխ
Clay	Կավ
Composition	Կազմը
Easel	Պատկեր
Film	Ֆիլմ
Masterpiece	Գլուխգործոց
Painting	Նկար
Pen	Գրիչ
Pencil	Մատիտ
Perspective	Հեռանկար
Photograph	Լուսանկար
Portrait	Դիմանկար
Sculpture	Քանդակ
Stencil	Շաբլոն
Varnish	Լաք
Wax	Մոմ

Water

Ջուր

Evaporation	Գոլորշիացում
Flood	Ջրհեղեղ
Frost	Սառնամանիք
Geyser	Գեյզեր
Humidity	Խոնավություն
Hurricane	Փոթորիկ
Ice	Սառույց
Irrigation	Ոռոգում
Lake	Լիճ
Moisture	Խոնավություն
Monsoon	Մուսոն
Ocean	Օվկիանոս
Rain	Անձրեւ
River	Գետ
Shower	Ցնցուղ
Snow	Ձյուն
Steam	Ջույզ
Waves	Ալիքներ

Weather

Եղանակ

Atmosphere	Մթնոլորտ
Breeze	Ջեփյուռ
Calm	Հանգիստ
Climate	Կլիմա
Cloud	Ամպ
Drought	Երաշտ
Dry	Չոր
Fog	Մառախուղ
Ice	Սառույց
Lightning	Կայծակ
Monsoon	Մուսոն
Polar	Բեւեռային
Rainbow	Ծիածան
Sky	Երկինք
Storm	Փոթորիկ
Temperature	Ջերմաստիճանը
Thunder	Որոտ
Tornado	Տարափ
Tropical	Արեւադարձային
Wind	Քամի

Congratulations

You made it!

We hope you enjoyed this book as much as we enjoyed making it. We do our best to make high quality games.
These puzzles are designed in a clever way for you to learn actively while having fun!

Did you love them?

A Simple Request

Our books exist thanks your reviews. Could you help us by leaving one now?

Here is a short link which will take you to your order review page:

BestBooksActivity.com/Review50

MONSTER CHALLENGE!

Challenge #1

Ready for Your Bonus Game? We use them all the time but they are not so easy to find. Here are **Synonyms**!

Note 5 words you discovered in each of the Puzzles noted below (#21, #36, #76) and try to find 2 synonyms for each word.

Note 5 Words from *Puzzle 21*

Words	Synonym 1	Synonym 2

Note 5 Words from *Puzzle 36*

Words	Synonym 1	Synonym 2

Note 5 Words from *Puzzle 76*

Words	Synonym 1	Synonym 2

Challenge #2

Now that you are warmed-up, note 5 words you discovered in each Puzzle noted below (#9, #17, #25) and try to find 2 antonyms for each word. How many lines can you do in 20 minutes?

Note 5 Words from **Puzzle 9**

Words	Antonym 1	Antonym 2

Note 5 Words from **Puzzle 17**

Words	Antonym 1	Antonym 2

Note 5 Words from **Puzzle 25**

Words	Antonym 1	Antonym 2

Challenge #3

Wonderful, this monster challenge is nothing to you!

Ready for the last one? Choose your 10 favorite words discovered in any of the Puzzles and note them below.

1.	6.
2.	7.
3.	8.
4.	9.
5.	10.

Now, using these words and within a maximum of six sentences, your challenge is to compose a text about a person, animal or place that you love!

Tip: You can use the last blank page of this book as a draft!

Your Writing:

NOTEBOOK:

SEE YOU SOON!

Linguas Classics Team

ENJOY FREE GAMES NOW ON

BESTACTIVITYBOOKS.COM/FREEGAMES